Collection Ressources
116

ŒUVRES

Toute information sur nos éditions vous sera donnée
sur simple demande faite à

SLATKINE FRANCE – 7, Quai Malaquais – 75006 PARIS

ISBN 2-05-000184-3

Louise LABÉ

ŒUVRES

Publiées par Charles BOY

I-II

ressources

PARIS - GENÈVE

Réimpression de l'édition de Paris, 1887

ŒUVRES

DE

LOUISE LABÉ

PUBLIÉES

PAR

CHARLES BOY

I

Œuvres de Louise Labé
Bibliographie. — Notes et Variantes.

AVERTISSEMENT AU LECTEUR

Cette édition des œuvres de Louise Labé est la treizième depuis celle que donna Jean de Tournes en 1555, et la huitième qui soit accompagnée d'une de ces études plus ou moins historiques, dans lesquelles la Belle-Cordière a été si diversement appréciée.

Malgré la grâce de sa personne, malgré la vivacité de son intelligence, malgré la finesse de son esprit, en un mot malgré tout ce qui a pu faire illusion aux derniers biographes, cette « gentille cordière » fut une provinciale du XVIme siècle vivant en province de la vie des provinciales de son temps. Voilà le cadre qui est le sien et voilà pourquoi, lorsqu'on y place son image, la figure gagne en ressemblance, la physionomie en expression et le modèle en intérêt.

Il faut faire le voyage de Paris à Lyon-en-Lyonnais ; il faut s'arrêter plusieurs fois dans la corderie de son père et dans celle de son mari, au lieu de les traverser rapidement comme l'ont fait quelques curieux de son époque ; il faut écouter ce qui se dit dans les rues et derrière les portes, depuis le haut de la côte Saint-Vincent jusqu'au fond de l'impasse de la Belle-Cordière ; alors seulement on peut espérer d'être à peu près renseigné sur la « Belle Rebelle » que Baïf a si gentiment célébrée. Le voyage n'est pas sans charme.

Grâce aux notes inédites obligeamment fournies par un chercheur lyonnais, M. Claude Brouchoud, aux indications du regretté Vermorel et de mon ami Joseph Vaësen, grâce enfin aux conseils de mon excellent maître M. Tamizey de Larroque, j'ai recueilli tout ce qui pouvait rester de Louise Labé et j'en ai tenté une restitution.

Ses œuvres sont reproduites ici telles que les a publiées Jean de Tournes dans une seconde édition revue et corrigée par l'auteur en 1556 ; il n'y avait rien à ajouter, rien à retrancher et rien à modifier.

De grands et nombreux travaux sur la langue du XVIme siècle ayant mis les textes de cette période à la portée de tous les lettrés, celui que Jean de Tournes a donné sous les yeux de Louise Labé, ne comporte que de rares annotations. Par contre, la justification ou l'explication de tous les faits avancés dans les recherches historiques se trouve en note à la fin du second volume.

CHARLES BOY.

EVVRES
DE
LOVÏZE LABE'
LIONNOIZE.

*

Reuues & corrigees par ladite Dame.

A LION

PAR IAN DE TOVRNES.

M. D. LVI.

Auec Priuilege du Roy.

A M. C. D. B. L.

ESTANT le tems venu, Madamoiſelle, que les ſeueres loix des hommes n'empeſchent plus les femmes de s'apliquer aus ſciences & diſciplines : il me ſemble que celles qui ont la commodité, doiuent employer cette honneſte liberté que notre ſexe ha autre fois tant deſiree, à icelles aprendre : & montrer aus hommes le tort qu'ils nous faiſoient en nous priuant du bien & de l'honneur qui nous en pouuoit venir : Et ſi quelcune paruient en tel degré, que de pouuoir mettre ſes concepcions par eſcrit, le faire ſongneuſement & non dédaigner la gloire, & s'en parer pluſtot que de chaines, anneaus, & ſomptueus habits : leſquels ne pouuons vrayement eſtimer notres, que par uſage. Mais l'honneur que la ſcience nous procurera, ſera entierement notre : & ne nous pourra eſtre oté, ne par fineſſe de larron, ne force d'ennemis, ne longueur du tems. Si i'euſſe eſté tant fauoriſee des Cieus, que d'auoir l'eſprit grand aſſez pour comprendre ce dont il ha ù enuie, ie ſeruirois en cet endroit plus d'exemple que d'amonicion. Mais ayant paſsé partie de ma ieuneſſe à l'exercice de la Muſique, & ce qui m'a reſté de tems l'ayant trouué court pour la rudeſſe de mon entendement, & ne pouuant de moymeſme ſatisfaire au bon vouloir que ie porte à notre ſexe, de le voir non en beauté ſeulement, mais en ſcience & vertu paſſer ou egaler les hommes : ie ne puis faire autre choſe que prier les vertueuſes Dames d'eſleuer un peu leurs eſprits par deſſus leurs quenoilles & fuſeaus, & s'employer à faire entendre au monde que ſi nous ne ſommes faites pour commander, ſi ne deuons nous eſtre deſdaignees pour compagnes tant es afaires domeſtiques que publiques, de ceus qui gouuernent & ſe font obeïr. Et outre la reputacion que notre ſexe en receura nous aurons valù au publiq, que les hommes mettront plus de peine & d'eſtude aus ſciences vertueuſes, de peur qu'ils n'ayent honte de voir preceder celles, deſquelles ils ont pretendu eſtre touſiours ſuperieurs quaſi en tout. Pource, nous faut il animer l'une l'autre à ſi louable entrepriſe : De laquelle ne deuez eſlongner ny eſpargner votre eſprit, ià de pluſieurs & diuerſes graces acompagné : ny votre ieuneſſe, & autres faueurs de fortune, pour aquerir cet honneur que les lettres & ſciences ont acoutumé porter aus perſonnes qui les ſuyuent. S'il y ha quelque choſe recommandable apres la gloire & l'honneur, le plaiſir que l'eſtude des lettres ha acoutumé donner nous y doit chacune inciter : qui eſt autre que les autres recreacions : deſquelles quand on en ha pris tant que lon veut, on ne ſe peut vanter d'autre choſe, que d'auoir paſsé le tems. Mais celle de l'eſtude laiſſe un contentement de ſoy, qui nous demeure plus longuement : Car le paſsé nous reſiouit, & ſert plus que le preſent : mais les plaiſirs des ſentimens ſe perdent incontinent, & ne reuiennent iamais, & en eſt quelquefois la memoire autant facheuſe, comme les actes ont eſté delectables. Dauantage les autres voluptez ſont telles, que quelque ſouuenir qui en vienne, ſi ne nous peut il remettre en telle diſpoſicion que nous eſtions : & quelque imaginacion forte que nous imprimions en la teſte, ſi connoiſſons nous bien que ce n'eſt qu'une ombre du paſsé qui nous abuſe & trompe. Mais quand il auient que mettons par eſcrit nos concepcions, combien que puis apres notre cerueau coure par une infinité d'afaires & inceſſamment remue, ſi eſt ce que long tems apres reprenans nos eſcrits, nous reuenons au meſme point, & à la meſme diſpoſicion ou nous eſtions. Lors nous redouble notre aiſe, car nous retrouuons le plaiſir paſsé qu'auons ù ou en la matiere dont eſcriuions, ou en l'intelligence des ſciences ou lors eſtions adonnez. Et outre ce, le iugement que font nos ſecondes concepcions des premieres, nous rend un ſingulier contentement. Ces deus biens qui prouiennent d'eſcrire vous y doiuent inciter, eſtant aſſeuree que le premier ne faudra d'acompagner vos eſcrits, comme il fait tous vos autres actes & façons de viure. Le fecond fera en vous de le prendre, ou ne l'auoir point : ainfi que ce dont vous efcrirez vous contentera. Quant à moy tant en efcriuant premierement ces ieuneffes que en les reuoyant depuis, ie n'y cherchois autre chofe qu'un honnefte paffetems & moyen de fuir oifiueté : & n'auoy point intencion que perfonne que moy les duft iamais voir. Mais depuis que quelcuns de mes amis ont trouué moyen de les lire fans que i'en fuffe rien, & que (ainfi comme aisément nous croyons ceus qui nous louent) ils m'ont fait à croire que les deuois mettre en lumiere : ie ne les ay osé efconduire, les menaffant ce pendant de leur faire boire la moitié de la honte qui en prouiendroit. Et pource que les femmes ne fe montrent volontiers en publiq feules, ie vous ay choifie pour me feruir de guide, vous dediant ce petit euure, que ne vous enuoye à autre fin que pour vous acertener du bon vouloir lequel de long tems ie vous porte, & vous inciter & faire venir enuie en voyant ce mien euure rude & mal bati, d'en mettre en lumiere un autre qui foit mieus limé & de meilleure grace.

Dieu vous maintienne en fanté.

De Lion ce 24. Iuillet

1555.

Votre humble amie Louïze Labé.

DEBAT DE FOLIE ET D'AMOVR,

PAR

LOVÏZE LABE'

LIONNOIZE.

ARGVMENT.

IVPITER *faiſoit vn grand feſtin, ou eſtoit commandé à tous les Dieus ſe trouuer. Amour & Folie arriuent en meſme inſtant ſur la porte du Palais : laquelle eſtant ià fermee, & n'ayant que le guichet ouuert, Folie voyant Amour ià preſt à mettre vn pied dedens, s'auance & paſſe la premiere. Amour ſe voyant pouſsé, entre en colere : Folie ſoutient lui apartenir de paſſer deuant. Ils entrent en diſpute ſur leurs puiſſances, dinitez & preſeances. Amour ne la pouuant veincre de paroles, met la main à ſon arc, & lui laſche vne fleſche, mais en vain : pource que Folie ſoudein ſe rend inuiſible : & ſe voulant venger, ôte les yeus à Amour. Et pour couurir le lieu ou ils eſtoient, lui mit vn bandeau, fait de tel artifice, qu'impoſſible eſt lui ôter. Venus ſe pleint de Folie, Iupiter veut entendre leur diferent. Apolon & Mercure debatent le droit de l'une & l'autre partie. Iupiter les ayant longuement ouiz, en demande l'opinion aus Dieus : puis prononce ſa ſentence.*

Les perſonnes	FOLIE,	AMOVR,
	VENVS,	IVPITER,
	APOLON,	MERCVRE.

DISCOVRS I.

FOLIE.

A ce que ie voy, ie ſeray la derniere au feſtin de Iupiter, ou ie croy que lon m'atent. Mais ie voy, ce me ſemble, le fils de Venus, qui y va auſſi tart que moy. Il faut que ie le paſſe : à fin que lon ne m'apelle tardiue & pareſſeuſe.

AMOVR.

Qui eſt cette fole qui me pouſſe ſi rudement ? quelle grande háte la preſſe ? ſi ie t'uſſe aperçue, ie t'uſſe bien gardé de paſſer.

FOLIE.

Tu ne m'uſſes pù empeſcher, eſtant ſi ieune & foible. Mais à Dieu te command', ie vois deuant dire que tu viens tout à loiſir.

AMOVR.

Il n'en ira pas ainſi : car auant que tu m'eſchapes, ie te donneray à connoitre que tu ne te dois atacher à moy.

FOLIE.

Laiſſe moy aller, ne m'arreſte point : car ce te ſera honte de quereler auec une femme. Et ſi tu m'eſchauſes une fois, tu n'auras du meilleur.

AMOVR.

Quelles menaſſes ſont ce cy? ie n'ay trouué encore perſonne qui m'ait menaſsé que cette ſole.

FOLIE.

Tu montres bien ton indiſcrecion, de prendre en ma ce que ie t'ay fait par ieu : & te meſconnois bien toymeſme, trouuant mauuais que ie penſe auoir du meilleur ſi tu t'adreſſes à moy. Ne vois tu pas que tu n'es qu'un ieune garſonneau? de ſi foible taille que quand i'aurois un bras lié, ſi ne te creindrois ie gueres.

AMOVR.

Me connois tu bien?

FOLIE.

Tu es Amour, fils de Venus.

AMOVR.

Comment donques fais tu tant la braue aupres de moy, qui, quelque petit que tu me voyes, fuis le plus creint & redouté entre les Dieus & les hommes? & toy femme inconnue, ofes tu te faire plus grande que moy? ta ieuneffe, ton fexe, ta façon de faire te dementent affes : mais plus ton ignorance, qui ne te permet connoitre le grand degré que ie tiens.

FOLIE.

Tu trionfes de dire. Ce n'eft à moy à qui tu dois vendre tes coquilles. Mais di moy, quel eft ce grand pouuoir dont tu te vantes?

AMOVR.

Le ciel & la terre en rendent témoignage. Il n'y ha lieu ou n'aye laifsé quelque trofee. Regarde au ciel tous les fieges des Dieus, & t'interrogue fi quelcun d'entre eus s'eft pù efchaper de mes mains. Commence au vieil Saturne, Iupiter, Mars, Apolon, & finiz aus Demidieus, Satires, Faunes, & Siluains. Et n'auront honte les Deeffes d'en confeffer quelque chofe. Et ne m'a Pallas efpouuenté de fon bouclier : mais ne l'ay voulu interrompre de fes futils ouurages, ou iour & nuit elle s'employe. Baiffe toy en terre, & di fi tu trouueras gens de marque, qui ne foient ou ayent efté des miens. Voy en la furieufe mer, Neptune & fes Tritons, me preftans obeïffance. Penfes tu que les infernaus s'en exemptent? ne les ay ie fait fortir de leurs abimes, & venir efpouuenter les humains, & rauir les filles à leurs meres : quelques iuges qu'ils soient de tels forfaits & transgressions faites contre les loix? Et à fin que tu ne doutes auec quelles armes ie fay tant de prouesses, voila mon Arc seul & mes flesches, qui m'ont fait toutes ces conquestes. Ie n'ay besoin de Vulcan qui me forge de foudres, armet, escu & glaiue. Ie ne suis acompagné de Furies, Harpies & tourmenteurs de monde, pour me faire creindre auant le combat. Ie n'ay que faire de chariots, soudars, hommes d'armes & grandes troupes de gens : sans lesquelles les hommes ne trionferoient la bas, estant d'eus si peu de chose, qu'un seul (quelque fort qu'il soit & puissant) est bien empesché alencontre de deus. Mais ie n'ay autres armes, conseil, municion, ayde, que moymesme. Quand ie voy les ennemis en campagne, ie me presente auec mon Arc : & laschant une flesche les mets incontinent en route : & est aussi tot la victoire gaignee, que la bataille donnee.

FOLIE.

I'excuse un peu ta ieunesse, autrement ie te pourrois à bon droit nommer le plus presomptueus sol du monde. Il sembleroit à t'ouir que chacun tienne sa vie de ta merci : & que tu sois le vray Signeur & seul souuerein tant en ciel qu'en terre. Tu t'es mal adressé pour me faire croire le contraire de ce que ie say.

AMOVR.

C'est une estrange façon de me nier tout ce que chacun confesse.

FOLIE.

Ie n'ay afaire du iugement des autres : mais quant à moy, ie ne ſuis ſi aiſee à tromper. Me penſes tu de ſi peu d'entendement, que ie ne connoiſſe à ton port, & à tes contenances, quel ſens tu peus auoir? & me feras tu paſſer deuant les yeus, qu'un eſprit leger comme le tien, & ton corps ieune & flouet, ſoit dine de telle ſigneurie, puiſſance, & autorité, que tu t'atribues? & ſi quelques auentures eſtranges, qui te ſont auenues, te deçoiuent, n'eſtime pas que ie tombe en ſemblable erreur, ſachant tresbien que ce n'eſt par ta force & vertu, que tant de miracles ſoient auenuz au monde : mais par mon induſtrie, par mon moyen & diligence : combien que tu ne me connoiſſes. Mais ſi tu veus un peu tenir moyen en ton courrous, ie te feray connoitre en peu d'heure ton arc, & tes fleſches, ou tant tu te glorifies, eſtre plus molz que paſte, ſi ie n'ay bandé l'arc, & trempé le fer de tes fleſches.

AMOVR.

Ie croy que tu veus me faire perdre pacience. Ie ne ſache iamais que perſonne ait manié mon arc, que moy : & tu me veus faire à croire, que ſans toy ie n'en pourrois faire aucun effort. Mais puis qu'ainſi eſt que tu l'eſtimes ſi peu, tu en feras tout à cette heure la preuue.

Folie ſe fait inuiſible, tellement, qu'Amour ne la peut aſſener.

AMOVR.

Mais qu'es tu deuenue? comment m'es tu eſchapee?

Ou ie n'ay ſù t'ofenſer, pour ne te voir, ou contre toy ſeule ha rebouché ma fleſche : qui eſt bien le plus eſtrange cas qui iamais m'auint. Ie penſoy eſtre ſeul d'entre les Dieus, qui me rendiſſe inuiſible à eus meſmes quand bon me ſembloit : Et maintenant ay trouué qui m'a esbloui les yeus. Aumoins di moy, quiconque ſois, ſi à l'auenture ma fleſche t'a frapee, & ſi elle t'a bleſſee.

FOLIE.

Ne t'auoy ie bien dit, que ton arc & tes fleſches n'ont effort, que quand ie ſuis de la partie. Et pourautant qu'il ne m'a plu d'eſtre nauree, ton coup ha eſté ſans effort. Et ne t'esbahis ſi tu m'as perdue de vuë, car quand bon me ſemble, il n'y ha œil d'Aigle, ou de ſerpent Epidaurien, qui me ſache aperceuoir. Et ne plus ne moins que le Cameleon, ie pren quelquefois la ſemblance de ceus aupres deſquelz ie ſuis.

AMOVR.

A ce que ie voy, tu dois eſtre quelque ſorciere ou enchantereſſe. Es tu point quelque Circe, ou Medee, ou quelque Fée ?

FOLIE.

Tu m'outrages touſiours de paroles : & n'a tenu à toy que ne l'aye eſté de fait. Ie ſuis Deeſſe, comme tu es Dieu : mon nom eſt Folie. Ie ſuis celle qui te fay grand, & abaiſſe à mon plaiſir. Tu laſches l'arc, & gettes les fleſches en l'air : mais ie les aſſois aus cœurs que ie veus. Quand tu te penſes plus grand qu'il eſt poſſible d'eſtre, lors par quelque petit deſpit ie te renge & remets auec le vulgaire. Tu t'adreſſes contre Iupiter : mais il eſt ſi puiſſant, & grand, que ſi ie ne dreſſois ta main, ſi ie n'auoy bien trempé ta fleſche, tu n'aurois aucun pouuoir ſur lui. Et quand toy ſeul ferois aymer, quelle ſeroit ta gloire ſi ie ne faiſoy paroitre cet amour par mile inuencions ? Tu as fait aymer Iupiter : mais ie l'ay fait tranſmuer en Cigne, en Taureau, en Or, en Aigle : en danger des plumaſſiers, des loups, des larrons, & chaſſeurs. Qui fit prendre Mars au piege auec ta mere, ſi non moy, qui l'auois rendu ſi mal auiſé, que venir faire un poure mari cocu dedens ſon lit meſme ? Qu'uſt ce eſté, ſi Paris n'uſt fait autre choſe, qu'aymer Heleine ? Il eſtoit à Troye, l'autre à Sparte : ils n'auoient garde d'eus aſſembler. Ne lui fis ie dreſſer une armee de mer, aller chez Menelas, faire la court à ſa femme, l'emmener par force, & puis defendre ſa querele iniuſte contre toute la Grece ? Qui uſt parlé des Amours de Dido, ſi elle n'uſt fait ſemblant d'aller à la chaſſe pour auoir la commodité de parler à Enee ſeule à ſeul, & lui montrer telle priuauté, qu'il ne deuoit auoir honte de prendre ce que volontiers elle uſt donné, ſi à la fin n'uſt couronné ſon amour d'une miſerable mort ? On n'uſt non plus parlé d'elle, que de mile autres hoteſſes, qui font plaiſir aus paſſans. Ie croy qu'aucune mencion ne ſeroit d'Artemiſe, ſi ie ne lui uſſe fait boire les cendres de ſon mari. Car qui uſt ſû ſi ſon affeccion uſt paſsé celle des autres femmes, qui ont aymé, & regretté leurs maris & leurs amis ? Les effets & iſſues des choſes les font louer ou meſpriſer. Si tu fais aymer, i'en ſuis cauſe le plus ſouuent. Mais ſi quelque eſtrange auenture, ou grand effet en ſort, en celà tu n'y as rien : mais en eſt à moy ſeule l'honneur. Tu n'as rien que le cœur : le demeurant eſt gouuerné par moy. Tu ne ſcez quel moyen faut tenir. Et pour te declarer qu'il faut faire pour complaire, ie te meine & condui : & ne te ſeruent tes yeus non plus que la lumiere à un aueugle. Et à fin que tu me reconnoiſſes d'orenauant, & que me ſaches gré quand ie te meneray ou conduiray : regarde ſi tu vois quelque choſe de toymeſme ?

Folie tire les yeus à Amour.

AMOVR.

O Iupiter ! ô ma mere Venus ! Iupiter, Iupiter, que m'a ſerui d'eſtre Dieu, fils de Venus tant bien voulu iuſques ici, tant au ciel qu'en terre, ſi ie ſuis ſuget à eſtre iniurié & outragé, comme le plus vil eſclaue ou forfaire, qui ſoit au monde ? & qu'une femme inconnue m'ait pù creuer les yeus ? Qu'à la malheure fut ce banquet ſolennel inſtitué pour moy. Me trouueray ie en haut auecques les autres Dieus en tel ordre ? Ils ſe reſiouiront, & ne feray que me pleindre. O femme cruelle ! comment m'as tu ainſi acoutré.

FOLIE.

Ainſi ſe chatient les ieunes & preſumptueus, comme toy. Quelle temerité ha un enfant de s'adreſſer à une femme, & l'iniurier & outrager de paroles : puis de voye de fait tacher à la tuer. Vne autre fois eſtime ceus que tu ne connois eſtre, poſſible, plus grans que toy. Tu as ofenſé la Royne des hommes, celle qui leur gouuerne le cerueau, cœur, & eſprit : à l'ombre de laquelle tous ſe retirent une fois en leur vie, & y demeurent les uns plus, les autres moins, ſelon leur merite. Tu as ofensé celle qui t'a fait auoir le bruit que tu as : & ne s'eſt ſouciee de faire entendre au Monde, que la meilleure partie du loz qu'il te donnoit, lui eſtoit due. Si tu uſſes eſté plus modeſte, encore que ie te fuſſe inconnue : cette faute ne te fuſt auenue.

AMOVR.

Comment eſt il poſſible porter honneur à une perſonne, que lon n'a iamais vuë? Ie ne t'ay point fait tant d'iniure que tu dis, vù que ne te connoiſſois. Car ſi i'uſſe sù qui tu es, & combien tu as de pouuoir, ie t'uſſe fait l'honneur que merite une grand' Dame. Mais eſt il poſſible, s'ainſi eſt que tant m'ayes aymé, & aydé en toutes mes entrepriſes, que m'ayant pardonné, me rendiſſes mes yeus?

FOLIE.

Que tes yeus te ſoient renduz, ou non, il n'eſt en mon pouuoir. Mais ie t'acoutreray bien le lieu ou ils eſtoient, en ſorte que lon n'y verra point de diformité.

Folie bande Amour, & lui met des eſles.

Et ce pendant que tu chercheras tes yeus, voici des eſles que ie te preſte, qui te conduiront auſſi bien comme moy.

AMOVR.

Mais ou auois tu pris ce bandeau ſi à propos pour me lier mes plaies?

FOLIE.

En venant i'ay trouué une des Parques, qui me l'a baillé, & m'a dit eſtre de telle nature, que iamais ne te pourra eſtre oté.

AMOVR.

Comment oté! ie ſuis donq aueugle à iamais. O meſchante & traytreſſe! il ne te ſufit pas de m'auoir creué les yeus, mais tu as oté aus Dieus la puiſſance de me les pouuoir iamais rendre. O qu'il n'eſt pas dit ſans cauſe, qu'il ne faut point receuoir preſent de la main de ſes ennemis. La malheureuſe m'a bleſsé, & me ſuis mis entre ſes mains pour eſtre pensé. O cruelles Deſtinees! O noire iournee! O moy trop credule! Ciel, Terre, Mer, n'aurez vous compaſſion de voir Amour aueugle? O infame & deteſtable, tu te vanteras que ne t'ay pù fraper, que tu m'as oté les yeus, & trompé en me fiant en toy. Mais que me ſert de plorer ici? Il vaut mieus que me retire en quelque lieu apart, & laiſſe paſſer ce feſtin. Puis, s'il eſt ainſi que i'aye tant de faueur au Ciel ou en Terre, ie trouueray moyen de me venger de la fauſſe Sorciere, qui tant m'a fait d'outrage.

DISCOVRS II.

Amour sort du Palais de Iupiter, & va resuant à son infortune.

AMOVR.

ORES suis ie las de toute chose. Il vaut mieus par despit descharger mon carquois, & getter toutes mes flesches, puis rendre arc & trousse à Venus ma mere. Or aillent, ou elles pourront, ou en Ciel, ou en Terre, il ne m'en chaut : Aussi bien ne m'est plus loisible faire aymer qui bon me semblera. O que ces belles Destinees ont auiourdhui fait un beau trait, de m'auoir ordonné estre aueugle, à fin qu'indiferemment, & sans accepcion de personne, chacun soit au hazard de mes traits & de mes flesches. Ie faisois aymer les ieunes pucelles, les ieunes hommes : i'acompagnois les plus iolies des plus beaus & plus adroits. Ie pardonnois aus laides, aus viles & basses personnes : ie laissois la vieillesse en paix : Maintenant, pensant fraper un ieune, i'asseneray sus un vieillart : au lieu de quelque beau galand, quelque petit laideron à la bouche torſe : & auiendra qu'ils feront les plus amoureus, & qui plus voudront auoir de faueur en amours : & poſſible par importunité, preſens, ou richeſſes, ou diſgrace de quelques Dames, viendront au deſſus de leur intencion : & viendra mon regne en meſpris entre les hommes, quand ils y verront tel deſordre & mauuais gouuernement. Baſte : en aille comme il pourra. Voila toutes mes fleſches. Tel en ſoufrira, qui n'en pourra mais.

VENVS.

Il eſtoit bien tems que ie te trouuaſſe, mon cher fils, tant tu m'as donné de peine. A quoy tient il, que tu n'es venu au banquet de Iupiter ? Tu as mis toute la compagnie en peine. Et en parlant de ton abſence, Iupiter ha ouy dix mille pleintes de toy d'une infinité d'artiſans, gens de labeur, eſclaues, chambrieres, vieillars, vieilles edentees, crians tous à Iupiter qu'ils ayment : & en ſont les plus aparens fachez, trouuant mauuais, que tu les ayes en cet endroit egalez à ce vil populaire : & que la paſſion propre aus bons eſprits ſoit auiourdhui familiere & commune aus plus lourds & groſſiers.

AMOVR.

Ne fuſt l'infortune, qui m'eſt auenue, i'uſſe aſſiſté au banquet, comme les autres, & ne fuſſent les pleintes, qu'auez ouyes, eſté faites.

VENVS.

Es tu bleſsé, mon fils? Qui t'a ainſi bandé les yeus?

AMOVR.

Folie m'a tiré les yeus : & de peur qu'ils ne me fuſſent renduz, elle m'a mis ce bandeau qui iamais ne me peut eſtre oté.

VENVS.

O quelle infortune! he moy miſerable! Donq tu ne me verras plus, cher enfant? Au moins ſi te pouuois arroſer la plaie de mes larmes.

Venus tache à deſnouer la bande.

AMOVR.

Tu pers ton tems : les neuz ſont indiſſolubles.

VENVS.

O maudite ennemie de toute ſapience, ô femme abandonnee, ô à tort nommee Deeſſe, & à plus grand tort immortelle. Qui vid onq telle iniure? Si Iupiter, & les Dieus me croient. A tout le moins que iamais cette meſchante n'ait pouuoir ſur toy, mon fils.

AMOVR.

A tard ſe feront ces defenſes, il les failloit faire auant que fuſſe aueugle : maintenant ne me ſeruiront gueres.

VENVS.

Et donques Folie, la plus miſerable choſe du monde,

ha le pouuoir d'oter à Venus le plus grand plaisir qu'elle ust en ce monde : qui estoit quand son fils Amour la voyoit. En ce estoit son contentement, son desir, sa felicité. Helas fils infortuné ! O desastre d'Amour ! O mere desolee ! O Venus sans fruit belle ! Tout ce que nous aquerons, nous le laissons à nos enfans : mon tresor n'est que beauté, de laquelle que chaut il à un aueugle? Amour tant cheri de tout le monde, comme as tu trouué beste si furieuse, qui t'ait fait outrage ! Qu'ainsi soit dit, que tous ceus qui aymeront (quelque faueur qu'ils ayent) ne soient sans mal, & infortune, à ce qu'ils ne se dient plus heureus, que le cher fils de Venus.

AMOVR.

Cesse tes pleintes douce mere : & ne me redouble mon mal te voyant ennuiee. Laisse moy porter seul mon infortune : & ne desire point mal à ceus qui me suiuront.

VENVS.

Allons, mon fils, vers Iupiter, & lui demandons vengeance de cette malheureuse.

DISCOVRS III.

VENVS.

Si onques tu uz pitié de moy, Iupiter, quand le fier Diomede me naura, lors que tu me voyois trauailler pour ſauuer mon fils Enee de l'impetuoſité des vents, vagues, & autres dangers, eſquels il fut tant au ſiege de Troye, que depuis : ſi mes pleurs pour la mort de mon Adonis te murent à compaſſion : la iuſte douleur, que i'ay pour l'iniure faite à mon fils Amour, te deura faire auoir pitié de moy. Ie dirois que c'eſt, ſi les larmes ne m'empeſchoient. Mais regarde mon fils en quel eſtat il eſt, & tu connoitras pourquoy ie me pleins.

IVPITER.

Ma chere fille, que gaignes tu auec ces pleintes me prouoquer à larmes ? Ne ſcez tu l'amour que ie t'ay portee de toute memoire? As tu defiance, ou que ie ne te veuille secourir, ou que ie ne puisse?

VENVS.

Estant la plus afligee mere du monde, ie ne puis parler, que comme les afligees. Encore que vous m'ayez tant montré de faueur & d'amitié, si est ce que ie n'ose vous suplier, que de ce que facilement vous otroiriez au plus estrange de la terre. Ie vous demande iustice, & vengeance de la plus malheureuse femme qui fust iamais, qui m'a mis mon fils Cupidon en tel ordre que voyez. C'est Folie, la plus outrageuse Furie qui onques fut es Enfers.

IVPITER.

Folie! ha elle esté si hardie d'atenter à ce, qui plus vous estoit cher? Croyez que si elle vous ha fait tort, que telle punicion en sera faite, qu'elle sera exemplaire. Ie pensoy qu'il n'y ust plus debats & noises que entre les hommes : mais si cette outrecuidee ha fait quelque desordre si pres de ma personne, il lui sera cher vendu. Toutefois il la faut ouir, à fin qu'elle ne se puisse pleindre. Car encore que ie puisse sauoir de moymesme la verité du fait, si ne véus ie point mettre en auant cette coutume, qui pourroit tourner à consequence, de condamner une personne sans l'ouir. Pource, que Folie soit apelee.

FOLIE.

Haut & souuerein Iupiter, me voici preste à respondre

à tout ce qu'Amour me voudra demander. Toutefois i'ay une requeſte à te faire. Pource que ie ſay que de premier bond la plus part de ces ieunes Dieus feront du coté d'Amour, & pourront faire trouuer ma cauſe mauuaiſe en m'interrompant, & ayder celle d'Amour accompagnant ſon parler de douces acclamacions : ie te ſuplie qu'il y ait quelcun des Dieus qui parle pour moy, & quelque autre pour Amour : à fin que la qualité des perſonnes ne ſoit plus tot conſideree, que la verité du fait. Et pource que ie crein ne trouuer aucun, qui, de peur d'eſtre apelé fol, ou ami de Folie, veuille parler pour moy : ie te ſuplie commander à quelcun de me prendre en ſa garde & proteccion.

IVPITER.

Demande qui tu voudras, & ie le chargeray de parler pour toy.

FOLIE.

Ie te ſuplie donq que Mercure en ait la charge. Car combien qu'il ſoit des grans amis de Venus, ſi ſuis ie ſeure, que s'il entreprent parler pour moy, il n'oublira rien qui ſerue à ma cauſe.

IVPITER.

Mercure, il ne faut iamais refuſer de porter parole pour un miſerable & afligé : Car ou tu le mettras hors de peine, & fera ta louenge plus grande, d'autant qu'auras moins ù de regard aus faueurs & richeſſes, qu'à la iuſtice & droit d'un poure homme : ou ta priere ne lui feruira de rien, & neanmoins ta pitié, bonté & diligence, feront recommandees. A cette caufe tu ne dois diferer ce que cette poure afligee te demande : Et ainfi ie veus & commande que tu le faces.

MERCVRE.

C'eft chofe bien dure à Mercure moyenner defplaifir à Venus. Toutefois, puis que tu me contreins, ie feray mon deuoir tant que Folie aura raifon de fe contenter.

IVPITER.

Et toy, Venus, quel des Dieus choifiras tu? l'affeccion maternelle, que tu portes à ton fils, & l'enuie de voir venger l'iniure, qui lui ha efté faite, te pourroit tranfporter. Ton fils eftant irrité, & nauré recentement, n'y pourroit pareillement fatisfaire. A cette caufe, choifi quel autre tu voudras pour parler pour vous : & croy qu'il ne lui fera befoin lui commander : & que celui à qui tu t'adrefferas, fera plus aife de te faire plaifir en cet endroit, que toy de le requerir. Neanmoins s'il en eft befoin, ie le lui commanderay.

VENVS.

Encor que lon ait femé par le monde, que la maifon d'Apolon & la mienne ne s'acordoient gueres bien : fi le crois ie de fi bonne forte qu'il ne me voudra efconduire en cette neceffité, lui requerant fon ayde à ceftui mien extreme befoin : & montrera par l'iffue de cette afaire, combien il y ha plus d'amitié entre nous, que les hommes ne cuident.

APOLON.

Ne me prie point, Deeſſe de beauté : & ne fais dificulté que ne te vueille autant de bien, comme merite la plus belle des Deeſſes. Et outre le témoignage, qu'en pourroient rendre tes iardins, qui ſont en Cypre & Ida, ſi bien par moy entretenus, qu'il n'y ha rien plus plaiſant au monde : encore connoitras tu par l'iſſue de cette querelle combien ie te porte d'affeccion & me ſens fort aiſe que, te retirant vers moy en cet afaire, tu declaires aus hommes comme fauſſement ils ont controuué, que tu auois coniuré contre toute ma maiſon.

IVPITER.

Retirez vous donq un chacun, & reuenez demain à ſemblable heure, & nous mettrons peine d'entendre & vuider vos querelles.

DISCOVRS IIII.

Cupidon vient donner le bon iour à Iupiter.

IVPITER.

QVE dis tu petit mignon? Tant que ton diferent ſoit terminé, nous n'aurons plaiſir de toy. Mais ou eſt ta mere ?

AMOVR.

Elle eſt allee vers Apolon, pour l'amener au conſiſtoire des Dieus. Ce pendant elle m'a commandé venir vers toy te donner le bon iour.

IVPITER.

Ie la plein bien pour l'ennui qu'elle porte de ta fortune. Mais ie m'esbahi comme, ayant tant ofenſé de hauts Dieus & grans Seigneurs, tu n'as iamais ù mal que par Folie !

AMOVR.

C'eſt pource que les Dieus & hommes, bien auiſez, creingnent que ne leur face pis. Mais Folie n'a pas la conſideracion & iugement ſi bon.

IVPITER.

Pour le moins te deuroient ils haïr, encore qu'ils ne t'oſaſſent ofenſer. Toutefois tous tant qu'ils ſont t'ayment.

AMOVR.

Ie ſeroye bien ridicule, ſi ayant le pouuoir de faire les hommes eſtre aymez, ne me faiſois auſſi eſtre aymé.

IVPITER.

Si eſt il bien contre nature, que ceus qui ont reçu tout mauuais traitement de toy, t'ayment autant comme ceus qui ont ù pluſieurs faueurs.

AMOVR.

En ce ſe montre la grandeur d'Amour, quand on ayme celui dont on eſt mal traité.

IVPITER.

Ie ſay fort bien par experience, qu'il n'eſt point en nous d'eſtre aymez : car, quelque grand degré ou ie ſois, ſi ày ie eſté bien peu aymé : & tout le bien qu'ay reçu, l'ay plus tot ù par force & fineſſe, que par amour.

AMOVR.

I'ay bien dit que ie fay aymer encore ceus, qui ne font point aymez : mais fi eft il en la puiffance d'un chacun le plus fouuent de fe faire aymer. Mais peu fe treuuent, qui facent en amour tel deuoir qu'il eft requis.

IVPITER.

Quel deuoir ?

AMOVR.

La premiere chofe dont il faut s'enquerir, c'eft, s'il y ha quelque Amour imprimee : & s'il n'y en ha, ou qu'elle ne foit encor enracinee, ou qu'elle foit defia toute ufee, faut fongneufement chercher quel eft le naturel de la perfonne aymee : &, connoiffant le notre, auec les commoditez, façons, & qualitez eftre femblables, en ufer : fi non, le changer. Les Dames que tu as aymees, vouloient eftre louees, entretenues par un long tems, priees, adorees : quell'Amour penfes tu qu'elles t'ayent porté, te voyant en foudre, en Satire, en diuerfes fortes d'Animaus, & conuerti en chofes infenfibles ? La richeffe te fera iouir des Dames qui font auares : mais aymer non. Car cette affeccion de gaigner ce qui eft au cœur d'une perfonne, chaffe la vraye & entiere Amour : qui ne cherche fon proufit, mais celui de la perfonne, qu'il ayme. Les autres efpeces d'Animaus ne pouuoient te faire amiable. Il n'y ha animant courtois & gracieus que l'homme, lequel puiffe fe rendre fuget aus complexions d'autrui, augmenter fa beauté &

bonne grace par mile nouueaus artifices : plorer, rire, chanter, & paſſionner la perſonne qui le voit. La lubricité & ardeur de reins n'a rien de commun, ou bien peu auec Amour. Et pource les femmes ou iamais n'aymeront, ou iamais ne feront ſemblant d'aymer pour ce reſpect. Ta mageſté Royale encores ha elle moins de pouuoir en ceci : car Amour ſe plait de choſes egales. Ce n'eſt qu'un ioug, lequel faut qu'il ſoit porté par deus Taureaus ſemblables : autrement le harnois n'ira pas droit. Donq, quand tu voudras eſtre aymé, deſcens en bas, laiſſe ici ta couronne & ton ſceptre, & ne dy qui tu es. Lors tu verras en bien ſeruant & aymant quelque Dame, que ſans qu'elle ait egard à richeſſe ne puiſſance, de bon gré t'aymera. Lors tu ſentiras bien un autre contentement, que ceus que tu as uz par le paſsé : & au lieu d'un ſimple plaiſir, en receuras un double. Car autant y ha il de plaiſir à eſtre baisé & aymé, que de baiſer & aymer.

IVPITER.

Tu dis beaucoup de raiſons : mais il faut un long tems, une ſugeccion grande, & beaucoup de paſſions.

AMOVR.

Ie ſay bien qu'un grand Signeur ſe fache de faire longuement la court, que ſes afaires d'importance ne permettent pas qu'il s'y aſſugettiſſe, & que les honneurs qu'il reçoit tous les iours, & autres paſſetems ſans nombre, ne lui permettent croitre ſes paſſions, de ſorte qu'elles puiſſent mouuoir leurs amies à pitié. Auſſi ne doiuent ils atendre les grans & faciles contentemens qui ſont en Amour, mais ſouuentefois i'abaiſſe ſi bien les grans, que ie les fay à tous, exemple de mon pouuoir.

IVPITER.

Il eſt tems d'aller au conſiſtoire : nous deuiſerons une autrefois plus à loiſir.

DISCOVRS V.

APOLON.

Si onques te falut songneusement pouruoir à tes afaires, souuerein Iupiter, ou quand auec l'ayde de Briare tes plus proches te vouloient mettre en leur puissance, ou quand les Geans, fils de la Terre, mettans montaigne sur montaigne, deliberoient nous venir combatre iusques ici, ou quand le Ciel & la Terre cuiderent bruler : à cette heure, que la licence des fols est venue si grande, que d'outrager deuant tes yeus l'un des principaus de ton Empire, tu n'as moins d'occasion d'auoir creinte, & ne dois diferer à donner pront remede au mal ia commencé. S'il est permis à chacun atenter sur le lien qui entretient & lie tout ensemble : ie voy en peu d'heure le Ciel en desordre, ie voy les uns changer leurs cours, les autres entreprendre sur leurs voisins une consommacion uniuerſelle : ton ſceptre, ton trone, ta mageſté en danger. Le ſommaire de mon oraiſon ſera conſeruer ta grandeur en ſon integrité, en demandant vengeance de ceus qui outragent Amour, la vraye ame de tout l'Vniuers, duquel tu tiens ton ſceptre. D'autant donq que ma cauſe eſt tant fauorable, coniointe auec la conſeruacion de ton eſtat, & que neanmoins ie ne demande que iuſtice : d'autant plus me deuras tu atentiuement eſcouter. L'iniure que ie meintien auoir eſté faite à Cupidon, eſt telle : Il venoit au feſtin dernier : & voulant entrer par une porte, Folie acourt apres lui, & lui mettant la main ſus l'eſpaule le tire en arriere, & s'auance, & paſſe la premiere. Amour voulant ſauoir qui c'eſtoit, s'adreſſe à elle. Elle lui dit plus d'iniures, qu'il n'apartient à une femme de bien à dire. De là elle commence ſe hauſſer en paroles, ſe magnifier, fait Amour petit. Lequel ſe voyant ainſi peu eſtimé, recourt à la puiſſance, dont tu l'as touſiours vù, & permets uſer contre toute perſonne. Il la veut faire aymer : elle euite au coup : & feignant ne prendre en mal, ce que Cupidon lui auoit dit, recommence à deuiſer auec lui : & en parlant tout d'un coup lui leue les yeus de la teſte. Ce fait, elle ſe vient à faire ſi grande ſur lui, qu'elle lui fait entendre de ne lui eſtre poſſible le guerir, s'il ne reconnoiſſoit qu'il ne lui auoit porté l'honneur qu'elle meritoit. Que ne feroit on pour recouurer la ioyeuſe vuë du Soleil? Il dit, il fait tout ce qu'elle veut. Elle le bande, & penſe ſes plaies en attendant que meilleure occaſion vinſt de lui rendre la vuë. Mais la traytreſſe lui mit un tel bandeau, que iamais ne ſera poſſible lui oter : par ce moyen voulant ſe moquer de toute l'ayde que tu lui pourrois donner : & encor que tu lui rendiſſes les yeus, qu'ils fuſſent neanmoins inutiles. Et pour le mieus acoutrer lui ha baillé de ſes eſles à fin d'eſtre auſſi bien guidé comme elle. Voila deus iniures grandes & atroces faites à Cupidon. On l'a bleſsé, & lui ha lon oté le pouuoir & moyen de guerir. La plaie ſe voit, le delit eſt manifeſte : de l'auteur ne s'en faut enquerir. Celle qui ha fait le coup, le dit, le preſche, en fait ſes contes par tout. Interrogue la : plus tot l'aura confeſsé que ne l'auras demandé. Que reſte il? Quand il eſt dit : qui aura tiré une dent, lui en ſera tiré une autre : qui aura arraché un œil, lui en ſera ſemblablement creué un, celà s'entent entre perſonnes egales. Mais quand on ha ofensé ceus, deſquels depend la conſeruacion de pluſieurs, les peines s'aigriſſent, les loix s'arment de ſeuerité, & vengent le tort fait au publiq. Si tout l'Vniuers ne tient que par certeines amoureuſes compoſicions, ſi elles ceſſoient, l'ancien Abime reuiendroit. Otant l'amour, tout eſt ruïné. C'eſt donq celui, qu'il faut conſeruer en ſon eſtre : c'eſt celui, qui fait multiplier les hommes, viure enſemble, & perpetuer le monde, par l'amour & ſolicitude qu'ils portent à leurs ſucceſſeurs. Iniurier cet Amour, l'outrager, qu'eſt ce, ſinon vouloir troubler & ruïner toutes choſes? Trop mieus vaudroit que la temeraire ſe fuſt adreſſee à toy : car tu t'en fuſſes bien donné garde. Mais s'eſtant adreſſee à Cupidon, elle t'a fait dommage irreparable, & auquel n'as ù puiſſance de donner ordre. Cette iniure touche auſſi en particulier tous les autres Dieus, Demidieus, Faunes, Satires, Siluains, Deeſſes, Nynfes, Hommes, & Femmes :. & croy qu'il n'y ha Animant, qui ne ſente mal, voyant Cupidon bleſsé. Tu as donq osé, ô deteſtable, nous faire à tous deſpit, en outrageant ce que tu sauois eſtre de tous aymé. Tu as ù le cœur ſi malin, de naurer celui qui apaiſe toutes noiſes & querelles. Tu as osé atenter au fils de Venus : & ce en la court de Iupiter : & as fait qu'il y ha ù ça haut moins de franchiſe, qu'il n'y ha la bas entre les hommes, es lieus qui nous ſont conſacrez. Par tes foudres, ô Iupiter, tu abas les arbres, ou quelque poure femmelette gardant les brebis, ou quelque meſchant garſonneau, qui aura moins dinement parlé de ton nom : & cette cy, qui, meſpriſant ta mageſté, ha violé ton Palais, vit encores ! & ou? au ciel : & eſt eſtimee immortelle, & retient nom de Deeſſe ! Les roues des Enfers ſoutiennent elles une ame plus deteſtable que cette cy? Les montaignes de Sicile couurent elles de plus execrables perſonnes? Et encores n'a elle honte de ſe preſenter deuant vos diuinitez : & lui ſemble (ſi ie l'oſe dire) que ſerez tous ſi fols, que de l'abſoudre. Ie n'ay neantmoins charge par Amour de requerir vengeance & punicion de Folie. Les gibets, potences, roues, couteaus, & foudres ne lui plaiſent, encor que fuſt contre ſes malueillans, contre leſquels meſmes il ha ſi peu usé de ſon ire, que, oté quelque ſubit courrous de la ieuneſſe qui le ſuit, il ne ſe trouua iamais un ſeul d'eus qui ait voulu l'outrager, fors cette furieuſe. Mais il laiſſe le tout à votre diſcrecion, ô Dieus : & ne demande autre choſe, ſinon que ſes yeus lui ſoient rendus, & qu'il ſoit dit, que Folie ha ù tort de l'iniurier & outrager. Et à ce que par ci apres n'auienne tel deſordre, en cas que ne veuillez enſeuelir Folie ſous quelque montaigne, ou la mettre à l'abandon de quelque aigle, ce qu'il ne requiert, vous vueillez ordonner, que Folie ne ſe trouuera pres du lieu ou Amour ſera, de cent pas à la ronde. Ce que trouuerez deuoir eſtre fait, apres qu'aurez entendu de quel grand bien ſera cauſe Amour, quand il aura gaigné ce point : & de combien de maus il ſera cauſe, eſtant ſi mal acompagné, meſmes à preſent qu'il ha perdu les yeus. Vous ne trouuerez point mauuais que ie touche en brief en quel honneur & reputacion eſt Amour entre les hommes, & qu'au demeurant de mon oraiſon ie ne parle guere plus que d'eus. Donques les hommes ſont faits à l'image & ſemblance de nous, quant aus eſprits : leurs corps ſont compoſez de pluſieurs & diuerſes complexions : & entre eus ſi diferent tant en figure, couleur, & forme, que iamais en tant de ſiecles, qui ont paſsé, ne s'en trouua, que deus ou trois pers, qui ſe reſſemblaſſent : encore leurs ſeruiteurs & domeſtiques les connoiſſoient particulierement l'un d'auec l'autre. Eſtans ainſi en meurs, complexions, & forme diſſemblables, ſont neanmoins enſemble liez & aſſemblez par une beniuolence, qui les fait vouloir bien l'un à l'autre : & ceus qui en ce ſont les plus excellens, ſont les plus reuerez entre eus. Delà eſt venue la premiere gloire entre les hommes.

Car ceus qui auoient inuenté quelque chofe à leur proufit, eftoient eftimez plus que les autres. Mais faut penfer que cette enuie de proufiter en publiq, n'eft procedee de gloire, comme eftant la gloire pofterieure en tems. Quelle peine croyez vous, qu'a ù Orphee pour deftourner les hommes barbares de leur acoutumee cruauté? pour les faire affembler en compagnies politiques? pour leur mettre en horreur le piller & robber l'autrui? Eftimez vous que ce fuft pour gain? duquel ne fe parloit encores entre les hommes, qui n'auoient fouillé es entrailles de la terre? La gloire, comme i'ay dit, ne le pouuoit mouuoir. Car n'eftans point encore de gens politiquement vertueus, il n'y pouuoit eftre gloire, ny enuie de gloire. L'amour qu'il portoit en general aus hommes, le faifoit trauailler à les conduire à meilleure vie. C'eftoit la douceur de fa Mufique, que lon dit auoir adouci les Loups, Tigres, Lions : attiré les arbres, & amolli les pierres : & quelle pierre ne s'amolliroit entendant le dous prefchement de celui qui amiablement la veut atendrir pour receuoir l'impreffion de bien & honneur? Combien eftimez vous que Promethee foit loué là bas pour l'ufage du feu, qu'il inuenta? Il le vous defroba, & encourut votre indignacion. Eftoit ce qu'il vous vouluft ofenfer? ie croy que non : mais l'amour, qu'il portoit à l'homme, que tu lui baillas, ô Iupiter, commiffion de faire de terre, & l'affembler de toutes pieces ramaffees des autres animaus. Cet amour que lon porte en general à fon femblable, eft en telle recommandacion entre les hommes, que le plus fouuent ſe trouuent entre eus qui pour ſauuer un païs, leur parent, & garder l'honneur de leur Prince, s'enfermeront dedens lieus peu defenſables, bourgades, colombiers : & quelque aſſurance qu'ils ayent de la mort, n'en veulent ſortir à quelque compoſicion que ce ſoit, pour prolonger la vie à ceus que lon ne peut aſſaillir que apres leur ruïne. Outre cette afeccion generale, les hommes en ont quelque particuliere l'un enuers l'autre, & laquelle, moyennant qu'elle n'ait point le but de gain, ou de plaiſir de ſoymeſme, n'ayant reſpect à celui, que lon ſe dit aymer, eſt en tel eſtime au monde, que lon ha remarqué ſongneuſement par tous les ſiecles ceus, qui ſe ſont trouuez excellens en icelle, les ornant de tous les plus honorables titres que les hommes peuuent inuenter. Meſmes ont eſtimé cette ſeule vertu eſtre ſufiſante pour d'un homme faire un Dieu. Ainſi les Scythes deïfierent Pylade & Oreſte, & leur dreſſerent temples & autels, les apelans les Dieus d'amitié. Mais auant iceus eſtoit Amour, qui les auoit liez & uniz enſemble. Raconter l'opinion, qu'ont les hommes des parens d'Amour, ne feroit hors de propos, pour montrer qu'ils l'eſtiment autant ou plus, que nul autre des Dieus. Mais en ce ne ſont d'un acord, les uns le faiſant ſortir de Chaos & de la Terre : les autres du Ciel & de la Nuit : aucuns de Diſcorde & de Zephire : autres de Venus la vraye mere, l'honorant par ſes anciens peres & meres, & par les effets merueilleus que de tout tems il ha acoutumé montrer. Mais il me ſemble que les Grecs d'un ſeul ſurnom qu'ils t'ont donné, Iupiter, t'apelant amiable, témoignent aſſez que plus ne pouuoient exaucer Amour, qu'en te faiſant participant de ſa nature. Tel eſt l'honneur que les plus ſauans & plus renommez des homnes donnent à Amour. Le commun populaire le priſe auſſi & eſtime pour les grandes experiences qu'il voit des commoditez, qui prouiennent de lui. Celui qui voit que l'homme (quelque vertueus qu'il ſoit) languit en ſa maiſon, ſans l'amiable compagnie d'une femme, qui fidelement lui diſpenſe ſon bien, lui augmente ſon plaiſir, ou le tient en bride doucement, de peur qu'il n'en prenne trop, pour ſa ſanté, lui ote les facheries, & quelquefois les empeſche de venir, l'appaiſe, l'adoucit, le traite ſain & malade, le fait auoir deus corps, quatre bras, deus ames, & plus parfait que les premiers hommes du banquet de Platon, ne confeſſera il que l'amour coniugale eſt dine de recommandacion ? & n'atribuera cette felicité au mariage, mais à l'amour qui l'entretient. Lequel, s'il defaut en cet endroit, vous verrez l'homme forcené, fuir & abandonner ſa maiſon. La femme au contraire ne rit iamais, quand elle n'eſt en amour auec ſon mari. Ilz ne ſont iamais en repos. Quand l'un veut repoſer, l'autre crie. Le bien ſe diſſipe, & vont toutes choſes au rebour. Et eſt preuue certeine, que la ſeule amitié fait auoir en mariage le contentement, que lon dit s'y trouuer. Qui ne dira bien de l'amour fraternelle, ayant veu Caſtor & Pollux, l'un mortel eſtre fait immortel à moitié du don de ſon frere? Ce n'eſt pas eſtre frere, qui cauſe cet heur (car peu de freres ſont de telle ſorte) mais l'amour grande qui eſtoit entre eus.

Il ſeroit long à diſcourir, comme Ionathas ſauua la vie à Dauid : dire l'hiſtoire de Pythias & Damon : de celui qui quitta ſon eſpouſe à ſon ami la premiere nuit, & s'en fuit vagabond par le monde. Mais pour montrer quel bien vient d'amitié, i'allegueray le dire d'un grand Roy, lequel, ouurant une grenade, interrogué de quelles choſes il voudroit auoir autant, comme il y auoit de grains en la pomme, reſpondit : de Zopires. C'eſtoit ce Zopire, par le moyen duquel il auoit recouuré Babilone. Vn Scythe demandant en mariage une fille, & ſommé de bailler ſon bien par declaracion, dit : qu'il n'auoit autre bien que deus amis, s'eſtimant aſſez riche auec telle poſſeſſion pour oſer demander la fille d'un grand Seigneur en mariage. Et pour venir aus femmes, ne ſauua Ariadne la vie à Theſee? Hypermneſtre à Lyncee? Ne ſe ſont trouuees des armees en danger en païs eſtranges, & ſauuees par l'amitié que quelques Dames portoient aus Capiteines? des Rois remiz en leurs principales citez par les intelligences, que leurs amies leur auoient pratiquees ſecrettement? Tant y ha de poures ſoudarz, qui ont eſté eſleuez par leurs amies es Contez, Duchez, Royaumes qu'elles poſſedoient. Certeinement tant de commoditez prouenans aus hommes par Amour ont bien aydé à l'eſtimer grand. Mais plus que toute choſe, l'afeccion naturelle, que tous auons à aymer, nous le fait esleuer & exalter. Car nous voulons faire paroitre, & eſtre eſtimé ce à quoy nous nous ſentons enclins. Et qui eſt celui des hommes, qui ne prenne plaiſir, ou d'aymer, ou d'eſtre aymé? Ie laiſſe ces Myſanthropes, & Taupes cachees ſous terre, & enſeueliz de leurs bizarries, leſquels auront de par moy tout loiſir de n'eſtre point aymez, puis qu'il ne leur chaut d'aymer. S'il m'eſtoit licite, ie les vous depeindrois, comme ie les voy decrire aus hommes de bon eſprit. Et neanmoins il vaut mieus en dire un mot, à fin de connoitre combien eſt mal plaiſante & miſerable la vie de ceus, qui ſe ſont exemptez d'Amour. Ils dient que ce ſont gens mornes, ſans eſprit, qui n'ont grace aucune à parler, une voix rude, un aller penſif, un viſaige de mauuaiſe rencontre, un œil baiſsé, creintifs, auares, impitoyables, ignorans, & n'eſtimans perſonne : Loups garous. Quand ils entrent en leur maiſon, ils creingnent que quelcun les regarde. Incontinent qu'ils ſont entrez, barrent leur porte, ſerrent les feneſtres, mengent ſallement ſans compagnie, la maiſon mal en ordre : ſe couchent en chapon le morceau au bec. Et lors à beaus gros bonnets gras de deus doits d'eſpais, la camiſole atachee auec eſplingues enrouillees iuſques au deſſous du nombril, grandes chauſſes de laine venans à mycuiſſe, un oreiller bien chaufé & ſentant ſa greſſe fondue : le dormir acompagné de toux, & autres tels excremens dont ils rempliſſent les courtines. Vn leuer peſant, s'il n'y ha quelque argent à receuoir : vieilles chauſſes repetaſſees : ſouliers de païſant : pourpoint de drap fourré : long ſaye mal ataché deuant : la robbe qui pend par derriere iuſques aus eſpaules : plus de fourrures & peliſſes : calottes & larges bonnets couurans les cheueus mal pignez : gens plus fades à voir, qu'un potage ſans ſel à humer. Que vous en femble il? Si tous les hommes eftoient de cette forte, y auroit il pas peu de plaifir de viure auec eus? Combien plus tot choifiriez vous un homme propre, bien en point, & bien parlant, tel qu'il ne s'eft pù faire fans auoir enuie de plaire à quelcun? Qui ha inuenté un dous & gracieus langage entre les hommes? & ou premierement ha il efté employé? ha ce efté à perfuader de faire guerre au païs? eflire un Capiteine? acufer ou defendre quelcun? Auant que les guerres fe fiffent, paix, alliances & confederacions en publiq : auant qu'il fuft befoin de Capiteines, auant les premiers iugemens que fites faire en Athenes, il y auoit quelque maniere plus douce & gracieufe, que le commun : de laquelle uferent Orphee, Amphion, & autres. Et ou en firent preuue les hommes, finon en Amour? Par pitié on baille à manger à une creature, encore qu'elle n'en demande. On penfe à un malade, encore qu'il ne veuille guerir. Mais qu'une femme ou homme d'efprit, prenne plaifir à l'afeccion d'une perfonne, qui ne la peut defcouurir, lui donne ce qu'il ne peut demander, efcoute un ruftique & barbare langage : & tout tel qu'il eft, fentant plus fon commandement, qu'amoureufe priere, celà ne fe peut imaginer. Celle, qui fe fent aymee, ha quelque autorité fur celui qui l'ayme : car elle voit en fon pouuoir, ce que l'Amant pourfuit, comme eftant quelque grand bien & fort defirable. Cette autorité veut eftre reueree en geftes, faits, contenances, & paroles. Et de ce vient, que les Amans choififfent les façons de faire, par lefquelles les perfonnes aymees auront plus d'ocafion de croire l'eftime & reputacion que lon ha d'elles. On fe compofe les yeus à douceur & pitié, on adoucit le front, on amollit le langage, encore que de fon naturel l'Amant uft le regard horrible, le front defpité, & langage fot & rude : car il ha inceffamment au cœur l'obiect de l'amour, qui lui caufe un defir d'eftre dine d'en receuoir faueur, laquelle il fcet bien ne pouuoir auoir fans changer fon naturel. Ainfi entre les hommes Amour caufe une connoiffance de foymefme. Celui qui ne tache à complaire à perfonne, quelque perfeccion qu'il ait, n'en ha non plus de plaifir, que celui qui porte une fleur dedens fa manche. Mais celui qui defire plaire, inceffamment penfe à fon fait : mire & remire la chofe aymee : fuit les vertus, qu'il voit lui eftre agreables, & s'adonne aus complexions contraires à foymefme, comme celui qui porte le bouquet en main, donne certein iugement de quelle fleur vient l'odeur & fenteur qui plus lui eft agreable. Apres que l'Amant ha compofé fon corps & complexion à contenter l'efprit de l'aymee, il donne ordre que tout ce qu'elle verra fur lui, ou lui donnera plaifir, ou pour le moins elle n'y trouuera à fe facher. De là ha ù fource la plaifante inuencion des habits nouueaus. Car on ne veut iamais venir à ennui & laffeté, qui prouient de voir toufiours une mefme chofe. L'homme ha toufiours mefme corps, mefme tefte, mefme bras, iambes, & piedz : mais il les diuerfifie de tant de fortes, qu'il femble tous les iours eftre renouuelé. Chemifes parfumees de mile & mile fortes d'ouurages : bonnet à la faifon, pourpoint, chaufſes iointes & ſerrees, montrant les mouuemens du corps bien diſposé : mile façons de bottines, brodequins, eſcarpins, ſouliers, ſayons, caſaquins, robbes, robbons, cappes, manteaus : le tout en ſi bon ordre, que rien ne paſſe. Et que dirons nous des femmes, l'habit deſquelles, & l'ornement de corps, dont elles uſent, eſt fait pour plaire, ſi iamais rien fut fait. Eſt il poſſible de mieus parer une teſte, que les Dames font & feront à iamais? auoir cheueus mieus dorez, creſpes, frizez? acoutrement de teſte mieus ſeant, quand elles s'acoutreront à l'Eſpagnole, à la Françoiſe, à l'Alemande, à l'Italienne, à la Grecque? Quelle diligence mettent elles au demeurant de la face? Laquelle, ſi elle eſt belle, elles contregardent tant bien contre les pluies, vents, chaleurs, tems & vieilleſſe, qu'elles demeurent preſque touſiours ieunes. Et ſi elle ne leur eſt du tout telle, qu'elles la pourroient deſirer, par honneſte ſoin la ſe procurent : & l'ayant moyennement agreable, ſans plus grande curioſité, ſeulement auec vertueuſe induſtrie la continuent, ſelon la mode de chacune nacion, contree, & coutume. Et auec tout celà, l'habit propre comme la feuille autour du fruit. Et s'il y ha perfeccion du corps, ou lineament qui puiſſe, ou doiue eſtre vù & montré, bien peu le cache l'agencement du vétement : ou, s'il eſt caché, il l'eſt en ſorte, que lon le cuide plus beau & delicat. Le ſein aparoit de tant plus beau, qu'il ſemble qu'elles ne le veuillent eſtre vù : les mamelles en leur rondeur releuees font donner un peu d'air au large eſtomac. Au reſte, la robbe bien iointe, le corps eſtreci ou il le faut : les manches ferrees, fi le bras eft maffif : fi non, larges & bien enrichies : la chauffe tiree : l'efcarpin façonnant le petit pié (car le plus fouuent l'amoureufe curiofité des hommes fait rechercher la beauté iufques au bout des piez :) tant de pommes d'or, chaines, bagues, ceintures, pendans, gans parfumez, manchons : & en fomme tout ce qui eft de beau, foit à l'accoutrement des hommes ou des femmes, Amour en eft l'auteur. Et s'il ha fi bien trauaillé pour contenter les yeus, il n'a moins fait aus autres fentimens : mais les ha tous emmiellez de nouuelle & propre douceur. Les fleurs que tu fiz, ô Iupiter, naitre es mois de l'an les plus chaus, font entre les hommes faites hybernalles : les arbres, plantes, herbages, qu'auois diftribuez en diuers païs, font par l'eftude de ceus qui veulent plaire à leurs amies, raffemblez en un verger : & quelquefois fuis contreint, pour ayder à leur afeccion, leur departir plus de chaleur que le païs ne le requerroit. Et tout le proufit de ce, n'eft que fe ramenteuoir par ces petis prefens en la bonne grace de ces amis & amies. Dirày ie que la Mufique n'a efté inuentee que par Amour? & eft le chant & harmonie l'effect & figne de l'Amour parfait. Les hommes en ufent ou pour adoucir leurs defirs enflammez, ou pour donner plaifir : pour lequel diuerfifier tous les iours ils inuentent nouueaus & diuers inftrumens de Luts, Lyres, Citres, Doucines, Violons, Efpinettes, Flutes, Cornets : chantent tous les iours diuerfes chanfons : & viendront à inuenter madrigalles, fonnets, pauanes, paffemefes, gaillardes, & tout en commemoracion d'Amour : comme celui, pour lequel les hommes font plus que pour nul autre. C'eſt pour lui que lon fait des ſerenades, aubades, tournois, combats tant à pied qu'à cheual. En toutes leſquelles entrepriſes ne ſe treuuent que ieunes gens amoureus : ou s'ils s'en treuuent autres meſlez parmi, ceus qui ayment emportent touſiours le pris, & en remercient les Dames, deſquelles ils ont porté les faueurs. Là auſſi ſe raporteront les Comedies, Tragedies, Ieux, Montres, Maſques, Moreſques. Dequoy allege un voyageur ſon trauail, que lui cauſe le long chemin, qu'en chantant quelque chanſon d'Amour, ou eſcoutant de ſon compagnon quelque conte & fortune amoureuſe? L'un loue le bon traitement de s'amie : l'autre ſe pleint de la cruauté de la ſienne. Et mile accidens, qui interuiennent en amours : lettres deſcouuertes, mauuais raports, quelque voiſine ialouſe, quelque mari qui reuient plus tot que lon ne voudroit : quelquefois s'aperceuant de ce qui ſe fait : quelquefois n'en croyant rien, ſe fiant ſur la preudhommie de ſa femme : & à fois eſchaper un ſoupir auec un changement de parler : puis force excuſes. Brief, le plus grand plaiſir qui ſoit apres amour, c'eſt d'en parler. Ainſi paſſoit ſon chemin Apulee, quelque Filozofe qu'il fuſt. Ainſi prennent les plus ſeueres hommes plaiſir d'ouir parler de ces propos, encores qu'ils ne le veuillent confeſſer. Mais qui fait tant de Poëtes au monde en toutes langues? n'eſt ce pas amour? lequel ſemble eſtre le ſuget, duquel tous Poëtes veulent parler. Et qui me fait attribuer la Poëſie à Amour : ou dire, pour le moins, qu'elle eſt bien aydee & entretenue par ſon moyen ? c'eſt qu'incontinent que les hommes commencent d'aymer, ils eſcriuent vers. Et ceus qui ont eſté excellens Poëtes, ou en ont tout rempli leurs liures, ou, quelque autre ſuget qu'ils ayent pris, n'ont osé toutefois acheuer leur euure ſans en faire honorable mencion. Orphee, Muſee, Homere, Line, Alcee, Saphon, & autres Poëtes & Filozofes : comme Platon, & celui qui ha ù le nom de Sage, ha deſcrit ſes plus hautes concepcions en forme d'amourettes. Et pluſieurs autres eſcriueins voulans deſcrire autres inuencions, les ont cachees ſous ſemblables propos. C'eſt Cupidon qui ha gaigné ce point, qu'il faut que chacun chante ou ſes paſſions, ou celles d'autrui, ou couure ſes diſcours d'Amour, ſachant qu'il n'y ha rien, qui le puiſſe faire mieus eſtre reçu. Ouide ha touſiours dit qu'il aymoit. Petrarque en ſon langage ha fait ſa ſeule afeccion aprocher à la gloire de celui, qui ha repreſenté toutes les paſſions, coutumes, façons, & natures de tous les hommes, qui eſt Homere. Qu'a iamais mieus chanté Virgile, que les amours de la Dame de Carthage? Ce lieu ſeroit long, qui voudroit le traiter comme il meriteroit. Mais il me ſemble qu'il ne ſe peut nier, que l'Amour ne ſoit cauſe aus hommes de gloire, honneur, prouſit, plaiſir : & tel, que ſans lui ne ſe peut commodément viure. Pource eſt il eſtimé entre les humains, l'honorans & aymans, comme celui qui leur ha procuré tout bien & plaiſir. Ce qui lui ha eſté bien aisé, tant qu'il ha ù ſes yeus. Mais auiourdhui, qu'il en eſt priué, ſi Folie ſe meſle de ſes afaires, il eſt à creindre, & quaſi ineuitable, qu'il ne ſoit cauſe d'autant de vilenie, incommodité, & deſplaiſir, comme il ha eſté par le paſsé d'honneur, proufit, & volupté. Les grans qu'Amour contreingnoit aymer les petis & les ſugetz qui eſtoient ſous eus, changeront en ſorte qu'ils n'aymeront plus que ceus dont ils en penſeront tirer ſeruice. Les petis, qui aymoient leurs Princes & Signeurs, les aymeront ſeulement pour faire leurs beſongnes, en eſperance de ſe retirer quand ils ſeront pleins. Car ou Amour voudra faire cette harmonie entre les hautes & baſſes perſonnes, Folie ſe trouuera pres, qui l'empeſchera : & encore es lieus ou il ſe ſera ataché. Quelque bon & innocent qu'il ſoit, Folie lui meſlera de ſon naturel : tellement que ceus qui aymeront, feront touſiours quelque tour de fol. Et plus les amitiez ſeront eſtroites, plus s'y trouuera il de deſordre quand Folie s'y mettra. Il retournera plus d'une Semiramis, plus d'une Biblis, d'une Mirrha, d'une Canace, d'une Phedra. Il n'y aura lieu ſaint au monde. Les hauts murs & treilliz garderont mal les Veſtales. La vieilleſſe tournera ſon venerable & paternel amour, en fols & iuueniles deſirs. Honte ſe perdra du tout. Il n'y aura diſcrecion entre noble, païſant, infidele, ou More, Dame, maitreſſe, ſeruante. Les parties ſeront ſi inegales, que les belles ne rencontreront les beaus, ains ſeront conioíntes le plus ſouuent auec leurs diſſemblables. Grands Dames aymeront quelquefois ceus dont ne daigneroient eſtre ſeruies. Les gens d'eſprit s'abuſeront autour des plus laides. Et quand les poures & loyaus amans auront langui de l'amour de quelque belle : lors Folie fera iouir quelque auolé en moins d'une heure du bien ou l'autre n'aura pù ateindre. Ie laiſſe les noiſes & querelles, qu'elle dreſſera par tout, dont s'en enſuiura bleſſures, outrages, & meurtres. Et ay belle peur, qu'au lieu, ou Amour ha inuenté tant de ſciences, & produit tant de bien, qu'elle n'ameine auec ſoy quelque grande oiſiueté acompagnee d'ignorance : qu'elle n'empeſche les ieunes gens de ſuiure les armes & de faire ſeruice à leur Prince : ou de vaquer à eſtudes honorables : qu'elle ne leur meſle leur amour de paroles deteſtables, chanſons trop vileines, iurongnerie & gourmandiſe : qu'elle ne leur ſuſcite mile maladies, & mette en infiniz dangers de leurs perſonnes. Car il n'y ha point de plus dangereuſe compagnie que de Folie. Voila les maus, qui ſont à creindre, ſi Folie ſe trouue autour d'Amour. Et s'il auenoit que cette meſchante le vouluſt empeſcher ça haut, que Venus ne vouluſt plus rendre un dous aſpect auec nous autres, que Mercure ne vouluſt plus entretenir nos alliances, quelle confuſion y auroit il ? Mais i'ay promis ne parler que de ce qui ſe fait en terre. Or donq, Iupiter, qui t'apeles pere des hommes, qui leur es auteur de tout bien, leur donnes la pluie quand elle eſt requiſe, ſeiches l'humidité ſuperabondante : conſidere ces maus qui ſont preparez aus hommes, ſi Folie n'eſt ſeparee d'Amour. Laiſſe Amour ſe reſiouir en paix entre les hommes : qu'il ſoit loiſible à un chacun de conuerſer priuément & domeſtiquement les perſonnes qu'il aymera, ſans que perſonne en ait crainte ou ſoupſon : que les nuits ne chaſſent, ſous pretexte des mauuaiſes langues, l'ami de la maiſon de s'amie : que lon puiſſe mener la femme de ſon ami, voiſin, parent, ou bon ſemblera, en telle ſeureté que l'honneur de l'un ou l'autre n'en ſoit en rien ofensé. Et à ce que perſonne n'ait plus mal en teſte, quand il verra telles priuautez, fais publier par toute la Terre, non à ſon de trompe ou par attaches miſes aus portes des temples, mais en mettant au cœur de tous ceus qui regarderont les Amans, qu'il n'eſt poſſible qu'ils vouſiſſent faire ou penſer quelque Folie. Ainſi auras tu mis tel ordre au fait auenu, que les hommes auront occaſion de te louer & magnifier plus que iamais, & feras beaucoup pour toy & pour nous. Car tu nous auras deliures d'une infinité de pleintes, qui autrement nous feront faites par les hommes, des eſclandres que Folie amoureuſe fera au monde. Ou bien ſi tu aymes mieus remettre les choſes en l'eſtat qu'elles eſtoient, contreins les Parques & Deſtinees (ſi tu y as quelque pouuoir) de retourner leurs fuſeaus, & faire en ſorte qu'à ton commandement, & à ma priere, & pour l'amour de Venus, que tu as iuſques ici tant cherie & aymee, & pour les plaiſirs & contentemens que tous tant que nous ſommes, auons reçuz & receuons d'Amour, elles ordonnent, que les yeus ſeront rendus à Cupidon, & la bande otee : à ce que le puiſſions voir encore un coup en ſon bel & naïf eſtre, piteus de tous les cotez dont on le ſauroit regarder, & riant d'un ſeulement. O Parques, ne ſoyez à ce coup inexorables que lon ne die que vos fuſeaus ont efté miniftres de la cruelle vengeance de Folie. Ceci n'empefchera point la fuite des chofes à venir. Iupiter compofera tous ces trois iours en un, comme il fit les trois nuits, qu'il fut auec Alcmene. Ie vous apelle, vous autres Dieus, & vous Deeffes, qui tant auez porté & portez d'honneur à Venus. Voici l'endroit ou lui pouuez rendre les faueurs que d'elle auez reçues. Mais de qui plus dois ie efperer, que de toy, Iupiter? laifferas tu plorer en vain la plus belle des Deeffes? n'auras tu pitié de l'angoiffe qu'endure ce poure enfant dine de meilleure fortune? Aurons nous perdu nos veuz & prieres? Si celles des hommes te peuuent forcer & t'ont fait plufieurs fois tomber des mains, fans mal faire, la foudre que tu auois contre eus preparee : quel pouuoir auront les notres, aufquels as communiqué ta puiffance & autorité? Et te prians pour perfonnes, pour lefquelles toymefme (fi tu ne tenois le lieu de commander) prierois volontiers : & en la faueur defquelles (fi ie puis fauoir quelque fecret des chofes futures) feras poffible, apres certeines reuolucions, plus que ne demandons, affugetiffant à perpetuité Folie à Amour, & le faifant plus cler voyant que nul autre des Dieus. I'ay dit.

Incontinent qu'Apolon ut fini fon accufacion, toute la compagnie des Dieus par un fremiffement, fe montra auoir compaffion de la belle Deeffe là prefente, & de Cupidon fon fils. Et uffent volontiers tout fur l'heure condamné la Deeffe Folie : Quand l'equitable Iupiter par une magefté Imperiale leur commanda filence, pour ouir la defenfe de Folie enchargee à Mercure, lequel commença à parler ainfi :

MERCVRE.

N'atendez point, Iupiter, & vous autres Dieus immortels, que ie commence mon oraifon par excufes (comme quelquefois font les Orateurs, qui creingnent eftre blamez, quand ils foutiennent des caufes apertement mauuaifes,) de ce qu'ay pris en main la defenfe de Folie, & mefmes contre Cupidon, auquel ay en plufieurs endrois porté tant d'obeïffance, qu'il auroit raifon de m'eftimer tout fien : & ay tant aymé la mere, que n'ay iamais efpargné mes allees & venues, tant qu'ay pensé lui faire quelque chose agreable. La caufe, que ie defens, eft fi iufte, que ceus mefmes qui ont parlé au contraire, apres m'auoir ouy, changeront d'opinion. L'iffue du diferent, comme i'efpere, fera telle, que mefme Amour quelque iour me remercira de ce feruice, que contre lui ie fay à Folie. Cette queftion eft entre deus amis, qui ne font pas fi outrez l'un enuers l'autre, que quelque matin ne fe puiffent reconcilier, & prendre plaifir l'un de l'autre, comme au parauant. Si à l'apetit de l'un, vous chaffez l'autre, quand ce defir de vengeance fera pafsé (laquelle incontinent qu'elle eft acheuee commence à defplaire :) fi vous ordonnez quelque cas contre Folie, Amour en aura le premier regret. Et n'eftoit cette ancienne amitié & aliance de ces deus, meintenant auerfaires, qui les faifoit fi uniz & conioins, que iamais n'auez fait faueur à l'un, que l'autre ne s'en foit fenti : ie me defierois bien que puiffiez donner bon ordre fur ce diferent, ayans tous fuiui Amour fors Pallas :

laquelle eſtant ennemie capitale de Folie, ne feroit raiſon qu'elle vouluſt iuger ſa cauſe. Et toutefois n'eſt Folie ſi inconnue ceans, qu'elle ne ſe reſſente d'auoir ſouuentefois eſté la bien venue, vous aportant touſiours auec ſa troupe quelques cas de nouueau pour rendre vos banquets & feſtins plus plaiſans. Et penſe que tous ceus de vous, qui ont aymé, ont auſſi bonne ſouuenance d'elle, que de Cupidon meſme. Dauantage elle vous croit tous ſi equitables & raiſonnables, qu'encore que ce fait fuſt le votre propre, ſi n'en feriez vous que la raiſon. I'ay trois choſes à faire. Defendre la teſte de Folie, contre laquelle Amour ha iuré : reſpondre aus acuſacions que i'entens eſtre faites à Folie : & à la demande qu'il fait de ſes yeus. Apolon, qui ha ſi long tems ouy les cauſeurs à Romme, ha bien retenu d'eus à conter touſiours à ſon auantage. Mais Folie, comme elle eſt touſiours ouuerte, ne veut point que i'en diſſimule rien : & ne vous en veut dire qu'un mot ſans art, ſans fard & ornement quelconque. Et à la pure verité, Folie ſe iouant auec Amour, ha paſsé deuant lui pour gaigner le deuant, & pour venir plus tot vous donner plaiſir. Amour eſt entré en colere. Lui & elle ſe ſont pris de paroles. Amour l'a taché naurer de ſes armes qu'il portoit. Folie s'eſt defendue des ſiennes, dont elle ne s'eſtoit chargee pour bleſſer perſonne, mais pource que ordinairement elle les porte. Car, comme vous ſauez, ainſi qu'Amour tire au cœur, Folie auſſi ſe gette aus yeus & à la teſte, & n'a autres armes que ſes doits. Amour ha voulu montrer qu'il auoit puiſſance ſur le cœur d'elle. Elle lui ha fait connoitre qu'elle auoit puiſſance de lui oter les yeus. Il ne ſe pleingnoit que de la deformité de ſon viſage. Elle eſmue de pitié la lui ha couuert d'une bande à ce que lon n'aperçuſt deus trous vuides d'iceus, enlaidiſſans ſa face. On dit que Folie ha fait double iniure à Amour : premierement, de lui auoir creué les yeus : ſecondement, de lui auoir mis ce bandeau. On exaggere le crime fait à une perſonne aymee d'une perſonne, dont pluſieurs ont afaire. Il faut reſpondre à ces deus iniures. Quant à la premiere ie dy : que les loix & raiſons humaines ont permis à tous ſe defendre contre ceus qui les voudroient ofenſer, tellement que ce, que chacun fait en ſe defendant, eſt eſtimé bien & iuſtement fait. Amour ha eſté l'agreſſeur. Car combien que Folie ait premierement parlé à Amour, ce n'eſtoit toutefois pour quereler, mais pour s'esbatre, & ſe iouer à lui. Folie s'eſt defendue. Duquel coté eſt le tort? Quand elle lui uſt pis fait, ie ne voy point comment on lui en euſt pù rien demander. Et ſi ne voulez croire qu'Amour ait eſté l'agreſſeur, interroguez le. Vous verrez qu'il reconnoitra verité. Et n'eſt choſe incroyable en ſon endroit de commencer tels brouilliz. Ce n'eſt d'auiourdhui, qu'il ha eſté ſi inſuportable, quand bon lui ha ſemblé. Ne s'ataqua il pas à Mars, qui regardoit Vulcan forgeant des armes, & tout ſoudein le bleſſa? & n'y ha celui de cette compagnie, qui n'ait eſté quelquefois las d'ouir ces brauades. Folie rit touſiours, ne penſe ſi auant aus choſes, ne marche ſi auant pour eſtre la premiere, mais pource qu'elle eſt plus pronte & hatiue. Ie ne ſay que ſert d'alleguer la coutume toleree à Cupidon de tirer de ſon arc ou bon lui ſemble. Car quelle loy ha il plus de tirer à Folie, que Folie n'a de s'adreſſer à Amour? Il ne lui ha fait mal : neantmoins il s'en eſt mis en ſon plein deuoir. Quel mal ha fait Folie, rengeant Amour, en ſorte qu'il ne peut plus nuire, ſi ce n'eſt d'auenture? Que ſe treuue il en eus de capital? y ha il quelque guet à pens, ports d'armes, congregacions illicites, ou autres choſes qui puiſſent tourner au deſordre de la Republique? C'eſtoit Folie & un enfant, auquel ne failloit auoir egard. Ie ne ſay comment te prendre en cet endroit, Apolon. S'il eſt ſi ancien, il doit auoir apris à eſtre plus modeſte, qu'il n'eſt : & s'il eſt ieune, auſſi eſt Folie ieune, & fille de Ieuneſſe. A cette cauſe, celui qui eſt bleſsé, en doit demeurer là. Et dorenauant que perſonne ne ſe prenne à Folie. Car elle ha, quand bon lui ſemblera, dequoy venger ſes iniures : & n'eſt de ſi petit lieu, qu'elle doiue ſoufrir les ieuneſſes de Cupidon. Quant à la ſeconde iniure, que Folie lui a mis un bandeau, ceci eſt une pure calomnie. Car en lui bandant le deſſous du front, Folie iamais ne penſa lui agrandir ſon mal, ou lui oter le remede de guerir. Et quel meilleur témoignage faut il, que de Cupidon meſme? Il a trouué bon d'eſtre bandé : il ha connu qu'il auoit eſté agreſſeur, & que l'iniure prouenoit de lui : il ha reçu cette faueur de Folie. Mais il ne ſauoit pas qu'il fuſt de tel pouuoir. Et quand il uſt sù, que lui euſt nuy de le prendre? Il ne lui deuoit iamais eſtre oté : par conſequent donq ne lui deuoient eſtre ſes yeus rendus.

Si ſes yeus ne lui deuoient eſtre rendus, que lui nuit le bandeau? Que bien tu te montres ingrat à ce coup, fils de Venus, quand tu calomnies le bon vouloir que t'ay porté, & interpretes à mal ce que ie t'ay fait pour bien. Pour agrauer le fait, on dit que c'eſtoit en lieu de franchiſe. Auſſi eſtoit ce en lieu de franchiſe, qu'Amour auoit aſſailli. Les autels & temples ne ſont inuentez à ce qu'il ſoit loiſible aus meſchans d'y tuer les bons, mais pour ſauuer les infortunez de la fureur du peuple, ou du courrous d'un Prince. Mais celui qui pollue la franchiſe, n'en doit il perdre le fruit? S'il uſt bien ſuccedé à Amour, comme il vouloit, & uſt bleſsé cette Dame, ie croy qu'il n'uſt pas voulu que lon lui euſt imputé ceci. Le ſemblable faut qu'il treuue bon en autrui. Folie m'a defendu que ne la fiſſe miſerable, que ne vous ſuppliaſſe pour lui pardonner, ſi faute y auoit : m'a defendu le plorer, n'embraſſer vos genous, vous adiurer par les gracieus yeus, que quelquefois auez trouuez agreables venans d'elle, ny amener ſes parens, enfans, amis, pour vous eſmouuoir à pitié. Elle vous demande ce que ne lui pouuez refuſer, qu'il ſoit dit, qu'Amour par ſa faute meſme eſt deuenu aueugle. Le ſecond point qu'Apolon ha touché, c'eſt qu'il veut eſtre faites defenſes à Folie de n'aprocher dorenauant Amour de cent pas à la ronde. Et ha fondé ſa raiſon ſur ce, qu'eſtant en honneur & reputacion entre les hommes, leur cauſant beaucoup de bien & plaiſirs, ſi Folie y eſtoit meſlee, tout tourneroit au contraire. Mon intencion ſera de montrer qu'en tout celà Folie n'eſt rien inferieure à Amour,

& qu'Amour ne feroit rien fans elle : & ne peut eftre, & regner fans fon ayde. Et pource qu'Amour ha commencé à montrer fa grandeur par fon ancienneté, ie feray le femblable : & vous prieray reduire en memoire comme incontinent que l'homme fut mis fur terre, il commença fa vie par Folie : & depuis fes fucceffeurs ont fi bien continué, que iamais Dame n'ut tant bon credit au monde. Vray eft qu'au commencement les hommes ne faifoient point de hautes folies, auffi n'auoient ils encores aucuns exemples deuant eus. Mais leur folie eftoit à courir l'un apres l'autre : à monter fus un arbre pour voir de plus loin : rouler en la vallee : à manger tout leur fruit en un coup : tellement que l'hiuer n'auoient que manger. Petit à petit ha cru Folie auec le tems. Les plus efuentez d'entre eus, ou pour auoir refcous des loups & autres beftes fauuages, les brebis de leurs voifins & compaignons, ou pour auoir defendu quelcun d'eftre outragé, ou pource qu'ils fe fentoient ou plus forts, ou plus beaus, fe font fait couronner Rois de quelque feuillage de Chefne. Et croiffant l'ambicion, non des Rois, qui gardoient fort bien en ce tems les Moutons, Beufs, Truies & Afneffes, mais de quelques mauuais garnimens qui les fuiuoient, leur viure a efté feparé du commun. Il ha fallu que les viandes fuffent plus delicates, l'habillement plus magnifique. Si les autres ufoient de laiton, ils ont cherché un metal plus precieus, qui eft l'or. Ou l'or eftoit commun, ils l'ont enrichi de Perles, Rubis, Diamans, & de toutes fortes de pierreries. Et, ou eft la plus grand'Folie, fi le commun ha ù une loy, les grans en ont pris d'autres pour eus. Ce qu'ils ont estimé n'estre licite aus autres, se sont pensé estre permis. Folie ha premierement mis en teste à quelcun de se faire creindre : Folie ha fait les autres obeïr. Folie ha inuenté toute l'excellence, magnificence, & grandeur, qui depuis à cette cause s'en est ensuiuie. Et neantmoins, qui ha il plus venerable entre les hommes, que ceus qui commandent aus autres? Toymesme, Iupiter, les apelles pasteurs de Peuples : veus qu'il leur soit obeï.sous peine de la vie : & neanmoins l'origine est venue par cette Dame. Mais ainsi que tousiours as acoutumé faire, tu as conuerti à bien ce que les hommes auoient inuenté à mal. Mais, pour retourner à mon propos, quels hommes sont plus honnorez que les fols? Qui fut plus fol qu'Alexandre, qui se sentant soufrir faim, soif, & quelquefois ne pouuant cacher son vin, suget à estre malade & blessé, neanmoins se faisoit adorer comme Dieu? Et quel nom est plus celebre entre les Rois? Quelles gens ont esté pour un tems en plus grande reputacion, que les Filosofes? Si en trouuerez vous peu, qui n'ayent esté abruuez de Folie. Combien pensez vous qu'elle ait de fois remué le cerueau de Chrysippe? Aristote ne mourut il de dueil, comme un fol, ne pouuant entendre la cause du flus & reflus de l'Euripe? Crate, getant son tresor en la mer, ne fit il un sage tour? Empedocle qui se fust fait immortel sans ses sabots d'erain, en auoit il ce qui lui en failloit? Diogene auec son tonneau : & Aristippe qui se pensoit grand Filosofe, se sachant bien ouy d'un grand Signeur, eſtoient ils ſages? Ie croy qui regarderoit bien auant leurs opinions, que lon les trouueroit auſſi crues, comme leurs cerueaus eſtoient mal faits. Combien y ha il d'autres ſciences au monde, leſquelles ne ſont que pure reſuerie? encore que ceus qui en font profeſſions, ſoient eſtimez grans perſonnages entre les hommes? Ceus qui font des maiſons au Ciel, ces getteurs de points, faiſeurs de charactères, & autres ſemblables, ne doiuent ils eſtre mis en ce rang? N'eſt à eſtimer cette fole curioſité de meſurer le Ciel, les Eſtoiles, les Mers, la Terre, conſumer ſon tems à conter, getter, aprendre mile petites queſtions, qui de ſoy ſont foles : mais neantmoins reſiouiſſent l'eſprit : le font aparoir grand & ſubtil autant que ſi c'eſtoit en quelque cas d'importance. Ie n'auroy iamais fait, ſi ie voulois raconter combien d'honneur & de reputacion tous les iours ſe donne à cette Dame, de laquelle vous dites tant de mal. Mais pour le dire en un mot : Mettez moy au monde un homme totalement ſage d'un coté, & un fol de l'autre : & prenez garde lequel ſera plus eſtimé. Monſieur le ſage atendra que lon le prie, & demeurera auec ſa ſageſſe tout ſeul, ſans que lon l'apelle à gouuerner les Viles, ſans que lon l'apelle en conſeil : il voudra eſcouter, aller posément ou il ſera mandé : & on ha afaire de gens qui ſoient pronts & diligens, qui faillent plus tot que demeurer en chemin. Il aura tout loiſir d'aller planter des chous. Le fol ira tant & viendra, en donnera tant à tort & à trauers, qu'il rencontrera en fin quelque cerueau pareil au ſien qui le pouſſera : & ſe fera eſtimer grand homme. Le fol ſe mettra entre dix mile harquebuzades, & poſſible en eſchapera : il ſera eſtimé, loué, prisé, ſuiui d'un chacun. Il dreſſera quelque entrepriſe eſceruelee, de laquelle s'il retourne, il ſera mis iuſques au ciel. Et trouuerez vray, en ſomme, que pour un homme ſage, dont on parlera au monde, y en aura dix mile fols qui ſeront à la vogue du peuple. Ne vous ſufit il de ceci? aſſembleráy ie les maus qui ſeroient au monde ſans Folie, & les commoditez qui prouiennent d'elle? Que dureroit meſme le monde, ſi elle n'empeſchoit que lon ne preuit les facheries & hazars qui ſont en mariage? Elle empeſche que lon ne les voye & les cache : à fin que le monde ſe peuple touſiours à la maniere acoutumee. Combien dureroient peu aucuns mariages, ſi la ſottiſe des hommes ou des femmes laiſſoit voir les vices qui y ſont? Qui uſt trauersé les mers, ſans auoir Folie pour guide? ſe commettre à la miſericorde des vents, des vagues, des bancs, & rochers, perdre la terre de vuë, aller par voyes inconnues, trafiquer auec gens barbares & inhumains, dont eſt il premierement venu, que de Folie? Et toutefois par là, ſont communiquees les richeſſes d'un païs à autre, les ſciences, les façons de faire, & ha eſté connue la terre, les proprietez, & natures des herbes, pierres & animaus. Quelle folie fuſt ce d'aller ſous terre chercher le fer & l'or? Combien de meſtiers faudroit-il chaſſer du monde, ſi Folie en eſtoit bannie? la plus part des hommes mourroient de faim : Dequoy viuroient tant d'Auocats, Procureurs, Greffiers, Sergens, Iuges, Meneſtriers,

Farſeurs, Parfumeurs, Brodeurs, & dix mile autres meſtiers? Et pource qu'Amour s'eſt voulu munir, tant qu'il ha pù, de la faueur d'un chacun, pour faire trouuer mauuais que par moy ſeule il ait reçu quelque infortune, c'eſt bien raiſon qu'apres auoir ouy toutes ſes vanteries, ie lui conte à la verité de mon fait. Le plaiſir, qui prouient d'Amour, conſiſte quelquefois ou en une ſeule perſonne, ou bien pour le plus, en deus, qui ſont, l'amant & l'amie. Mais le plaiſir que Folie donne, n'a ſi petites bornes. D'un meſme paſſetems elle ſera rire une grande compagnie. Autrefois elle fera rire un homme ſeul de quelque penſee, qui ſera venue donner à la trauerſe. Le plaiſir que donne Amour, eſt caché & ſecret : celui de Folie ſe communique à tout le monde. Il eſt ſi recreatif, que le ſeul nom eſgaie une perſonne. Qui verra un homme enfariné auec une boſſe derriere entrer en ſalle, ayant une contenance de fol, ne rira il incontinent ? Que lon nomme quelque fol inſigne, vous verrez qu'à ce nom quelcun ſe reſiouira, & ne pourra tenir le rire. Tous autres actes de Folie ſont tels, que lon ne peut en parler ſans ſentir au cœur quelque allegreſſe, qui desfache un homme & le prouoque à rire. Au contraire, les choſes ſages & bien compoſees, nous tiennent premierement en admiracion : puis nous ſoulent & ennuient. Et ne nous feront tant de bien, quelques grandes que ſoient & cerimonieuſes, les aſſemblees des grans Seigneurs & ſages, que fera quelque folatre compagnie de ieunes gens deliberez, & qui n'auront enſemble nul reſpet & conſideracion. Seulement icelle voir, resueille les esprits de l'ame, & les rend plus dispos à faire leurs naturelles operacions : Ou, quand on sort de ces sages assemblees, la teste fait mal : on est las tant d'esprit que corps, encore que lon ne soit bougé de sus une sellette. Toutefois, ne faut estimer que les actes de Folie soient tousiours ainsi legers comme le saut des Bergers, qu'ils font pour l'amour de leurs amies : ny aussi deliberez comme les petites gayetez des Satires : ou comme les petites ruses que font les Pastourelles, quand elles font tomber ceus qui passent deuant elles, leur donnant par derriere la iambette, ou leur chatouillant leur sommeil auec quelque branche de chesne. Elle en ha; qui sont plus seueres, faits auec grande premeditacion, auec grand artifice, & par les esprits plus ingenieus. Telles sont les Tragedies que les Garçons des vilages premierement inuenterent : puis furent auec plus heureus soin aportees es viles. Les Comedies ont de là pris leur source. La saltacion n'a ù autre origine : qui est une representacion faite si au vif de plusieurs & diuerses histoires, que celui qui n'oit la voix des chantres, qui accompaignent les mines du ioueur, entent toutefois non seulement l'histoire, mais les passions & mouuemens : & pense entendre les paroles qui sont conuenable & propres en tels actes : &, comme disoit quelcun, leurs piez & mains parlans. Les Bouffons qui courent le monde, en tiennent quelque chose. Qui me pourra dire, s'il y ha chose plus fole, que les anciennes fables contenues es Tragedies, Comedies, & Saltacions? Et comment se peuuent exempter d'eftre nommez fols, ceus qui les reprefentent, ayans pris, & prenans tant de peines à fe faire fembler autres qu'ils ne font? Eft il befoin reciter les autres paffetems, qu'a inuentez Folie pour garder les hommes de languir en oifiueté? N'a elle fait faire les fomptueus Palais, Theatres, & Amphitheatres de magnificence incroyable, pour laiffer témoignage de quelle forte de folie chacun en fon tems s'esbatoit? N'a elle efté inuentrice des Gladiateurs, Luiteurs, & Athletes? N'a elle donné la hardieffe & dexterité telle à l'homme, que d'ofer, & pouuoir combatre fans armes un Lion, fans autre neceffité ou atente, que pour eftre en la grace & faueur du peuple? Tant y en ha qui affaillent les Taureaus, Sangliers, & autres beftes, pour auoir l'honneur de paffer les autres en folie : qui eft un combat, qui dure non feulement entre ceus qui viuent de mefme tems, mais des fucceffeurs auec leurs predeceffeurs. N'eftoit ce un plaifant combat d'Antoine auec Cleopatra, à qui dépendroit le plus en un feftin? Et tout celà feroit peu, fi les hommes ne trouuans en ce monde plus fols qu'eus, ne dreffoient querelle contre les mors. Cefar fe fachoit qu'il n'auoit encore commencé à troubler le monde en l'aage, qu'Alexandre le grand en auoit vaincu une grande partie. Combien Luculle & autres, ont ils laifsé d'imitateurs, qui ont taché à les paffer, foit à traiter les hommes en grand apareil, à amonceler les plaines, aplanir les montaignes, feicher les lacs, mettre ponts fur les mers (comme Claude Empereur) faire Coloffes de bronze & pierre, arcs trionfans, Pyramides?

Et de cette magnifique folie en demeure un long tems grand plaiſir entre les hommes, qui ſe deſtournent de leur chemin, font voyages expres, pour auoir le contentement de ces vieilles folies. En ſomme, ſans cette bonne Dame l'homme ſeicheroit & ſeroit lourd, malplaiſant & ſongeart. Mais Folie lui eſueille l'eſprit, fait chanter, danſer, ſauter, habiller en mille façons nouuelles, leſquelles changent de demi an en demi an, auec touſiours quelque aparence de raiſon, & pour quelque commodité. Si lon inuente un habit ioint & rond, on dit qu'il eſt plus ſeant & propre : quand il eſt ample & large, plus honneſte. Et pour ces petites folies, & inuencions, qui ſont tant en habillemens qu'en contenances & façons de faire, l'homme en eſt mieus venu, & plus agreable aus Dames. Et comme i'ay dit des hommes, il y aura grand'diference entre le recueil que trouuera un fol, & un ſage. Le ſage ſera laiſſé ſur les liures, ou auec quelques anciennes matrones à deuiſer de la diſſolucion des habits, des maladies qui courent, ou à demeſler quelque longue genealogie. Les ieunes Dames ne ceſſeront qu'elles n'ayent en leur compagnie ce gay & ioly cerueau. Et combien qu'il en pouſſe l'une, pinſe l'autre, deſcoiffe, leue la cotte, & leur face mile maus : ſi le chercheront elles touſiours. Et quand ce viendra à faire comparaiſon des deus, le ſage ſera loué d'elles, mais le fol iouira du fruit de leurs priuautez. Vous verrez les Sages meſmes, encore qu'il ſoit dit que lon cherche ſon ſemblable, tomber de ce coté. Quand ils feront quelque aſſemblee, touſiours donneront charge que les plus fols y ſoient, n'eſtimant pouuoir eſtre bonne compagnie, s'il n'y ha quelque fol pour reſueiller les autres. Et combien qu'ils s'excuſent ſur les femmes & ieunes gens, ſi ne peuuent ils diſſimuler le plaiſir qu'ils y prennent, s'adreſſans touſiours à eus, & leur faiſant viſage plus riant, qu'aus autres. Que te ſemble de Folie, Iupiter? Eſt elle telle, qu'il la faille enſeuelir ſous le mont Gibel, ou expoſer au lieu de Promethee, ſur le mont de Caucaſe? Eſt il raiſonnable la priuer de toutes bonnes compagnies, ou Amour ſachant qu'elle ſera, pour la facher y viendra, & conuiendra que Folie, qui n'eſt rien moins qu'Amour, lui quitte la place? S'il ne veut eſtre auec Folie, qu'il ſe garde de s'y trouuer. Mais que cette peine, de ne s'aſſembler point, tombe ſur elle, ce n'eſt raiſon. Quel propos y auroit il, qu'elle uſt rendu une compagnie gaye & deliberee, & que ſur ce bon point la falluſt deſloger? Encore s'il demandoit que le premier qui auroit pris la place, ne fuſt empeſché par l'autre, & que ce fuſt au premier venu, il y auroit quelque raiſon. Mais ie lui montreray que iamais Amour ne fut ſans la fille de Ieuneſſe, & ne peut eſtre autrement : & le grand dommage d'Amour, s'il auoit ce qu'il demande. Mais c'eſt une petite colere, qui lui ronge le cerueau, qui lui fait auoir ces eſtranges afeccions : leſquelles ceſſeront quand il ſera un peu refroidi. Et pour commencer à la belle premiere naiſſance d'Amour, qui ha il plus deſpouruu de ſens, que la perſonne à la moindre ocaſion du monde vienne en Amour, en receuant une pomme comme Cydipee? en lisant un liure, comme la Dame Francisque de Rimini? en voyant, en passant, se rende si tot serue & esclaue, & conçoiue esperance de quelque grand bien sans sauoir s'il en y ha? Dire que c'est la force de l'œil de la chose aymee, & que de là sort une sutile euaporacion, ou sang, que nos yeus reçoiuent, & entre iusques au cœur : ou, comme pour loger un nouuel hoste, faut pour lui trouuer sa place, mettre tout en desordre. Ie say que chacun le dit : mais s'il est vray, i'en doute. Car plusieurs ont aymé sans auoir ù cette ocasion, comme le ieune Gnidien, qui ayma l'euure fait par Praxitelle. Quelle influxion pouuoit il receuoir d'un œil marbrin? Quelle sympathie y auoit il de son naturel chaud & ardent par trop, auec une froide & morte pierre? Qu'est ce donq qui l'enflammoit? Folie, qui estoit logee en son esprit. Tel feu estoit celui de Narcisse. Son œil ne receuoit pas le pur sang & sutil de son cœur mesme : mais la fole imaginacion du beau pourtrait, qu'il voyoit en la fonteine, le tourmentoit. Exprimez tant que voudrez la force d'un œil : faites le tirer mile traits par iour : n'oubliez qu'une ligne qui passe par le milieu, iointe auec le sourcil, est un vray arc : que ce petit humide, que lon voit luire au milieu, est le trait prest à partir : si est ce que toutes ces flesches n'iront en autres cœurs, que ceus que Folie aura preparez. Que tant de grans personnages, qui ont esté & sont de present, ne s'estiment estre iniuriez, si pour auoir aymé ie les nomme fols. Qu'ils se prennent à leurs Filozofes, qui ont estimé Folie estre priuacion de sagesse, & sagesse estre sans passions : desquelles Amour ne sera non plus tot destitué, que la Mer d'ondes & vagues : vray est, qu'aucuns dissimulent mieus leur passion : & s'ils s'en trouuent mal, c'est une autre espece de Folie. Mais ceus qui montrent leurs afeccions estans plus grandes que les secrets de leurs poitrines, vous rendront & exprimeront une si viue image de Folie, qu'Apelles ne la sauroit mieus tirer au vif. Ie vous prie imaginer un ieune homme, n'ayant grand afaire, qu'à se faire aymer : pigné, miré, tiré, parfumé : se pensant valoir quelque chose, sortir de sa maison le cerueau embrouillé de mile consideracions amoureuses : ayant discouru mile bons heurs, qui passeront bien loin des cotes : suiui de pages & laquais habillez de quelque liuree representant quelque trauail, fermeté, & esperance : & en cette sorte viendra trouuer sa Dame à l'Eglise : autre plaisir n'aura qu'à getter force œillades, & faire quelque reuerence en passant. Et que sert ce seul regard ? Que ne va il en masque pour plus librement parler? Là se fait quelque habitude, mais auec si peu de demontrance du coté de la Dame, que rien moins. A la longue il vient quelque priuauté : mais il ne faut encore rien entreprendre, qu'il n'y ait plus de familiarité. Car lors on n'ose refuser d'ouir tous les propos des hommes, soient bons ou mauuais. On ne creint ce que lon ha acoutumé voir. On prent plaisir à disputer les demandes des poursuiuans. Il leur semble que la place qui parlemente, est demi gaignee. Mais s'il auient, que, comme les femmes prennent volontiers plaiſir à voir debatre les hommes, elles leur ferment quelquefois rudement la porte, & ne les apellent à leurs petites priuautez, comme elles ſouloient, voilà mon homme auſſi loin de ſon but comme n'a gueres s'en penſoit pres. Ce ſera à recommencer. Il faudra trouuer le moyen de ſe faire prier d'acompagner ſa Dame en quelque Egliſe, aus ieus, & autres aſſemblees publiques. Et ce pendant expliquer ſes paſſions par ſoupirs & paroles tremblantes : redire cent fois une meſme choſe : proteſter, iurer, promettre à celle qui poſſible ne s'en ſoucie, & eſt tournee ailleurs & promiſe. Il me ſemble que ſeroit folie parler des ſottes & plaiſantes Amours vilageoiſes : marcher ſur le bout du pié, ſerrer le petit doit : apres que lon ha bien bu, eſcrire ſur le bout de la table auec du vin, & entrelaſſer ſon nom & celui de s'amie : la mener premiere à la danſe, & la tourmenter tout un iour au Soleil. Et encore ceus, qui par longues alliances, ou par entrees ont pratiqué le moyen de veoir leur amie en leur maiſon, ou de leur voiſin, ne viennent en ſi eſtrange folie, que ceus qui n'ont faueur d'elles qu'aus lieus publiques & feſtins : qui de cent ſoupirs n'en peuuent faire connoitre plus d'un ou deus le mois : & neanmoins penſent que leurs amies les doiuent tous conter. Il faut auoir touſiours pages aus eſcoutes, ſauoir qui va, qui vient, corrompre des chambrieres à beaus deniers, perdre tout un iour pour voir paſſer Madame par la rue, & pour toute remuneracion, auoir un petit adieu auec quelque ſouzris, qui le fera retourner chez ſoy plus content, que quand

Vlyſſe vid la fumee de ſon Itaque. Il vole de ioye : il embraſſe l'un, puis l'autre : chante vers : compoſe, fait s'amie la plus belle qui ſoit au monde, combien que poſſible ſoit laide. Et ſi de fortune ſuruient quelque ialouſie, comme il auient le plus ſouuent, on ne rit, on ne chante plus : on deuient penſif & morne : on connoit ſes vices & fautes : on admire celui que lon penſe eſtre aymé : on parangonne ſa beauté, grace, richeſſe, auec celui duquel on eſt ialous : puis ſoudein on le vient à deſpriſer : qu'il n'eſt poſſible, eſtant de ſi mauuaiſe grace, qu'il ſoit aymé : qu'il eſt impoſſible qu'il face tant ſon deuoir que nous, qui languiſſons, mourons, brulons d'Amour. On ſe pleint, on apelle s'amie cruelle, variable : lon ſe lamente de ſon malheur & deſtinee. Elle n'en fait que rire, ou lui fait acroire qu'à tort il ſe pleint : on trouue mauuaiſes ſes querelles, qui ne viennent que d'un cœur ſoupſonneus & ialous : & qu'il eſt bien loin de ſon conte : & qu'autant lui eſt de l'un que de l'autre. Et lors ie vous laiſſe penſer qui ha du meilleur. Lors il faut connoitre que lon ha failli par bien ſeruir, par maſques magnifiques, par deuiſes bien inuentees, feſtins, banquets. Si la commodité ſe trouue, faut ſe faire paroitre par deſſus celui dont on eſt ialous. Il faut ſe montrer liberal : faire preſent quelquefois de plus que lon n'a : incontinent qu'on s'aperçoit que lon ſouhaite quelque choſe, l'enuoyer tout ſoudein, encores qu'on n'en ſoit requis : & iamais ne confeſſer que lon ſoit poure. Car c'eſt une tresmauuaiſe compagne d'Amour, que Poureté : laquelle eſtant ſuruenue, on connoit ſa folie, & lon s'en retire à tard. Ie croy que ne voudriez point reſſembler encore à cet Amoureus, qui n'en ha que le nom. Mais prenons le cas que lon lui rie, qu'il y ait quelque reciproque amitié, qu'il ſoit prié ſe trouuer en quelque lieu : il penſe incontinent qu'il ſoit fait, qu'il receura quelque bien, dont il eſt bien loin : une heure en dure cent : on demande plus de fois quelle heure il eſt : on fait ſemblant d'eſtre demandé : & quelque mine que lon face, on lit au viſage qu'il y ha quelque paſſion vehemente. Et quand on aura bien couru, on trouuera que ce n'eſt rien, & que c'eſtoit pour aller en compagnie ſe promener ſur l'eau, ou en quelque iardin : ou auſſi tot un autre aura faueur de parler à elle que lui, qui ha eſté conuié. Encore ha il occaſion de ſe contenter, à ſon auis. Car ſi elle n'uſt plaiſir de le voir, elle ne l'uſt demandé en ſa compagnie. Les plus grandes & hazardeuſes folies ſuiuent touſiours l'acroiſſement d'Amour. Celle qui ne penſoit qu'à ſe iouer au commencement, ſe trouue priſe. Elle ſe laiſſe viſiter à heure ſuſpecte. En quels dangers? D'y aller accompagné, ſeroit declarer tout. Y aller ſeul, eſt hazardeus. Ie laiſſe les ordures & infeccions, dont quelquefois on eſt parfumé. Quelquefois ſe faut deſguiſer en portefaix, en cordelier, en femme : ſe faire porter dens un coffre à la merci d'un gros vilain, que s'il ſauoit ce qu'il porte, le lairroit tomber pour auoir ſondé ſon fol faix. Quelquefois ont eſté ſurpris, batuz, outragez, & ne s'en oſe lon vanter. Il ſe faut guinder par feneſtres, par ſus murailles, & touſiours en danger, ſi Folie n'y tenoit la main. Encore ceus cy ne ſont que des mieus payez. Il y en ha qui rencontrent Dames cruelles, deſquelles iamais on n'obtient merci. Autres ſont ſi ruſees, qu'apres les auoir menez iuſques aupres du but, les laiſſent là. Que font ils? apres auoir longuement ſoupiré, ploré & crié, les uns ſe rendent Moynes : les autres abandonnent le païs: les autres ſe laiſſent mourir. Et penſeriez vous, que les amours des femmes ſoient de beaucoup plus ſages? les plus froides ſe laiſſent bruler dedens le corps auant que de rien auouer. Et combien qu'elles vouſiſſent prier, ſi elles oſoient, elles ſe laiſſent adorer : & touſiours refuſent ce qu'elles voudroient bien que lon leur otaſt par force. Les autres n'atendent que l'ocaſion : & heureus qui la peut rencontrer : Il ne faut auoir creinte d'eſtre eſconduit. Les mieus nees ne ſe laiſſent veincre, que par le tems. Et ſe connoiſſans eſtre aymees, & endurant en fin le ſemblable mal qu'elles ont fait endurer à autrui, ayant fiance de celui auquel elles ſe deſcouurent, auouent leur foibleſſe, confeſſent le feu qui les brule : toutefois encore un peu de honte les retient, & ne ſe laiſſent aller, que vaincues, & conſumees à demi. Et auſſi quand elles ſont entrees une fois auant, elles ſont de beaus tours. .Plus elles ont reſiſté à Amour, & plus s'en treuuent priſes. Elles ferment la porte à raiſon. Tout ce qu'elles creingnoient, ne le doutent plus. Elles laiſſent leurs ocupacions muliebres. Au lieu de filer, coudre, beſongner au point, leur eſtude eſt ſe bien parer, promener es Egliſes, feſtes, & banquets pour auoir toufiours quelque rencontre de ce qu'elles ayment. Elles prennent la plume & le lut en main : efcriuent & chantent leurs paffions : & en fin croit tant cette rage, qu'elles abandonnent quelquefois pere, mere, maris, enfans, & fe retirent ou eft leur cœur. Il n'y ha rien qui plus fe fache d'eftre contreint, qu'une femme : & qui plus fe contreingne, ou elle ha enuie montrer fon afeccion. Ie voy fouuentefois une femme, laquelle n'a trouué la folitude & prifon d'enuiron fept ans longue, eftant auec la perfonne qu'elle aymoit. Et combien que nature ne lui uft nié plufieurs graces, qui ne la faifoient indine de toute bonne compagnie, fi eft ce qu'elle ne vouloit plaire à autre qu'à celui qui la tenoit prifonniere. I'en ay connu une autre, laquelle abfente de fon ami, n'alloit iamais dehors qu'acompagnee de quelcun des amis & domeftiques de fon bien aymé : voulant toufiours rendre témoignage de la foy qu'elle lui portoit. En fomme, quand cette afeccion eft imprimee en un cœur genereus d'une Dame, elle y eft fi forte, qu'à peine fe peut elle efacer. Mais le mal eft, que le plus fouuent elles rencontrent fi mal : que plus ayment, & moins font aymees. Il y aura quelcun, qui fera bien aife leur donner martel en tefte, & fera femblant d'aymer ailleurs, & n'en tiendra conte. Alors les pourettes entrent en eftranges fantafies : ne peuuent fi aisément fe defaire des hommes, comme les hommes des femmes, n'ayans la commodité de s'eflongner & commencer autre parti, chaffans Amour auec autre Amour. Elles blament tous les hommes pour un. Elles appellent foles celles qui ayment. Maudiſſent le iour que premierement elles aymerent. Proteſtent de iamais n'aymer : mais celà ne leur dure gueres. Elles remettent incontinent deuant les yeus ce qu'elles ont tant aymé. Si elles ont quelque enſeigne de lui, elles la baiſent, rebaiſent, ſement de larmes, s'en font un cheuet & oreiller, & s'eſcoutent elles meſmes pleingnantes leurs miſerables deſtreſſes. Combien en vóy ie, qui ſe retirent iuſques aus Enfers, pour eſſaier ſi elles pourront, comme iadis Orphee, reuoquer leurs amours perdues? Et en tous ces actes, quels traits trouuez vous que de Folie? Auoir le cueur ſeparé de ſoymeſme, eſtre meintenant en paix, ores en guerre, ores en treues : couurir & cacher ſa douleur : changer viſage mile fois le iour : ſentir le ſang qui lui rougit la face, y montant : puis ſoudein s'enfuit, la laiſſant palle, ainſi que honte, eſperance, ou peur, nous gouuernent : chercher ce qui nous tourmente, feingnant le fuir. Et neanmoins auoir creinte de le trouuer : n'auoir qu'un petit ris entre mile ſoupirs : ſe tromper ſoymeſme : bruler de loin, geler de pres : un parler interrompu : un ſilence venant tout à coup : ne ſont ce tous ſignes d'un homme aliené de ſon bon entendement? Qui excuſera Hercule deuuidant les pelotons d'Omphale? Le ſage Roy Hebrieu auec cette grande multitude de femmes? Annibal s'abatardiſſant autour d'une Dame? & meins autres, que iournellement voyons s'abuſer tellement qu'ils ne ſe connoiſſent eus meſmes. Qui en eſt cauſe, ſinon Folie? Car c'eſt elle en ſomme, qui fait Amour grand & redouté : & le fait excufer, s'il fait quelque chofe autre que de raifon. Reconnois donq, ingrat Amour, quel tu es, & de combien de biens ie te fuis caufe. Ie te fay grand : ie te fay efleuer ton nom : voire & ne t'euffent les hommes reputé Dieu fans moy. Et apres que t'ay toufiours acompagné, tu ne me veus feulement abandonner, mais me veus ranger à cette fugeccion de fuir tous les lieus ou tu feras. Ie croy auoir fatisfait à ce qu'auois promis montrer : que iufques ici Amour n'auoit efté fans Folie. Il faut paffer outre, & montrer qu'impoffible & d'eftre autrement. Et pour y entrer : Apolon, tu me confefferas, qu'Amour n'eft autre chofe qu'un defir de iouir, auec une conionccion, & affemblement de la chofe aymee. Eftant Amour defir, ou, quoy que ce foit, ne pouuant eftre fans defir : il faut confeffer qu'incontinent que cette paffion vient faifir l'homme, elle l'altere & immue. Car le defir inceffamment fe demeine dedens l'ame, la poingnant toufiours & refueillant. Cette agitacion d'efprit, fi elle eftoit naturelle, elle ne l'aflígeroit de la forte qu'elle fait : mais, eftant contre fon naturel, elle le malmeine, en forte qu'il fe fait tout autre qu'il n'eftoit. Et ainfi en foy n'eftant l'efprit à fon aife, mais troublé & agité, ne peut eftre dit fage & posé. Mais encore fait il pis : car il eft contreint fe defcouurir : ce qu'il ne fait que par le miniftere & organe du corps & membres d'icelui. Eftant une fois acheminé, il faut que le pourfuiuant en amours face deus chofes : qu'il donne à connoitre qu'il ayme : & qu'il fe face aymer. Pour le premier, le bien parler y eft bien requis : mais ſeul ne ſuffira il. Car le grand artifice, & douceur inuſitee, fait ſoupſonner pour le premier coup, celle qui l'oit : & la fait tenir ſur ſes gardes. Quel autre témoignage faut il ? Touſiours l'ocaſion ne ſe preſente à combatre pour ſa Dame, & defendre ſa querelle. Du premier abord vous ne vous ofrirez à lui ayder en ſes afaires domeſtiques. Si faut il faire à croire que lon eſt paſſionné. Il faut long tems, & long ſeruice, ardentes prieres, & conformité de complexions. L'autre point, que l'Amant doit gaigner, c'eſt ſe faire aymer : lequel prouient en partie de l'autre. Car le plus grand enchantement, qui ſoit pour eſtre aymé, c'eſt aymer. Ayez tant de ſufumigacions, tant de characteres, adiuracions, poudres, & pierres, que voudrez : mais ſi ſauez bien vous ayder, montrant & declarant votre amour : il n'y aura beſoin de ces eſtranges receptes. Donq pour ſe faire aymer, il faut eſtre aymable. Et non ſimplement aymable, mais au gré de celui qui eſt aymé : auquel ſe faut renger, & meſurer tout ce que voudrez faire ou dire. Soyez paiſible & diſcret. Si votre Amie ne vous veut eſtre telle, il faut changer voile, & nauiguer d'un autre vent : ou ne ſe meſler point d'aymer. Zethe & Amphion ne ſe pouuoient acorder, pource que la vacation de l'un ne plaiſoit à l'autre. Amphion ayma mieus changer, & retourner en grace auec ſon frere. Si la femme que vous aymez eſt auare, il faut ſe tranſmuer en or, & tomber ainſi en ſon ſein. Tous les ſeruiteurs & amis d'Atalanta eſtoient chaſſeurs, pource qu'elle y prenoit plaiſir. Pluſieurs femmes, pour plaire à leurs

Poëtes amis, ont changé leurs paniers & coutures, en plumes & liures. Et certes il eſt impoſſible plaire, ſans ſuiure les afeccions de celui que nous cherchons. Les triſtes ſe fachent d'ouir chanter. Ceus, qui ne veulent aller que le pas, ne vont volontiers auec ceus qui touſiours voudroient courir. Or me dites, ſi ces mutacions contre notre naturel ne ſont vrayes folies, ou non exemptes d'icelle? On dira qu'il ſe peut trouuer des complexions ſi ſemblables, que l'Amant n'aura point de peine de ſe transformer es meurs de l'Aymee. Mais ſi cette amitié eſt tant douce & aiſee, la folie ſera de s'y plaire trop : en quoy eſt bien dificile de mettre ordre. Car ſi c'eſt vray amour, il eſt grand & vehement, & plus fortq ue toute raiſon. Et, comme le cheual ayant la bride ſur le col, ſe plonge ſi auant dedens cette douce amertume, qu'il ne penſe aus autres parties de l'ame, qui demeurent oiſiues : & par une repentance tardiue, apres un long tems, témoigne à ceus qui l'oyent, qu'il ha eſté fol comme les autres. Or ſi vous ne trouuez folie en Amour de ce coté là, dites moy entre vous autres Signeurs, qui faites tant profeſſion d'Amour, ne confeſſez vous, que Amour cherche union de ſoy auec la choſe aymee? qui eſt bien le plus fol deſir du monde : tant par ce, que le cas auenant, Amour ſaudroit par ſoymeſme, eſtant l'Amant & l'Aymé confonduz enſemble, que auſſi il eſt impoſſible qu'il puiſſe auenir, eſtant les eſpeces & choſes indiuidues tellement ſeparees l'une de l'autre, qu'elles ne ſe peuuent plus conioindre, ſi elles ne changent de forme. Alleguez moy des branches d'arbres qui s'uniſſent enſemble. Contez moy toutes ſortes d'Antes, que iamais le Dieu des iardins inuenta. Si ne trouuerez vous point que deus hommes ſoient iamais deuenuz en un : & y ſoit le Gerion à trois corps tant que voudrez. Amour donq ne fut iamais ſans la compagnie de Folie : & ne le ſauroit iamais eſtre. Et quand il pourroit ce faire, ſi ne le deuroit il pas ſouhaiter : pource que lon ne tiendroit conte de lui à la fin. Car quel pouuoir auroit il, ou quel luſtre, s'il eſtoit pres de Sageſſe? Elle lui diroit, qu'il ne faudroit aymer l'un plus que l'autre : ou pour le moins n'en faire ſemblant de peur de ſcandaliſer quelcun. Il ne faudroit rien faire plus pour l'un que pour l'autre : & ſeroit à la fin Amour ou aneanti, ou diuiſé en tant de pars, qu'il ſeroit bien foible. Tant s'en faut que tu doiues eſtre ſans Folie, Amour, que ſi tu es bien conſeillé, tu ne redemanderas plus tes yeus. Car il ne t'en eſt beſoin, & te peuuent nuire beaucoup : deſquels ſi tu t'eſtois bien regardé quelquefois, toymeſme te voudrois mal. Penſez vous qu'un ſoudart, qui va à l'aſſaut, penſe au foſsé, aus ennemis, & mile harquebuzades qui l'atendent? non. Il n'a autre but, que paruenir au haut de la breſche : & n'imagine point le reſte. Le premier qui ſe mit en mer, n'imaginoit pas les dangers qui y ſont. Penſez vous que le ioueur penſe iamais perdre? Si ſont ils tous trois au hazard d'eſtre tuez, noyez, & deſtruiz. Mais quoy, ils ne voyent, & ne veulent voir ce qui leur eſt dommageable. Le ſemblable eſtimez des Amans : que ſi iamais ils voyent, & entendent clerement le peril ou ils ſont, combien ils ſont trompez & abuſez, & quelle eſt l'eſperance qui les fait touſiours aller auant, iamais n'y demeureront une ſeule heure. Ainſi ſe perdroit ton regne, Amour: lequel dure par ignorance, nonchaillance, eſperance, & cecité, qui ſont toutes damoiſelles de Folie, lui faiſans ordinaire compagnie. Demeure donq en paix, Amour: & ne vien rompre l'ancienne ligue qui eſt entre toy & moy : combien que tu n'en ſuſſes rien iuſqu'à preſent. Et n'eſtime que ie t'aye creué les yeus, mais que ie t'ay montré, que tu n'en auois aucun uſage auparauant, encore qu'ils te fuſſent à la teſte, que tu as de preſent. Reſte de te prier, Iupiter, & vous autres Dieus, de n'auoir point reſpect aus noms (comme ie ſay que n'aurez) mais regarder à la verité & dinité des choſes. Et pourtant, s'il eſt plus honorable entre les hommes dire un tel ayme, que, il eſt fol : que celà leur ſoit imputé à ignorance. Et pour n'auoir en commun la vraye intelligence des choſes, ny pù donner noms ſelon leur vray naturel, mais au contraire auoir baillé beaus noms à laides choſes, & laids aus belles, ne delaiſſez, pour ce, à me conſeruer Folie en ſa dinité & grandeur. Ne laiſſez perdre cette belle Dame, qui vous ha donné tant de contentement auec Genie, Ieuneſſe, Bacchus, Silene, & ce gentil Gardien des iardins. Ne permettez facher celle, que vous auez conſeruee iuſques ici ſans rides, & ſans pas un poil blanc. Et n'otez, à l'apetit de quelque colere, le plaiſir d'entre les hommes. Vous les auez otez du Royaume de Saturne : ne les y faites plus entrer : &, ſoit en Amour, ſoit en autres afaires, ne les enuiez, ſi pour apaiſer leurs facheries, Folie les fait esbatre & s'eſiouir. I'ay dit.

Quand Mercure ut fini la defenſe de Folie, Iupiter voyant les Dieus eſtre diuerſement afeccionnez & en contrarietez d'opinions, les uns ſe tenans du coté de Cupidon, les autres ſe tournans à aprouver la cauſe de Folie : pour apointer le diferent, va prononcer un arreſt interlocutoire en cette maniere :

Pour la dificulté & importance de vos diferens, & diuerſité d'opinions, nous auons remis votre afaire d'ici à trois fois, ſept fois, neuf ſiecles. Et ce pendant vous commandons viure amiablement enſemble, ſans vous outrager l'un l'autre. Et guidera Folie l'aueugle Amour, & le conduira par tout ou bon lui ſemblera. Et ſur la reſtitucion de ſes yeus, apres en auoir parlé aus Parques, en ſera ordonné.

Fin de debat d'Amour et de Folie.

ELEGIES.

ELEGIE I.

AV tems qu'Amour, d'hommes & Dieus vainqueur,
Faisoit bruler de sa flamme mon cœur,
En embrassant de sa cruelle rage
Mon sang, mes os, mon esprit & courage :
Encore lors ie n'auois la puissance
De lamenter ma peine & ma souffrance.
Encor Phebus, ami des Lauriers vers,
N'auoit permis que ie fisse des vers :
Mais meintenant que sa fureur diuine
Remplit d'ardeur ma hardie poitrine,
Chanter me fait, non les bruians tonnerres
De Iupiter, ou les cruelles guerres,
Dont trouble Mars, quand il veut, l'Vniuers.
Il m'a donné la lyre, qui les vers

Souloit chanter de l'Amour Lesbienne :
Et à ce coup pleurera de la mienne.
O dous archet, adouci moy la voix,
Qui pourroit fendre & aigrir quelquefois,
En recitant tant d'ennuis & douleurs,
Tant de despits fortunes & malheurs.
Trempe l'ardeur, dont iadis mon cœur tendre
Fut en brulant demi reduit en cendre.
Ie sen desia un piteus souuenir,
Qui me contreint la larme à l'œil venir.
Il m'est auis que ie sen les alarmes,
Que premiers i'u d'Amour, ie voy les armes,
Dont il s'arma en venant m'assaillir.
C'estoit mes yeus, dont tant faisois saillir
De traits, à ceus qui trop me regardoient,
Et de mon arc assez ne se gardoient.
Mais ces miens traits ces miens yeus me defirent
Et de vengeance estre exemple me firent.
Et me moquant, & voyant l'un aymer,
L'autre bruler & d'Amour consommer :
En voyant tant de larmes espandues,
Tant de souspirs & prieres perdues,
Ie n'aperçu que soudein me vint prendre
Le mesme mal que ie soulois reprendre :
Qui me persa d'une telle furie,
Qu'encor n'en suis apres long tems guerie :
Et meintenant me suis encor contreinte
De rafreschir d'une nouuelle pleinte
Mes maus passez. Dames, qui les lirez,

De mes regrets auec moy ſoupirez.
Poſſible, un iour ie feray le ſemblable,
Et ayderay votre voix pitoyable
A vos trauaus & peines raconter,
Au tems perdu vainement lamenter.
Quelque rigueur qui loge en votre cœur,
Amour s'en peut un iour rendre vainqueur.
Et plus aurez lui eſté ennemies,
Pis vous fera, vous ſentant aſſeruies.
N'eſtimez point que lon doiue blamer
Celles qu'a fait Cupidon enflamer.
Autres que nous, nonobſtant leur hauteſſe,
Ont enduré l'amoureuſe rudeſſe :
Leur cœur hautein, leur beauté, leur lignage,
Ne les ont ſu preſeruer du ſeruage
De dur Amour : les plus nobles eſprits
En ſont plus fort & plus ſoudain eſpris.
Semiramis, Royne tant renommee,
Qui mit en route auecques ſon armee
Les noirs ſquadrons des Ethiopiens,
Et en montrant louable exemple aus ſiens
Faiſoit couler de ſon furieus branc
Des ennemis les plus braues le ſang,
Ayant encor enuie de conquerre
Tous ſes voiſins, ou leur mener la guerre,
Trouua Amour, qui ſi fort la preſſa,
Qu'armes & loix veincue elle laiſſa.
Ne meritoit ſa Royalle grandeur
Au moins auoir un moins faſcheus malheur

Qu'aymer ſon fils? Royne de Babylonne
Ou eſt ton cœur qui es combaz reſonne?
Qu'eſt deuenu ce fer & cet eſcu,
Dont tu rendois le plus braue veincu?
Ou as tu mis la Marciale creſte,
Qui obombroit le blond or de ta teſte?
Ou eſt l'eſpee, ou eſt cette cuiraſſe,
Dont tu rompois des ennemis l'audace?
Ou ſont fuiz tes courſiers furieus,
Leſquels trainoient ton char victorieus?
T'a pù ſi tot un foible ennemi rompre?
Ha pù ſi tot ton cœur viril corrompre,
Que le plaiſir d'armes plus ne te touche:
Mais ſeulement languis en une couche?
Tu as laiſsé les aigreurs Marciales,
Pour recouurer les douceurs geniales.
Ainſi Amour de toy t'a eſtrangee,
Qu'on te diroit en une autre changee.
Donques celui lequel d'amour eſpriſe
Pleindre me voit, que point il ne meſpriſe
Mon triſte deuil: Amour peut eſtre, en brief
En ſon endroit n'aparoitra moins grief.
Telle i'ay vù qui auoit en ieuneſſe
Blamé Amour: apres en ſa vieilleſſe
Bruler d'ardeur, & pleindre tendrement
L'âpre rigueur de ſon tardif tourment.
Alors de fard & eau continuelle
Elle eſſayoit ſe faire venir belle,
Voulant chaſſer le ridé labourage,

Que l'aage auoit graué sur son visage.
Sur son chef gris elle auoit empruntee
Quelque perruque, & assez mal antee :
Et plus estoit à son gré bien fardee,
De son Ami moins estoit regardee :
Lequel ailleurs fuiant n'en tenoit conte,
Tant lui sembloit laide, & auoit grand' honte
D'estre aymé d'elle. Ainsi la poure vieille
Receuoit bien pareille pour pareille.
De maints en vain un tems fut reclamee,
Ores qu'elle ayme, elle n'est point aymee.
Ainsi Amour prend son plaisir, à faire
Que le veuil d'un soït à l'autre contraire.
Tel n'ayme point, qu'une Dame aymera :
Tel ayme aussi, qui aymé ne sera :
Et entretient, neanmoins, sa puissance
Et sa rigueur d'une vaine esperance.

ELEGIE II.

D'VN *tel vouloir le serf point ne desire*
La liberté, ou son port le nauire,
Comme i'attens, helas, de iour en iour
De toy, Amï, le gracieus retour.
Là i'auois mis le but de ma douleur.

Qui fineroit, quand i'aurois ce bon heur
De te reuoir : mais de la longue attente,
Helas, en vain mon desir se lamente.
Cruel, Cruel, qui te faisoit promettre
Ton brief retour en ta premiere lettre?
As tu si peu de memoire de moy,
Que de m'auoir si tot rompu la foy?
Comme ose tu ainsi abuser celle
Qui de tout tems t'a esté si fidelle?
Or' que tu es aupres de ce riuage
Du Pau cornu, peut estre ton courage
S'est embrasé d'une nouuelle flame,
En me changeant pour prendre une autre Dame :
Ià en oubli inconstamment est mise
La loyauté que tu m'auois promise.
S'il est ainsi, & que desia la foy
Et la bonté se retirent de toy :
Il ne me faut esmerueiller si ores
Toute pitié tu as perdu encores.
O combien ha de pensee & de creinte,
Tout à par soy, l'ame d'Amour esteinte!
Ores ie croy, vù notre amour passee,
Qu'impossible est, que tu m'aies laissee :
Et de nouuel ta foy ie me fiance,
Et plus qu'humeine estime ta constance.
Tu es, peut estre, en chemin inconnu
Outre ton gré malade retenu.
Ie croy que non : car tant suis coutumiere
De faire aus Dieus pour ta santé priere,

Que plus cruels que tigres ils seroient,
Quand maladie ils te prochasseroient :
Bien que ta fole & volage inconstance
Meriteroit auoir quelque soufrance.
Telle est ma foy, qu'elle pourra sufire
A te garder d'auoir mal & martire.
Celui qui tient au haut Ciel son Empire
Ne me sauroit, ce me semble, desdire :
Mais quand mes pleurs & larmes entendroit
Pour toy prians, son ire il retiendroit.
I'ay de tout tems vescu en son seruice,
Sans me sentir coulpable d'autre vice
Que de t'auoir bien souuent en son lieu
D'amour forcé, adoré comme Dieu.
Desia deus fois depuis le promis terme
De ton retour, Phebe ses cornes ferme,
Sans que de bonne ou mauuaise fortune
De toy, Ami, i'aye nouuelle aucune.
Si toutefois, pour estre enamouré
En autre lieu, tu as tant demouré,
Si sáy ie bien que t'amie nouuelle
A peine aura le renom d'estre telle,
Soit en beauté, vertu, grace & faconde,
Comme plusieurs gens sauans par le monde
M'ont fait à tort, ce cróy ie, estre estimee.
Mais qui pourra garder la renommee ?
Non seulement en France suis flatee,
Et beaucoup plus, que ne veus, exaltee.
La terre aussi que Calpe & Pyrenee

Auec la mer tiennent enuironnee,
Du large Rhin les roulantes areines,
Le beau païs auquel or' te promeines,
Ont entendu (tu me l'as fait à croire)
Que gens d'esprit me donnent quelque gloire.
Goute le bien que tant d'hommes desirent:
Demeure au but ou tant d'autres aspirent:
Et croy qu'ailleurs n'en auras une telle.
Ie ne dy pas qu'elle ne soit plus belle :
Mais que iamais femme ne t'aymera,
Ne plus que moy d'honneur te portera.
Maints grans Signeurs à mon amour pretendent,
Et à me plaire & seruir prets se rendent,
Ioutes & ieus, maintes belles deuises
En ma faueur sont par eus entreprises :
Et neanmoins, tant peu ie m'en soucie,
Que seulement ne les en remercie :
Tu es tout seul, tout mon mal & mon bien:
Auec toy tout, & sans toy ie n'ay rien:
Et n'ayant rien qui plaise à ma pensee,
De tout plaisir me treuue delaissee,
Et pour plaisir, ennui saisir me vient.
Le regretter & plorer me conuient,
Et sur ce point entre en tel desconfort,
Que mile fois ie souhaite la mort.
Ainsi, Ami, ton absence lointeine
Depuis deus mois me tient en cette peine,
Ne viuant pas, mais mourant d'un Amour
Lequel m'occit dix mile fois le iour.

Reuien donq tot, ſi tu as quelque enuie
De me reuoir encor' un coup en vie.
Et ſi la mort auant ton arriuee
Ha de mon corps l'aymante ame priuee,
Au moins un iour vien, habillé de dueil,
Enuironner le tour de mon cercueil.
Que pluſt à Dieu que lors fuſſent trouuez
Ces quatre vers en blanc marbre engrauez.
PAR TOY, AMY, TANT VESQVI ENFLAMMEE,
QV'EN LANGVISSANT PAR FEV SVIS CONSVMEE,
QVI COVVE ENCOR SOVS MA CENDRE EMBRAZEE,
SI NE LA RENS DE TES PLEVRS APAIZEE.

ELEGIE III.

QVAND *vous lirez, ô Dames Lionnoiſes,*
Ces miens eſcrits pleins d'amoureuſes noiſes,
Quand mes regrets, ennuis, deſpits & larmes
M'orrez chanter en pitoyables carmes,
Ne veuillez pas condamner ma ſimpleſſe,
Et ieune erreur de ma fole ieuneſſe,
Si c'eſt erreur : mais qui deſſous les Cieus
Se peut vanter de n'eſtre vicieus?
L'un n'eſt content de ſa ſorte de vie,
Et touſiours porte à ſes voiſins enuie :
L'un forcenant de voir la paix en terre,

Par tous moyens tache y mettre la guerre :
L'autre croyant poureté estre vice,
A autre Dieu qu'or, ne fait sacrifice :
L'autre sa foy pariure il emploira
A deceuoir quelcun qui le croira :
L'un en mentant de sa langue lezarde,
Mile brocars sur l'un & l'autre darde :
Ie ne suis point sous ces planettes nee,
Qui m'ussent pù tant faire infortunee.
Onques ne fut mon œil marri, de voir
Chez mon voisin mieus que chez moy pleuuoir.
Onq ne mis noise ou discord entre amis :
A faire gain iamais ne me soumis.
Mentir, tromper, & abuser autrui,
Tant m'a desplu, que mesdire de lui.
Mais si en moy rien y ha d'imparfait,
Qu'on blame Amour : c'est lui seul qui l'a fait.
Sur mon verd aage en ses laqs il me prit,
Lors qu'exerçois mon corps & mon esprit
En mile & mile euures ingenieuses,
Qu'en peu de tems me rendit ennuieuses.
Pour bien sauoir auec l'esguille peindre
I'eusse entrepris la renommee esteindre
De celle là, qui plus docte que sage,
Auec Pallas comparoit son ouurage.
Qui m'ust vù lors en armes fiere aller,
Porter la lance & bois faire voler,
Le deuoir faire en l'estour furieus,
Piquer, volter le cheual glorieus,

Pour Bradamante, ou la haute Marphiſe,
Seur de Roger, il m'uſt, poſſible, priſe.
Mais quoy? Amour ne peut longuement voir
Mon cœur n'aymant que Mars & le ſauoir :
Et me voulant donner autre ſouci,
En ſouriant, il me diſoit ainſi :
Tu penſes donq, ô Lionnoiſe Dame,
Pouuoir fuir par ce moyen ma flame :
Mais non feras, i'ay ſubiugué les Dieus
Es bas Enfers, en la Mer & es Cieus.
Et penſes tu que n'aye tel pouuoir
Sur les humeins, de leur faire ſauoir
Qu'il n'y ha rien qui de ma main eſchape?
Plus fort ſe penſe & plus tot ie le frape.
De me blamer quelquefois tu n'as honte,
En te fiant en Mars, dont tu fais conte:
Mais meintenant, voy ſi pour perſiſter
En le ſuiuant me pourras reſiſter.
Ainſi parloit. & tout eſchaufé d'ire
Hors de ſa trouſſe une ſagette il tire,
Et decochant de ſon extreme force,
Droit la tira contre ma tendre eſcorce :
Foible harnois, pour bien couurir le cœur,
Contre l'Archer qui touſiours eſt vainqueur.
La breſche faite, entre Amour en la place,
Dont le repos premierement il chaſſe :
Et de trauail qui me donne ſans ceſſe,
Boire, manger, & dormir ne me laiſſe.
Il ne me chaut de ſoleil ne d'ombrage :

Ie n'ay qu'Amour & feu en mon courage,
Qui me desguise, & fait autre paroitre,
Tant que ne peu moymesme me connoitre.
Ie n'auois vù encore seize Hiuers,
Lors que i'entray en ces ennuis diuers:
Et ià voici le treiziéme esté
Que mon cœur fut par amour arresté.
Le tems met fin aus hautes Pyramides,
Le tems met fin aus fonteines humides:
Il ne pardonne aus braues Colisees,
Il met à fin les viles plus prisees,
Finir aussi il ha acoutumé
Le feu d'Amour tant soit il allumé:
Mais, las! en moy il semble qu'il augmente
Auec le tems, & que plus me tourmente.
Paris ayma Oenone ardamment,
Mais son amour ne dura longuement,
Medee fut aymee de Iason,
Qui tot apres la mit hors sa maison.
Si meritoient elles estre estimees,
Et pour aymer leurs Amis, estre aymees.
S'estant aymé on peut Amour laisser
N'est il raison, ne l'estant, se lasser?
N'est il raison te prier de permettre,
Amour, que puisse à mes tourmens fin mettre?
Ne permets point que de Mort face espreuue,
Et plus que toy pitoyable la treuue:
Mais si tu veus que i'ayme iusqu'au bout,
Fay que celui que i'estime mon tout,

Qui ſeul me peut faire plorer & rire,
Et pour lequel ſi ſouuent ie ſoupire,
Sente en ſes os, en ſon ſang, en ſon ame,
Ou plus ardente, ou bien egale flame.
Alors ton faix plus aisé me ſera,
Quand auec moy quelcun le portera.

FIN.

SONNETS.

I.

NON *hauria Vlysse o qualunqu'altro mai*
Piu accorto fù, da quel diuino aspetto
Pien di gratie, d'honor & di rispetto
Sperato qual i sento affanni e guai.
Pur, Amor, co i begli ochi tu fatt' hai
Tal piaga dentro al mio innocente petto,
Di cibo & di calor gia tuo ricetto,
Che rimedio non v'e si tu no'l dai.
O sorte dura, che mi fa esser quale
Punta d' un Scorpio, & domandar riparo
Contr' el velen' d'all' istesso animale.
Chieggio li sol' ancida questa noia,
Non estingua el desir à me si caro,
Che mancar non potra ch' i non mi muoia.

II.

O beaus yeus bruns, ô regars deſtournez,
O chaus ſoupirs, ô larmes eſpandues,
O noires nuits vainement atendues,
O iours luiſans vainement retournez.
O triſtes pleins, ô deſirs obſtinez,
O tems perdu, ô peines deſpendues,
O mile morts en mile rets tendues,
O pires maus contre moy deſtinez.
O ris, ô front, cheueus, bras, mains & doits:
O lut pleintif, viole, archet & vois:
Tant de flambeaus pour ardre une femmelle!
De toy me plein, que tant de feus portant,
En tant d'endrois d'iceus mon cœur tatant,
N'en eſt ſur toy volé quelque eſtincelle.

III.

O longs deſirs, O eſperances vaines,
Triſtes ſoupirs & larmes coutumieres
A engendrer de moy maintes riuieres,
Dont mes deus yeus ſont ſources & fontaines:
O cruautez, ô durtez inhumaines,
Piteus regars des celeſtes lumieres:
Du cœur tranſi ô paſſions premieres,
Eſtimez vous croitre encore mes peines?
Qu'encor Amour ſur moy ſon arc eſſaie,
Que nouueaus feus me gette & nouueaus dars:
Qu'il ſe deſpite, & pis qu'il pourra face:

Car ie ſuis tant nauree en toutes pars,
Que plus en moy une nouuelle plaie,
Pour m'empirer ne pourroit trouuer place.

IIII.

Depuis qu'Amour cruel empoiſonna
Premierement de ſon feu ma poitrine,
Touſiours brulay de ſa fureur diuine,
Qui un ſeul iour mon cœur n'abandonna.
Quelque trauail, dont aſſez me donna,
Quelque menaſſe & procheine ruïne :
Quelque penſer de mort qui tout termine,
De rien mon cœur ardent ne s'eſtonna.
Tant plus qu'Amour nous vient fort aſſaillir,
Plus il nous fait nos forces recueillir,
Et touſiours frais en ſes combats fait eſtre :
Mais ce n'eſt pas qu'en rien nous fauoriſe,
Cil qui les Dieus & les hommes meſpriſe :
Mais pour plus fort contre les fors paroitre.

V.

Clere Venus, qui erres par les Cieus,
Entens ma voix qui en pleins chantera,
Tant que ta face au haut du Ciel luira,
Son long trauail & ſouci ennuieus.
Mon œil veillant s'atendrira bien mieus,
Et plus de pleurs te voyant gettera.
Mieus mon lit mol de larmes baignera,
De ſes trauaus voyant témoins tes yeus.

Donq des humains sont les lassez esprits
De dous repos & de sommeil espris.
I'endure mal tant que le Soleil luit :
Et quand ie suis quasi toute cassee,
Et que me suis mise en mon lit lassee,
Crier me faut mon mal toute la nuit.

VI.

Deus ou trois fois bienheureus le retour
De ce cler Astre, & plus heureus encore
Ce que son œil de regarder honore.
Que celle là receuroit un bon iour,
Qu'elle pourroit se vanter d'un bon tour
Qui baiseroit le plus beau don de Flore,
Le mieus sentant que iamais vid Aurore,
Et y feroit sur ses leures seiour !
C'est à moy seule à qui ce bien est du,
Pour tant de pleurs & tant de tems perdu :
Mais le voyant, tant lui feray de feste,
Tant emploiray de mes yeus le pouuoir,
Pour dessus lui plus de credit auoir,
Qu'en peu de temps feray grande conqueste.

VII.

On voit mourir toute chose animee,
Lors que du corps l'ame sutile part :
Ie suis le corps, toy la meilleure part :
Ou es tu donq, ô ame bien aymee?

Ne me laiſſez par ſi long temps pâmee,
Pour me ſauuer apres viendrois trop tard.
Las, ne mets point ton corps en ce hazart :
Rens lui ſa part & moitié eſtimee.
Mais fais, Ami, que ne ſoit dańgereuſe
Cette rencontre & reuuë amoureuſe,
L'accompagnant, non de ſeuerite,
Non de rigueur : mais de grace amiable,
Qui doucement me rende ta beaúte,
Iadis cruelle, à preſent fauorable.

VIII.

Ie vis, ie meurs : ie me brule & me noye.
I'ay chaut eſtreme en endurant froidure :
La vie m'eſt & trop molle & trop dure.
I'ay grans ennuis entremeſlez de ioye :
Tout à un coup ie ris & ie larmoye,
Et en plaiſir maint grief tourment i'endure :
Mon bien s'en va, & à iamais il dure :
Tout en un coup ie ſeiche & ie verdoye.
Ainſi Amour inconſtamment me meine :
Et quand ie penſe auoir plus de douleur,
Sans y penſer ie me treuue hors de peine.
Puis quand ie croy ma ioye eſtre certeine,
Et eſtre au haut de mon deſiré heur,
Il me remet en mon premier malheur.

IX.

Tout auſſi tot que ie commence à prendre
Dens le mol lit le repos deſiré,
Mon triſte eſprit hors de moy retiré
S'en va vers toy incontinent ſe rendre.
Lors m'eſt auis que dedens mon ſein tendre
Ie tiens le bien, ou i'ay tant aſpiré,
Et pour lequel i'ay ſi haut ſouſpiré,
Que de ſanglots ay ſouuent cuidé fendre.
O dous ſommeil, ô nuit à moy heureuſe!
Plaiſant repos, plein de tranquilité,
Continuez toutes les nuiz mon ſonge:
Et ſi iamais ma poure ame amoureuſe
Ne doit auoir de bien en verité,
Faites au moins qu'elle en ait en menſonge.

X.

Quand i'aperçoy ton blond chef couronné
D'un laurier verd, faire un Lut ſi bien pleindre,
Que tu pourrois à te ſuiure contreindre
Arbres & rocs: quand ie te vois orné,
Et de vertus dix mile enuironné,
Au chef d'honneur plus haut que nul ateindre:
Et des plus hauts les louenges eſteindre:
Lors dit mon cœur en ſoy paſſionné:

Tant de vertus qui te ſont eſtre aymé,
Qui de chacun te ſont eſtre eſtimé,
Ne te pourroient auſſi bien faire aymer?
Et aioutant à ta vertu louable
Ce nom encor de m'eſtre pitoyable,
De mon amour doucement t'enflamer?

XI.

O dous regars, ô yeus pleins de beauté,
Petis iardins, pleins de fleurs amoureuſes
Ou ſont d'Amour les fleſches dangereuſes,
Tant à vous voir mon œil s'eſt arreſté!
O cœur felon, ô rude cruauté,
Tant tu me tiens de façons rigoureuſes,
Tant i'ay coulé de larmes langoureuſes,
Sentant l'ardeur de mon cœur tourmenté!
Donques, mes yeus, tant de plaiſir auez,
Tant de bons tours par ſes yeus receuez:
Mais toy, mon cœur, plus les vois s'y complaire,
Plus tu languiz, plus en as de ſouci,
Or deuinez ſi ie ſuis aiſe auſſi,
Sentant mon œil eſtre à mon cœur contraire.

XII.

Lut, compagnon de ma calamité,
De mes ſoupirs témoin irreprochable,
De mes ennuis controlleur veritable,
Tu as ſouuent auec moy lamenté:

Et tant le pleur piteus t'a molesté,
Que commençant quelque son delectable,
Tu le rendois tout soudein lamentable,
Feignant le ton que plein auoit chanté.
Et si te veus efforcer au contraire,
Tu te destens & si me contreins taire :
Mais me voyant tendrement soupirer,
Donnant faueur à ma tant triste pleinte :
En mes ennuis me plaire suis contreinte,
Et d'un dous mal douce fin esperer.

XIII.

Oh si i'estois en ce beau sein rauie
De celui là pour lequel vois mourant :
Si auec lui viure le demeurant
De mes cours iours ne m'empeschoit enuie :
Si m'acollant me disoit, chere Amie,
Contentons nous l'un l'autre, s'asseurant
Que ia tempeste, Euripe, ne Courant
Ne nous pourra desioindre en notre vie :
Si de mes bras le tenant acollé,
Comme du Lierre est l'arbre encercelé,
La mort venoit, de mon aise enuieuse :
Lors que souef plus il me baiseroit,
Et mon esprit sur ses leures fuiroit,
Bien ie mourrois, plus que viuante, heureuse.

XIIII.

Tant que mes yeus pourront larmes eſpandre,
A l'heur paſsé auec toy regretter :
Et qu'aus ſanglots & ſoupirs reſiſter
Pourra ma voix, & un peu faire entendre :
Tant que ma main pourra les cordes tendre
Du mignart Lut, pour tes graces chanter :
Tant que l'eſprit ſe voudra contenter
De ne vouloir rien fors que toy comprendre :
Ie ne ſouhaitte encore point mourir.
Mais quand mes yeus ie ſentiray tarir,
Ma voix caſſee, & ma main impuiſſante,
Et mon eſprit en ce mortel ſeiour
Ne pouuant plus montrer ſigne d'amante :
Priray la Mort noircir mon plus cler iour.

XV.

Pour le retour du Soleil honorer,
Le Zephir, l'air ſerein lui apareille :
Et du ſommeil l'eau & la terre eſueille,
Qui les gardoit l'une de murmurer
En dous coulant, l'autre de ſe parer
De mainte fleur de couleur nompareille.
Ia les oiſeaus es arbres font merueille,
Et aus paſſans font l'ennui moderer.

Les Nynfes ia en mile ieus s'esbatent
Au cler de Lune, & dansans l'herbe abatent :
Veus tu Zephir de ton heur me donner,
Et que par toy toute me renouuelle?
Fay mon Soleil deuers moy retourner,
Et tu verras s'il ne me rend plus belle.

XVI.

Apres qu'un tems la gresle & le tonnerre
Ont le haut mont de Caucase batu,
Le beau iour vient, de lueur reuétu.
Quand Phebus ha son cerne fait en terre,
Et l'Ocean il regaigne à grand erre :
Sa seur se montre auec son chef pointu.
Quand quelque tems le Parthe ha combatu,
Il prent la fuite & son arc il desserre.
Vn tems t'ay vù & consolé pleintif,
Et defiant de mon feu peu hatif :
Mais maintenant que tu m'as embrasee,
Et suis au point auquel tu me voulois,
Tu as ta flame en quelque eau arrosee,
Et es plus froit qu'estre ie ne soulois

XVII.

Ie fuis la vile, & temples, & tous lieus,
Esquels prenant plaisir à t'ouir pleindre,
Tu peus, & non sans force, me contreindre
De te donner ce qu'estimois le mieus.

Masques, tournois, ieus me sont ennuieus,
Et rien sans toy de beau ne me puis peindre:
Tant que tachant à ce desir esteindre,
Et un nouuel obget faire à mes yeus,
Et des pensers amoureus me distraire,
Des bois espais sui le plus solitaire:
Mais i'aperçoy, ayant erré maint tour,
Que si ie veus de toy estre deliure,
Il me conuient hors de moymesme viure,
Ou fais encor que loin sois en seiour.

XVIII.

Baise m'encor, rebaise moy & baise:
Donne m'en un de tes plus sauoureus,
Donne m'en un de tes plus amoureus:
Ie t'en rendray quatre plus chaus que braise.
Las, te pleins tu? ça que ce mal i'apaise,
En t'en donnant dix autres doucereus.
Ainsi meslans nos baisers tant heureus
Iouissons nous l'un de l'autre à notre aise.
Lors double vie à chacun en suiura.
Chacun en soy & son ami viura.
Permets m'Amour penser quelque folie:
Tousiours suis mal, viuant discrettement,
Et ne me puis donner contentement,
Si hors de moy ne fay quelque saillie.

XIX.

Diane estant en l'espesseur d'un bois,
Apres auoir mainte beste assenee,
Prenoit le frais, de Nynfes couronnee :
I'allois resuant comme fay maintefois,
Sans y penser : quand i'ouy une vois,
Qui m'apela, disant, Nynfe estonnee,
Que ne t'es tu vers Diane tournee ?
Et me voyant sans arc & sans carquois,
Qu'as tu trouué, ô compagne, en ta voye,
Qui de ton arc & flesches ait fait proye ?
Ie m'animay, respons ie, à un passant,
Et lui getay en vain toutes mes flesches
Et l'arc apres : mais lui les ramassant
Et les tirant me fit cent & cent bresches.

XX.

Predit me fut, que deuois fermement
Vn iour aymer celui dont la figure
Me fut descrite : & sans autre peinture
Le reconnu quand vy premierement :
Puis le voyant aymer fatalement,
Pitié ie pris de sa triste auenture :
Et tellement ie forcay ma nature,
Qu'autant que lui aymay ardentement.

Qui n'uſt penſé qu'en faueur deuoit croitre
Ce que le Ciel & deſtins firent naitre?
Mais quand ie voy ſi nubileus aprets,
Vents ſi cruels & tant horrible orage:
Ie croy qu'eſtoient les infernaus arrets,
Qui de ſi loin m'ourdiſſoient ce naufrage.

XXI.

Quelle grandeur rend l'homme venerable?
Quelle groſſeur? quel poil? quelle couleur?
Qui eſt des yeus le plus emmieleur?
Qui fait plus tot une playe incurable?
Quel chant eſt plus à l'homme conuenable?
Qui plus penetre en chantant ſa douleur?
Qui un dous lut fait encore meilleur?
Quel naturel eſt le plus amiable?
Ie ne voudrois le dire aſſurément,
Ayant Amour forcé mon iugement:
Mais ie ſay bien & de tant ie m'aſſure,
Que tout le beau que l'on pourroit choiſir,
Et que tout l'art qui ayde la Nature,
Ne me ſauroient acroitre mon deſir.

XXII.

Luiſant Soleil, que tu es bien heureus,
De voir touſiours de t'Amie la face:
Et toy, ſa ſeur, qu'Endimion embraſſe,
Tant te repais de miel amoureus.

Mars voit Venus : Mercure auentureus
De Ciel en Ciel, de lieu en lieu ſe glaſſe :
Et Iupiter remarque en mainte place
Ses premiers ans plus gays & chaleureus.
Voilà du Ciel la puiſſante harmonie,
Qui les eſprits diuins enſemble lie :
Mais s'ils auoient ce qu'ils ayment lointein,
Leur harmonie & ordre irreuocable
Se tourneroit en erreur variable,
Et comme moy trauailleroient en vain.

XXIII.

Las ! que me ſert, que ſi parfaitement
Louas iadis & ma treſſe doree,
Et de mes yeus la beauté comparee
A deux Soleils, dont Amour finement
Tira les trets cauſez de ton tourment?
Ou eſtes vous, pleurs de peu de duree?
Et Mort par qui deuoit eſtre honoree
Ta ferme amour & iteré ſerment?
Donques c'eſtoit le but de ta malice
De m'aſſeruir ſous ombre de ſeruice?
Pardonne moy, Ami, à cette fois,
Eſtant outree & de deſpit & d'ire :
Mais ie m'aſſure, quelque part que tu ſois,
Qu'autant que moy tu ſoufres de martire.

XXIIII.

Ne reprenez, Dames, si i'ay aymé :
Si i'ay senti mile torches ardantes,
Mile trauaus, mile douleurs mordantes :
Si en pleurant, i'ay mon tems consumé,
Las que mon nom n'en soit par vous blamé.
Si i'ay failli, les peines sont presentes,
N'aigrissez point leurs pointes violentes :
Mais estimez qu'Amour, à point nommé,
Sans votre ardeur d'un Vulcan excuser,
Sans la beauté d'Adonis acuser,
Pourra, s'il veut, plus vous rendre amoureuses :
En ayant moins que moy d'ocasion,
Et plus d'estrange & forte passion.
Et gardez vous d'estre plus malheureuses.

FIN DES EVVRES DE LOVÏZE LABÉ LIONNOIZE.

AVX POËTES

DE LOVÏZE LABE'

SONNET.

Vous qui le los de Louïze escriuez,
Et qui auez, par gaye fantasie
Cette beauté, votre suget, choisie,
Voyez quel bien pour vous, vous poursuiuez.
Elle des dons des Muses cultiuez,
S'est pour soymesme & pour autrui saisie :
Tant qu'en louant sa dine Poësie,
Mieus que par vous par elle vous viuez.
Laure ut besoin de faueur empruntee,
Pour de renom ses graces animer :
Louïze autant en beauté reputee,
Trop plus se fait par sa plume estimer.
Et de soymesme elle se faisant croire,
A ses loueurs est cause de leur gloire.

ESCRIZ DE

diuers Poëtes, à la louenge de

LOVÏZE LABE' LION-
NOIZE.

Εἰς ὠδὰς Λοΐσης Λαβάιας.

Τὰς Σαπφοῦς ῳδὰς γλυκυφώνου ἅς ἀπολεσσεν
    Ἡ παμφάγου χρόνου βὶη,
Μειλιχίῳ Παφίης καὶ ἐρωτων νῦν γὲ Λαβάιη
    Κόλπῳ τραφεῖσ' ἀνήγαγε.
Εἰ δὲ τις ὡς καινὸν θαυμάζει, καί πόθεν ἐστι,
    Φησὶν, νέη ποιήτρια;
Γνοίη ὡς γοργόν, καὶ ἄκαμπτον, δυστυχέουσα
    Ε''χει Φάων' ἐρώμενον:
Τοῦ πληχθεῖσα φυγῆ, λιγυρὸν μέλος ἦρξε τάλαινα
    Χορδαῖς ἐναρμόζειν λύρης.
Σφοδρὰ δὲ πρὸς ταύτας ποιήσεις οἶστρ' ἐνίησι
    Παιδῶν ἐρᾶν ὑπερηφάνων.

De Aloysæ Labæ osculis.

IAM *non canoras Pægasidas tuis*
Assuesce votis : nil tibi Cynthius
Fontisue Dircæi recessus
Profuerint, vel inanis Euan.
Sed tu Labææ basia candidæ
Imbuta poscas nectare, quæ rosas
Spirant amaracosque molles :
Et violas, Arabumque succos.
Non illa summis dispereunt labris,
Sed quà reclusis obicibus patet
Inerme pectus, suaueolentis
Oris aculeolo calescit.
Illo medullæ protinus æstuant,
Et dissolutis spiritus omnibus
Nodis in ore suauiantis
Lenius emoritur Labææ.
Hoc plenus æstro (dicere seu lubet
Sectis puellas vnguibus acriter
Deprœliantes, aut inustam
Dente notam labiis querenteis :
Cœliue motus & redeuntia
Anni vicissim tempora : nec suo
Fulgore lucentem Dianam,
Sideribusue polos micanteis.

Dignum Labææ baſiolis melos
Quod voce miſtis cum fidibus canat)
Dices coronatus quòd aureis
Cecropias Latiaſque pungat.

En grace du Dialogue d'Amour, & de Folie, Euure de D. Louïze Labé Lionnoize.

Amour eſt donq pure inclinacion
Du Ciel en nous, mais non neceſſitante :
Ou bien vertu, qui nos cœurs impuiſſante
A reſiſter contre ſon accion?
C'eſt donq de l'ame une alteracion
De vain deſir legerement naiſſante
A tout obiet de l'eſpoir periſſante,
Comme muable à toute paſſion?
Ia ne ſoit crù, que la douce folie
D'un libre Amant d'ardeur libre amollie
Perde ſon miel en ſi amer Abſynte,
Puis que lon voit un eſprit ſi gentil
Se recouurer de ce Chaos ſutil,
Ou de Raiſon la Loy ſe laberynte.

NON SI NON LA.

En contemplacion de D. Louïze Labé.

Quel Dieu graua cette mageſté douce
En ce gay port d'une pronte allegreſſe?
De quel liz eſt, mais de quelle Deeſſe
Cette beauté, qui les autres deſtrouſſe?
Quelle Syrene hors du ſein ce chant pouſſe,
Qui deceuroit le caut Prince de Grece?
Quels ſont ces yeus, mais bien quel Trofee eſt ce,
Qui tient d'Amour l'arc, les trets & la trouſſe?
Ici le Ciel liberal me fait voir
En leur parfait, grace, honneur, & ſauoir,
Et de vertu le rare témoignage :
Ici le traytre Amour me veut ſurprendre :
Ah ! de quel feu brule un cœur ia en cendre?
Comme en deus pars ſe peut il mettre en gage?

P. D. T.

A D. Louïze Labé, ſur ſon portrait.

Iadis un Grec ſus une froide image,
Que conſacra Praxitele à Cyprine,
Rafrechiſſant ſon ardente poitrine
Rendit du maitre admirable l'ouurage.

Las! peu s'en faut qu'à ce petit ombrage,
Reconnoiſſant ta bouche coralline,
Et tous les traits de ta beauté diuine,
Ie n'aye autant porté de témoignage.
Qu'uſt fait ce Grec ſi cette image nue
Entre ſes bras fuſt Venus deuenue?
Que ſuis ie lors quand Louïze me touche,
Et l'accollant d'un long baiſer me baiſe?
L'ame me part, & mourant en cet aiſe,
Ie la reprens ia fuiant en ſa bouche.

SONNET.

Ie laiſſe apart Meduſe, & ſa beauté,
Qui tranſmuoit en pierre froide & dure,
Ceus qui prenoient à la voir trop de cure,
Pour admirer plus grande nouueauté:
Et reciter la douce cruaute
De BELLE A SOY, *qui fait bien plus grand' choſe,*
Lors qu'en ſon tout grace naïue encloſe
Veut eſlargir ſa douce priuauté.
Car d'un corps fait au comble de ſon mieus,
Du vif mourant contournement des yeus,
A demi clos tournant le blanc en vuë:

Puis d'un ſoupir mignardement iſſant,
Auant l'apas d'un ſouzris blandiſſant,
Les regardans en ſoymeſme tranſmue.

DEVOIR DE VOIR.

A celle qui n'eſt ſeulement à ſoy belle.

Si le Soleil ne peut touſiours reluire,
Fuir ne faut pourtant tout ce qui luit,
Car ſi au Ciel quelqu'autre flamme duit,
Sans le Soleil peut bien la clarté luire.
Mais quoy? ſans lui, las! on la veut reduire
Au ſeul plaiſir d'un Aſtre radieus,
Qui autre part d'eſclairer enuieus,
Par ce moyen peut à la clarté nuire.
Las! quel Climat lui ſera donq heureus,
N'ayant faueur que par l'Aſtre amoureus,
Ou viue meurt cette lueur premiere?
Si d'autre eſpoir de ſa propre vertu
N'eſt par effet ſon luſtre reuétu,
Sous tel Phebus s'eſteindra ſa lumiere.

DEVOIR DE VOIR.

Autre à elle meſme.

Voyez, Amans, voyez ſi la pitié
A mon ſecours or' à tort ie reclame :
Du haut, ou bas, rien n'eſt, fors ma poure ame,
Qui n'ait gouté quelque fruit d'amitié.
Par quel deſtin, las ! toute autre moitié
La mienne fuit ? ſuiuant l'ingrate trace
De celle là, dont eſperant la grace,
Acquis ie n'ay que toute inimitié ?
O douce Mort (à tous plus qu'à ſoy belle)
A ta clarté ne ſois ainſi rebelle,
Ains doucement la fais en toy mourir :
Si tu ne veus par façon rigoureuſe
Sans aliment la rendre tenebreuſe :
Car ia l'eſteint, qui la peut ſecourir.

A D. Louïze, des Muſes ou premiere ou dizieme couronnante la troupe.

Nature ayant en ſes Idees pris
Vn tel ſuget, qu'il ſurpaſſoit ſon mieus :
De grace ell' ùt pour l'illuſtrer des Dieus
Otroy entier du plus ſupernel pris :

Dont elle put l'Vniuers rendre eſpris,
Ouurant l'amas des influz bienheureus,
Duquel le rare epuré par les Cieus
Atire encor le bien né des eſprits.
Dieus qui ſoufrez flamboyer tel Soleil
A vous egal, à vous le plus pareil,
Témoin le front de ſa beauté premiere,
Permettrez vous choſe ſi excellente
Patir l'horreur d'Atrope paliſſante,
Ne la laiſſant immortelle lumiere?

D'IMMORTEL ZELE.

SONETTO.

Qui doue in braccio al Rodano ſi vede
Girne le Sona queta, ſi ch' à pena
Scorger ſi puo là doue l'onde mena,
Si lenta muoue entr' al ſuo letto il piede:
Giunſi punto d'Amor, cinto di Fede,
Di ſpeme priuo, e colmo de la pena,
Ch' all' Alma (pria d'ogni dolcezza piena)
Fa di tutto il piacere aperte prede;
E mouendo i ſoſpiri à chiamar voi
(Lungi dal voſtro puro aër' ſereno)
Sperai vinto dal ſonno alta quiete:

Ma tosto vdij dirmi da voi : Se i tuoi
Occhi son tristi e molli, i miei non meno,
Così sempre per noi pianto si miete.

SONETTO.

Ardo d'un dolce fuoco, e quest' ardore
Smorzar non cerco, anzi m'è caro tanto,
Che lieto in mezo de le fiamme io canto
Le vostre lodi e' l sopran vostro honore;
E chieggio in guiderdone al mio Signore
Che non mi dia cagion d'eterno pianto;
Ma d'un' istesso fuoco hoggi altrettanto
Vi porga si ch' ogn' hor n'auuampi il cuore.
Amor seco ogni ben mai semper apporta,
Quando d'un par disio due Petti inuoglia :
Ma s'un ne lascia, è morte atroce e ria :
Siatemi dunque voi sicura scorta :
Suegliate homai questa grauosa spoglia,
Ch' à voi consacrero la penna mia.

Auuenturosi fiori,
Che così dolce seno,
Che così care chiome in guardia haueste;
Benedetto il sereno
Aër' doue nasceste;
E' que' mille colori

Di cui natura in voi vaga ſi piacque :
Ben' fù dolce deſtino
Il voſtro, é quel' mattino
Che ſi felice al morir' voſtro nacque:
Vinchino hor' voſtri odori
Gli odoroſi Sabei, gli Arabi honori.
Dolce Luiſa mia
Che tanto bella ſete,
Quanto eſſer' vi volete : E' come il core
Hauete ſculto amore, e corteſia :
Tal' ne gli occhi di lor' ſi ſcorge traccia .
Dá queſte dolci braccia,
Da queſti ardenti baci, anima bella,
Morte ſola mi ſuella
Ne vnqua mai fra noi maggior' ſi ſia
Paura é geloſia.
Altra luce non veggio :
Altro ſole, alma bella,
Fuor' che i voſtri occhi ſanti
Non hò : é queſti hor' chieggio
Sol' per mia guida é ſtella
Sempre come hor' ſereni.
A voi beati amanti
Altra inuidia, altro zelo
Non haurò mai : ſe il cielo
Vuol' che io mia vita meni
In coſi fatta guiſa
A i dolci raggi lor' dolce Luiſa.

Estreines, à Dame Louïze Labé

Louïze est tant gracieuse & tant belle,
Louïze à tout est tant bien auenante,
Louïze ha l'œil de si viue estincelle,
Louïze ha face au corps tant conuenante,
De si beau port, si belle & si luisante,
Louïze ha voix que la Musique auoue,
Louïze ha main qui tant bien au lut ioue,
Louïze ha tant ce qu'en toutes on prise,
Que ie ne puis que Louïze ne loue,
Et si ne puis assez louer Louïze.

A D. L. L.

Ton lut hersoir encor se resentoit
De ta main douce, & gozier gracieus,
Et sous mes doits sans leur ayde chantoit :
Quand un Demon, ou sur moy enuieus,
Ou de mon bien se feignant soucieus,
Me dit : c'est trop sus un lut pris plaisir.
N'aperçois tu un furieus desir
Cherchant autour de toy une cordelle,
Pour de ton cœur la Dame au lut saisir ?
Et, ce disant, rompit ma chanterelle.

Epitre à ſes amis, des gracieuſetez de D. L. L.

Que faites vous, mes compagnons,
Des cheres Muſes chers mignons?
Au' ous encore en notre abſence
De votre Magny ſouuenance?
Magny votre compagnon dous,
Qui ha ſouuenance de vous
Plus qu'aſſez, 's'une Damoiſelle
Sa douce maitreſſe nouuelle
Qui l'eſtreint d'une eſtroite Foy
Le laiſſe ſouuenir de ſoy.
Mais le Pouret qu'Amour tourmente
D'une chaleur trop vehemente,
En oubli le Pouret ha mis
Soymeſme & ſes meilleurs amis:
Et le Pouret à rien ne penſe,
Et ſi n'a de rien ſouuenance,
Mais ſeulement il lui ſouuient
De la maitreſſe qui le tient:
Et rien ſinon d'elle il ne penſe
N'ayant que d'elle ſouuenance.
Et tout brulé du feu d'amours
Paſſe ainſi les nuits & les iours,
Sous le ioug d'une Damoiſelle
Sa douce maitreſſe nouuelle,

Qui le fait ore esclaue sien,
Ataché d'un nouueau lien:
Qui le cœur de ce miserable
Brule d'un feu non secourable,
Si le secours soulacieus
Ne lui vient de ses mesmes yeus,
Qui premiers sa flamme alumerent,
Qui premiers son cœur enflammerent,
Et par qui peut estre adouci
L'amoureus feu de son souci.
Mais ny le vin ny la viande,
Tant soit elle douce & friande,
Ne lui peuuent plus agreer.
Rien ne pourroit le recreer,
Non pas les gentilesses belles
De ces gentiles Damoiselles,
De qui la demeure lon met
Sur l'Heliconien sommet,
Qu'il auoit toufiours honorees,
Qu'il auoit toufiours adorees
Des son ieune âge nouuelet,
Encores enfant tendrelet.
Adieu donq Nynfes, adieu belles.
Adieu gentiles Damoiselles,
Adieu le Chœur Pegasien,
Adieu l'honneur Parnasien.
Venus la mignarde Deesse,
De Paphe la belle Princesse,
Et son petit fils Cupidon

Me maitrisent de leur brandon.
Vos chansons n'ont point de puissance
De me donner quelque allegeance
Aus tourmens qui tiennent mon cœur,
Genné d'une douce langueur
Ie n'ay que faire de vous, belles :
Adieu, gentiles Damoiselles :
Car ny pour voir des monceaus d'or
Assemblez dedens un tresor,
Ny pour voir flofloter le Rone,
Ny pour voir escouler la Sone,
Ny le gargouillant ruisselet,
Qui coulant d'un bruit doucelet,
A dormir, d'une douce enuie,
Sur la fresche riue conuie :
Ny par les ombreus arbrisseaus
Le dous ramage des oiseaus,
Ny violons, ny espinettes,
Ny les gaillardes chansonnettes,
Ny au chant des gayes chansons
Voir les garces & les garçons
Fraper en rond, sans qu'aucun erre,
D'un branle mesuré, la terre.
Ny tout celà qu'a de ioyeus
Le renouueau delicieus,
Ny de mon cher Giués (qui m'ayme
Comme ses yeus) le confort mesme,
Mon cher Giués, qui comme moy
Languit en amoureus émoy,

Ne peuuent flater la langueur
Qui tient genné mon poure cœur :
Bien que la mignarde maitresse,
Pour qui ie languis en détresse,
Contre mon amoureus tourment
Ne s'endurcisse fierement,
Et bien qu'ingrate ne soit celle,
Celle gentile damoiselle
Qui fait d'un regard bien humain,
Ardre cent feus dedens mon sein.
Mais que sert toute la caresse
Que ie reçoy de ma maitresse?
Et que me vaut passer les iours
En telle esperance d'amours,
Si les nuiz de mile ennuiz pleines
Rendent mes esperances veines?
Et les iours encor pleins d'ennuis,
Qu'absent de la belle ie suis?
Quand ie meurs, absent de la belle,
Ou quand ie meurs present pres d'elle
N'osant montrer (ô dur tourment !)
Comment ie l'ayme ardantement?
Celui vraiment est miserable
Qu'Amour, voire estant fauorable,
Rend de sa flame langoureus.
Chetif quiconque est amoureus,
Par qui si cher est estimee
Vne si legere fumee
D'un plaisir suiui de si pres

De tant d'ennuiz qui sont apres.
Si by ie aussi cher estimee
Vne si legere fumee.

Des beautez de D. L. L.

Ou print l'enfant Amour le fin or qui dora
En mile crespillons ta teste blondissante?
En quel iardin print il la roze rougissante
Qui le liz argenté de ton teint colora?
La douce grauité qui ton front honora,
Les deus rubis balais de ta bouche allechante,
Et les rais de cet œil qui doucement m'enchante,
En quel lieu les print il quand il t'en decora?
D'ou print Amour encor ces filets & ces lesses
Ces haims & ces apasts que sans fin tu me dresses
Soit parlant ou riant ou guignant de tes yeus?
Il print d'Herme, de Cypre, & du sein de l'Aurore,
Des rayons du Soleil, & des Graces encore,
Ces atraits & ces dons, pour prendre hommes & Dieus.

A elle meſme.

O ma belle rebelle,
Las que tu m'es cruelle!
Ou quand d'un dous ſouzris
Larron de mes eſprits,
Ou quand d'une parole
Si mignardement mole,
Ou quand d'un regard d'yeus
Traytrement gracieus,
Ou quand d'un petit geſte
Non autre que celeſte,
En amoureuſe ardeur
Tu m'enflammes le cœur.
O ma belle rebelle,
Las que tu m'es cruelle!
Quand la cuiſante ardeur
Qui me brule le cœur,
Veut que ie te demande
A ſa brulure grande
Vn rafrechiſſement
D'un baiſer ſeulement.
O ma belle rebelle,
Que tu ſerois cruelle!
Si d'un petit baiſer
Ne voulois l'apaiſer,

Au lieu d'alegement
Acroissant mon tourment.
Me puisse-ie un iour, dure,
Vanger de cette iniure :
Mon petit maitre Amour
Te puisse outrer un iour,
Et pour moy langoureuse
Il te face amoureuse,
Comme il m'a langoureus
Pour toy fait amoureus.
Alors par ma vengeance
Tu auras connoissance
Que vaut d'un dous baiser
Vn Amant refuser.
Et si ie te le donne,
Ma gentile mignonne,
Quand plus fort le desir
En viendroit te saisir :
Lors apres ma vengeance,
Tu auras connoissance
Quel bien fait, d'un baiser
L'Amant ne refuser.

Double Rondeau, à elle.

Eſtant nauré d'un dard ſecrettement,
Par Cupidon, & bleſsé à outrance,
Ie n'oſois pas declairer mon tourment
Saiſi de peur, delaiſsé d'eſperance,
Mais celui ſeul, qui m'auoit fait l'ofenſe,
M'a aſſeuré, diſant, que ſans ofenſe
Ie pouuois bien mon ardeur deceler,
Ce que i'ay fait ſans plus le receler,
Eſtant nauré.
A une donq pourement aſſuré,
Creingnant bien fort d'elle eſtre refusé,
Ay declairé du tout ma doleance :
Et ſur mon mal hardiment excusé
Lui ſupliant me donner allegeance,
Ou autrement ie perdrois pacience
Eſtant nauré.
Au mien propos ha ſi bien reſpondu
Celle que i'ay plus chere que mon ame,
Et mon vouloir ſagement entendu,
Que ie conſens qu'il me ſoit donne blame
Si ie l'oublie : car elle m'a rendu
Le ſens, l'eſprit, l'honneur, le cœur & l'ame
Eſtant nauré.

Ode en faueur de D. Louize Labé à son bon Signeur.

D. M.

Muses, filles de Iupiter,
Il nous faut ores aquiter
Vers ce docte & gentil Fumee,
Qui contre le tems inhumain
Tient vos meilleurs trets en sa main,
Pour pareanner sa renommee.
Ie lui dois, il me doit aussi :
Et si i'ay ores du souci
Pour faire mon payment plus dine,
Ie le voy ores deuant moy
En un aussi plaisant émoy
Pour faire son Ode Latine.
Mais par ou commencerons nous?
Dites le, Muses : car sans vous
Ie ne suis l'ignorante tourbe,
Et sans vous ie ne peu chanter
Chose, qui puisse contenter
Le pere de la lyre courbe.
Quand celui qui iadis naquit
Dens la tour d'erein, que conquit
Iupiter d'une caute ruse,

Vt trenché le chef qui muoit
En rocher celui qu'il voyoit,
Le chef hideus de la Meduſe:
Adonques par l'air s'en allant,
Monté ſur un cheual volant,
Il portoit cette horrible teſte:
Et ia deſia voiſin des Cieus
Il faiſoit voir en mile lieus
La grandeur de cette conqueſte.
Tandis du chef ainſi trenché
Eſtant freſchement arraché,
Diſtiloit du ſang goute à goute:
Qui ſoudein qu'en terre il eſtoit,
Des fleurs vermeilles enfantoit,
Qui changeoient la campagne toute,
Non en Serpent, non en ruiſſeau,
Non en Loup, & non en oiſeau,
En pucelle, Satire, ou Cyne:
Mais bien en pierre: faiſant voir
Par un admirable pouuoir
La vertu de leur origine.
Et c'eſt auſſi pourquoy ie crois,
Que fendant l'air en mile endrois
Sur mile eſtrangeres campagnes,
A la fin en France il vola,
Ou du chef hideus s'eſcoula
Quelque ſang entre ces montagnes:
Meſmement aupres de ce pont
Opposé viz à viz du mont,

Du mont orguilleus de Foruiere :
En cet endroit ou ie te vois
Egaier meinte & meinte fois
Entre l'une & l'autre riuiere.
Car deſlors que fatalement
I'en aprochay premierement,
Ie vis des la premiere aproche
Ie ne ſay quelle belle fleur :
Qui ſoudein m'eſclauant le cœur
Le fit changer en une roche.
Ie viz encor tout à lentour
Mile petis freres d'Amour,
Qui menoient mile douces guerres :
Et mile creintifs amoureus
Qui tous comme moy langoureus
Auoient leurs cœurs changez en pierres.
Depuis eſtant ainſi rocher,
Ie viz pres de moy aprocher
Vne Meduſe plus acorte
Que celle dont s'arme Pallas,
Qui changea iadis cet Atlas
Qui le Ciel ſur l'eſchine porte.
Car elle ayant moins de beautez,
De ces cheueus enſerpentez
Faiſoit ces changemens eſtranges :
Mais cetteci, d'un ſeul regard
De ſon œil doucement hagard
Fait mile plus heureus eſchanges.
Celui qui voit ſon front ſi beau,

Voit un ciel, ainçois un tableau
De criſtal, de glace, ou de verre :
Et qui voit ſon ſourcil benin,
Voit le petit arc hebenin,
Dont Amour ſes traits nous deſſerre.
Celui qui voit ſon teint vermeil,
Voit les roſes qu'à ſon réueil
Phebus épanit & colore :
Et qui voit ſes cheueus encor,
Voit dens Pactole le treſor
Dequoy ſes ſablons il redore.
Celui qui voit ſes yeus iumeaus,
Voit au ciel deus heureus flambeaus,
Qui rendent la nuit plus ſerene :
Et celui qui peut quelquefois
Eſcouter ſa diuine voix
Entend celle d'une Sirene.
Celui qui fleure en la baiſant
Son vent ſi dous & ſi plaiſant,
Fleure l'odeur de la Sabee :
Et qui voit ſes dens en riant
Voit des terres de l'Orient
Meinte perlette deſrobee.
Celui qui contemple ſon ſein
Large, poli, profond & plein,
De l'Amour contemple la gloire,
Et voit ſon teton rondelet,
Voit deus petis gazons de lait,
Ou bien deus boulettes d'iuoire.

Celui qui voit ſa belle main,
Se peut aſſeurer tout ſoudein
D'auoir vù celle de l'Aurore :
Et qui voit ſes piez ſi petis,
S'aſſeure que ceus de Thetis
Heureus il ha pù voir encore.
Quant à ce que l'acoutrement
Cache, ce ſemble, expreſſement
Pour mirer ſur ce beau chef d'euure,
Nul que l'Ami ne le voit point :
Mais le graſſelet embonpoint
Du viſage le nous deſcœuure.
Et voilà comment ie fuz pris
Aus rets de l'enfant de Cypris,
Eſprouuant ſa douce pointure :
Et comme une Meduſe fit,
Par un dommageable proufit,
Changer mon cœur en pierre dure.
Mais c'eſt au vray la rarité
De ſa grace & de ſa beaute,
Qui rauit ainſi les perſonnes :
Et qui leur óte cautement
La franchiſe & le ſentiment,
Ainſi que faiſoient les Gorgonnes.
Le Tems cette grand' fauls tenant
Se vét de couleur azuree,
Pour nous montrer qu'en moiſſonnant
Les choſes de plus de duree,
Il ſe gouuerne par les Cieus :

Et porte ainsi la barbe grise,
Pour faire voir qu'Hommes & Dieus
Ont de lui leur naissance prise.
Il assemble meinte couleur
Sur son azur, pource qu'il treine
Le plaisir apres la douleur
Et le repos apres la peine :
Montrant qu'il nous faut endurer
Le mal, pensant qu'il doit fin prendre,
Comme l'Amant doit esperer,
Et merci de sa Dame atendre.
Il porte sur son vétement,
Vn milier d'esles empennees,
Pour montrer comme vitement
Il s'en vole auec nos annees :
Et s'acompagne en tous ses faits
De cette gente Damoiselle,
Confessant que tous ses efets
N'ont grace ne vertu sans elle.
Elle s'apelle Ocasion
Qui chauue par derriere porte,
Sous une docte allusion,
Ses longs cheueus en cette sorte :
A fin d'enseigner à tous ceus
Qui la rencontrent d'auenture,
De ne se montrer paresseus
A la prendre à la cheuelure.
Car s'elle se tourne & s'en fuit,
En vain apres on se trauaille :

Sans eſpoir de fruit on la ſuit.
Le Tems ce dous loiſir nous baille,
De pouuoir gayement ici
Dire & ouir meintes ſornettes,
Et adoucir notre ſouci,
En contant de nos amourettes.
Le Tems encore quelquefois
Admirant ta grace eternelle,
Chantera d'une belle voix
D'Auanſon ta gloire eternelle :
Mais or' l'ocaſion n'entend
Que plus long tems ie l'entretienne,
Creingnant perdre l'heur qui m'atend
Ou qu'autre maſque ne ſuruienne.

MADRIGALE.

Arſe coſi per voi, Donna, il mio core
Il primo di ch' intento vi mirai,
Che certo mi penſai
Che nò poteſſe in me creſcere piu ardore :
Ma in voi belta creſcendo d'hor' in hora,
Creſc' in me il fuoco ancora,
Il qual nò potra mai creſcer' ſi pocco,
Ch' altro nò ſaro piu che fiamme e fuoco.

ODE.

Toute bonté abondante
Aus gouuerneurs des ſaints Cieus,
Vn, qui de main foudroyante
Eſtonne mortels & Dieus,
Enſemença ces bas lieus
De diuerſité d'atomes
Formez de ce vertueus
Surpaſſant celui des hommes.
Leſquels d'une deſtinee
Sous quelque fatal heureus,
Pour former une bien nee
Furent enſemble amoureus :
Et goutant le ſauoureus,
Lequel ou l'Amour termine,
Ou le rend plus doucereus,
La font voir choſe diuine.
Meſmement ſi familiere
A la troupe des neuf Seurs,
Qu'elles l'ont pour leur lumiere
Fait lampeger en leurs chœurs :
Là receuant les honneurs
De ceus, qu'on n'a laiſsé boire
Aus ſourſes & cours donneurs
De perpetuelle gloire.

Elle le fait aparoitre
Au docte de ses escriz,
Qu'on voit iournellement naitre,
Et deuancer les esprits,
Qui auoient gaigné le pris
D'estre mieus luz en notre aage.
O feminin entrepris
De l'immortalite gage!
Qui une flame amoureuse,
Qui mieus les passionnez,
Et de veine plus heureuse
Discerne les aptes nez,
Et à l'Amour fortunez,
De ceus, lesquels à outrance
Seront toujiours mal menez,
Et repuz d'une esperance?
Qui de langue plus diserte
Fait le Musagete orer
Contre l'eloquence experte
Du Dieu, qui peut atirer
Par le caut de son parler
L'erreur à la vraye trace?
Qui pres d'eus peut sommeiller,
Comme elle, sur le Parnasse?
Donq que sur ses temples vole
Ce vert entortillonné
Pris de la ramure mole
De la fuyarde Daphné,
Et doctement façonné

Pour orner la ſeur de celle,
Qui ſortit, le coup donné,
En armes, de la ceruelle.

Sonnet à D. L. L. par A. F. R.

Si de ceus qui ne t'ont connue, qu'en liſant
Tes Odes & Sonnets, Louïze, es honoree :
Si ta voix de ton lut argentin temperee,
D'arreſter les paſſans eſt moyen ſufiſant :
Et ſi ſouuent tes yeus d'un ſeul rayon luiſant
Ont meinte ame en priſon pour t'adorer ſerree :
Tu te peus bien de moy tenir toute aſſeuree.
Car ſi iamais ton œil ſus un cœur fut puiſſant,
Il ha eſté ſur moy, & fait meinte grand' playe :
Telle grace à chanter, baller, ſonner te ſuit,
Qu'à rompre ton lien ou fuir ie n'eſſaye.
Tant tes vers amoureus t'ont donné los & bruit,
Qu'heureus me ſens t'auoir non le premier aymee,
Mais priſé ton ſauoir auant la renommee.

A Dame Louïze Labé, Lionnoize, la comparant aus Cieus.

Sept feus on voit au Ciel, lesquels ainsi
Sont tous en toy meslez ensemblement.
Phebé est blanche : & tu es blanche aussi.
Mercure est docte : & toy pareillement.
Venus tousiours belle : semblablement
Belle tousiours à mes yeus tu te montre.
Tout de fin or est le chef du Soleil :
Le tien au sien ie voy du tout pareil.
Mars est puissant : mais il creint ta rencontre.
Iupiter tient les Cieus en sa puissance :
Ta grand' beauté tient tout en son pouuoir.
Saturne au Ciel ha la plus haute essence :
Tu as aussi la douce iouissance
Du plus haut heur qu'autre pourroit auoir.
Donq qui veut voir les grans dons, que les Dieus
Ont mis en toy, qu'il contemple les Cieus.

Des louenges de Dame Louïze Labé, Lionnoize..

Il ne faut point que i'apelle
Les hauts Dieus à mon secours,
Ou bien la bande pucelle

Pour m'ayder en mon diſcours.
Puis que les Dieus, de leur grace,
Les ſaintes Muſes, les Cieus
Ont tant illuſtré la face,
Le corps, l'eſprit curieus
De celle, dont i'apareille
La louenge nompareille,
Ie congnoy bien clerement
Que toute eſſence diuine
Me fauoriſe, & s'encline
A ce beau commencement.
Sus ſus donq, blanche ſeneſtre,
Fay tes reſonans effors ;
Et toy, ô mignarde deſtre,
Chatouille ſes dous acors :
Chantons la face angelique,
Chantons le beau chef doré,
Si beau, que le Dieu Delphique
D'un plus beau n'eſt decoré.
N'oublions en notre metre
Comme elle oſa s'entremettre
D'armer ſes membres mignars :
Montrant au haut de ſa teſte
Vne eſpouuentable creſte
Sur tous les autres ſoudars.
O noble, ô diuin chef d'euure
Des Dieus hauteins tous puiſſans,
Au moins meintenant deſcœuure
Tes yeus tous reſiouiſſans,

Pour voir ma Muſe animee,
Qui de ſa robuſte main
Hauſſera ta renommee,
Trop mieus que ce vieil Rommein,
Qui ſa demeure ancienne,
La terre Saturnienne
Delaiſſa pour ta beauté,
A fin qu'à toy rigoureuſe
Il fut hoſtie piteuſe
En ſa ferme loyauté.
La Muſe docte diuine
Du vieillard audacieus,
Par le vague s'achemine
Pour t'enleuer iuſqu'aus Cieus :
Mais la Parque naturelle
Dens les Iberiens chams
Courut deſemplumer l'aile
De ſes pleurs, & de ſes chants :
Enuoyant en ſa vieilleſſe,
Mal ſeant en ta ieuneſſe,
Son corps, au tombeau ombreus :
Et ſon ame enamouree
En l'obſcure demouree
Des Royaumes tenebreus.
Dieus des voutes eſtoilees,
Qui en perdurable tour
Retiennent emmantelees
Les terres, tout à l'entour :
Permetez moy que ie viue

Des ans le cours naturel,
A fin qu'à mon gré i'escriue
En un ouurage eternel,
De cette noble Deesse
La beauté enchanteresse,
Ce qu'elle ha bien merité:
Et qu'en sa gloire immortelle,
On voye esbahie en elle
Toute la posterité.
Ainsi que Semiramide,
Qui feingnant estre l'enfant
De son mari, print la guide
Du Royaume trionfant,
Puis démantant la Nature
Et le sexe feminin
Hazarda à l'auenture
Son corps iadis tant benin,
Courant furieuse en armes
Parmi les Mores gendarmes,
Et es Indiques dangers
De sa rude simeterre
Renuersant dessus la terre
Les escadrons estrangers.
Ainsi qu'es Alpes cornues
(Qui, soit Hiuer soit Esté,
Ont tousiours couuert de nues
Le front au Ciel arresté)
On voit la superbe teste
*D'un roc de * pins emplumé,* * *Apherese pour sapins.*

Rauie par la tempeste
De son corps acoutumé,
En roullant par son orage
Froisser tout le labourage,
Des Beufs les àpres trauaus,
Ne laissant rien en sa voye
Qu'en pieces elle n'enuoye,
Cherchant les profondes vaux :
Ou comme Penthasilee,
Qui pour son ami Hector
Combatoit entremeslee
Par les Grecs, aus çheueus d'or,
Ores de sa roide lance
Enferrant l'un au trauers,
Or' du branc en violance
Trebuchant l'autre à l'enuers :
Et ainsi que ces pucelles
Qui l'une de leurs mammelles
Se bruloient pour s'adestrer
Aus combas & entreprises
Aus bons guerroyeurs requises,
Pour l'ennemi rencontrer :
Louïze ainsi furieuse
En laissant les habiz mols
Des femmes, & enuieuse
De bruit, par les Espagnols
Souuent courut, en grand' noise,
Et meint assaut leur donna,
Quand la ieunesse Françoise

Parpignan enuironna.
Là ſa force elle deſploye,
Là de ſa lance elle ploye
Le plus hardi aſſaillant:
Et braue deſſus la celle
Ne demontroit rien en elle
Que d'un cheualier vaillant.
Ores la forte guerriere
Tournoit ſon deſtrier en rond:
Ores en une carriere
Eſſayoit s'il eſtoit pront:
Branlant en flots ſon panache,
Soit quand elle ſe iouoit
D'une pique, ou d'une hache,
Chacun Prince la louoit:
Puis ayant à la ſeneſtre
L'eſpee ceinte, à la deſtre
La dague, enrichies d'or,
En s'en allant toute armee
Ell' ſembloit parmi l'armee
Vn Achile, ou un Hector.
L'orguilleus fils de Clymene
Nous peut bien auoir apris
Qu'il ne faut par gloire vaine
Qu'un grand trein ſoit entrepris.
L'entrepriſe qui eſt faite
Sans le bon conſeil des Dieus
N'a point, ainſi qu'on ſouhaite,
Son dernier efet ioyeus:

Ainſi cette belliqueuſe
Ne fut iamais orguilleuſe :
Telle au camp elle n'alla :
Ains ce fut à la priere
De Venus, ſa douce mere,
Qui un ſoir lui en parla.
Vn peu plus haut que la plaine,
Ou le Rone impetueus
Embraſſe la Sone humeine
De ſes grands bras tortueus,
De la mignonne pucelle
Le plaiſant iardin eſtoit,
D'une grace & façon telle
Que tout autre il ſurmontoit :
En regardant la merueille
De la beauté nompareille
Dont tout il eſtoit armé,
Celui bien on l'uſt pù dire
Du iuſte Roy de Corcyre
En pommes tant renommé.
A l'entree on voyoit d'herbes,
Et de thin verfloriſſant,
Les lis & croiſſans ſuperbes
De notre Prince puiſſant :
Et tout autour de la plante
De petits ramelets vers
De marioleine flairante
Eſtoient plantez ces ſix vers :

DV TRESNOBLE ROY DE FRANCE
LE CROISSANT NEVVE ACROISSANCE
DE IOVR EN IOVR REPRENDRA,
IVSQVES A TANT QVE SES CORNES
IOINTES SANS AVCVNES BORNES
EN VN PLEIN ROND IL RENDRA.

Tout autour eſtoient des treilles
Faites auec un tel art,
Qu'aucun n'uſt ſù ſans merueilles
Là eſpandre ſon regard :
La voute en eſtoit ſacree
Au Dieu en Inde inuoqué,
Car elle eſtoit accoutree
Du ſep au raiſin muſqué :
Les coulomnes bien polies
Eſtoient autour enrichies
De Romarins & Roſiers,
Leſquels faciles à tordre
S'entrelaſſoient en bel ordre
En mile neus fais d'oſiers.
Au milieu pour faire ombrage
Eſtoient meints arceaus couuers
De Coudriers, & d'un bocage
Fait de cent arbres diuers :
Là l'Oliue paliſſante
Qu'Athene tant reclama,
Et la branche verdiſſante
Qu'Apolon iadis ayma :
Là l'Arbre droit de Cibelle,

Et le ceruerin rebelle
Au plaiſir venerien :
Auec l'obſcure ramee
Par Phebe iadis formee
Du corps Cypariſſien.
Sous cette douce verdure,
Soit en la gaye ſaiſon,
Ou quand la triſte froidure
Nous renferme en la maiſon,
Tarins, Roſſignols, Linotes
Et autres oiſeaus des bois
Exercent en gayes notes
Les dous iargons de leurs voix :
Et la vefue tourterelle
Y pleint & pleure à par elle
Son amoureus tout le iour :
De ſa parole enrouee
A pleints & à pleurs vouee
Efroyant l'air tout autour.
Et à fin qu'à beauté telle
Rien manquer on ne puſt voir,
De la beauté naturelle
Qu'un beau iardin peut auoir,
Il y ut une fonteine,
Dont l'eau coulant contre val
En ſautant hors de ſa veine
Sembloit au plus cler criſtal :
Elle ne fut point ornee,
Ny autour enuironnee

De beaus mirtes Cipriens,
Ny de buis, ny d'aucun arbre,
Ny de ce precieus marbre
Qu'on taille es monts Pariens :
Mais elle estoit tapissee
Tout l'enuiron de ses bors,
Ou son onde courroucee
Murmuroit ses dous acors,
D'herbe tousiours verdoyante,
Peinte de diuerses fleurs,
Qui en l'eau dousondoyante
Mesloient leurs belles couleurs.
Qui ust regardé la teste
D'un Narcisse qui s'arreste
Tout panchant le col sur l'eau,
On ust dit que son courage
Contemploit encor l'image
Qui trop & trop lui fut beau.
Aussi par cette verdure
Estoit le iaune Souci,
Qui encor la peine dure
De ses feus n'a adouci :
Ains touiours se vire & tourne
Vers son Ami qu'il veut voir,
Soit au matin, qu'il aiourne,
Ou quand il est pres du soir.
Là aussi estoient Brunettes,
Mastis, damas, violettes
Cà & là sans nul compas :

Auec la fleur, en laquelle
Hiacinte renouuelle
Son nom apres ſon treſpas.
Le ruiſſeau de cette ſourſe
A par ſoy s'ebanoyant,
D'une foible & lente courſe
Deça dela tournoyant
Faiſoit une protraiture
Du lieu ou fut renfermé
Le monſtre contre nature
En Paſiphaë formé :
Puis ſon onde entrelaſſée,
De longues erreurs laſſee
Par un beau pré s'eſpandoit :
Ou maugré toute froidure
Vne plaiſante verdure
Eternelle elle rendoit.
Titan laiſſant ſa campagne
Peu à peu ſous nous couloit,
Et dens la tiede eau' d'Eſpagne
Son char il deſateloit :
Quand en ce lieu de plaiſance
Louïze eſtoit pour un ſoir,
Qui cherchant reſiouiſſance
Pres la font ſe vint aſſoir :
Elle ayant aſſez du pouce
Taté l'harmonie douce
De ſon lut, ſentant le ſon
Bien d'accord, d'une voix franche

Iointe au bruit de ſa main blanche,
Elle dit cette chanſon :
La forte Tritonienne,
Fille du Dieu Candien,
Et la vierge Ortygienne,
Seur du beau Dieu Cynthien,
Sont les deus ſeules Deeſſes
Ou i'ay mis tout mon deſir,
Et que ie ſû pour maitreſſes
Des mon enfance choiſir.
Si Venus m'a rendu belle,
Et toute ſemblable qu'elle,
Auec ſa diuinité,
Que pourtant elle ne penſe,
Qu'en un ſeul endroit i'ofenſe
Ma chaſte virginité.
La pucelle Lionnoize
Fredonnant meints tons diuers,
Au ſon plein de douce noiſe,
N'ut deus fois chanté ces vers,
Qu'un ſommeil de courſe lente
Deſcendant parmi les Cieus,
Finit ſa voix excellente
Et ſon ieu melodieus.
Sur la verdure eſpandue
Tous dous il l'a eſtendue,
Flatant ſes membres diſpos :
Deſſus ſes yeus il ſe poſe,
Et tout ſon corps il arroſe
D'un treſgracieus repos.

En dormant tout deuant elle
Sa mere ſe preſenta,
En ſon beau viſage telle
Qu'alors qu'elle s'acointa
D'Anchiſe, pres du riuage
Du Simoent Phrygien:
Dont naquit le preus courage
Qui au camp Heſperien
Renouuella la memoire,
Et la trionfante gloire
Du ſang Troyen abatu,
Qui deuoit en rude guerre
Tout le grand rond de la Terre
Conquerir par ſa vertu.
Ell' regarde par merueille
Son viſage nompareil,
Son haut front, ſa ronde oreille,
Son teint freſchement vermeil,
Le vif coral de ſa bouche,
Ses ſourcis tant gracieus,
Que doucement elle touche
Pour voir les rais de ſes yeus:
Non ſans contempler encore
Celle beauté qui decore
La rondeur de ſon tetin,
Qui ni plus ni moins ſoupire
Qu'au printems le dous Zephire
Alenant l'air du matin.
Apres que la Cyprienne

Vt ſon regard contenté,
Voyant de la fille ſienne
La plus qu'humeine beauté,
Esbahie en ſon courage
De ſa grand' perfeccion,
Elle augmenta dauantage
Vers ell' ſon afeccion:
Puis toute gaye & ioyeuſe,
D'une voix treſgracieuſe,
Pour deſcouurir ſon ſouci,
Tenant les vermeilles roſes
De ſa bouche un peu deſcloſes
Elle parola ainſi:

Les Dieus n'ont voulu permettre
Aus vains penſers des mortels,
Que d'eus ils ſe puſſent mettre
A fin: bien que leurs autels
Soient tous couuers de fumee,
Ou pour gaigner leur faueur
Ou pour leur ire animee
Faire tourner en douceur,
Tous les veus pas ils n'entendent
Qui deuant leurs yeus ſe rendent:
Ains les ont à nonchaloir.
Veu ni priere qu'on face
N'y font rien, ſi de leur grace
Ils n'ont un meſme vouloir.

Que penſes tu fille chere,
Penſes tu bien reſiſter

Contre les dars de ton frere
S'il lui plait t'en molester ?
Il scet domter tout le monde
De son arc audacieus :
L'Ocean, la Terre ronde,
L'Air, les Enfers, & les Cieus.
Onq fille n'ut la puissance
De lui faire resistance,
Et ses fiers coups soutenir :
Mais ie te veus faire entendre
Pourquoy i'ay voulu descendre
Du Ciel, pour à toy venir.
Les hommes pleins d'ignorance,
Citoyens de ces bas lieus,
Te pensent de leur semence,
Et non de celle des Dieus :
Mais par trop ils se deçoiuent
(Bien qu'ils le tiennent pour seur)
Et assez ils n'aperçoiuent
De ta beauté la grandeur.
Qui diroit, voyant ta face,
Que tu fusses de la race
D'un homme simple & mortel?
La Terre sale & immunde,
Ne sauroit aus yeus du monde
De soy produire riens tel.
Tout ainsi la beauté rare
D'Heleine, chacun pensoit
Engendree de Tyndare :

Car on ne la connoiſſoit.
Toutefois ſi eſtoit elle
Fille du Dieu haut tonnant,
Qui ſa maiſon ſupernelle,
Le haut Ciel, abandonnant,
Atourné d'un blanc plumage,
Semblant l'Oiſeau qui preſage,
En chantant, ſa proche mort,
En Lede fille de Theſte
De ſa ſemence celeſte,
La conçut par ſon effort,
Auecques deus vaillans freres,
Dont l'un alaigre eſcrimeur
Domta les menaſſes fieres,
Et la trop âpre rigueur
Du cruel Roy de Bebrice,
Acoutumé d'outrager
Et meurtrir par ſa malice
Chacun ſoudart eſtranger:
L'autre de hardi courage,
Inuenta premier l'uſage
De ioindre au char le courſier:
Ou il ſe roula grand' erre,
Effroyant toute la terre
Des deus ronds bornez d'acier.
Ainſi, bien qu'on ne te donne
L'honneur d'eſtre de mon ſang,
Et du fier Dieu qui ordonne
Les puiſſans ſoudars en rang,

Si m'eſt ce choſe aſſeuree,
Que de Gradiue le fort
En moy tu fus engendree,
Ioingnant le gracieus bord,
Ou la Sone toute quoye
Fait une paiſible voye
S'en allant fendre Lion :
Dens lequel on voit encore
*Vn mont *, ou lon me decore,*
Qui retient de moy ſon nom.
Le lieu ou tu fus conçue
Ne fut vile ny chateau,
Ains une foreſt tiſſue
De meint plaiſant arbriſſeau,
Dont ie veus (en témoignage
De ta race) te pouruoir,
Ainſi que d'un heritage
Que ie tiens en mon pouuoir.
Là autour ſont meintes plaines,
Eſquelles les blondes graines
De Ceres pourras cueillir,
Et la liqueur qui agree
A Bachus, & meinte pree
Ou l'herbe ne peut faillir.
Là auſſi ſont meints bocages
Deça delà eſpandus,
Ou en tout tems les ramages
Des Oiſeaus ſont entendus.
Par fois tu y pourras tendre

** Le mont de Fouruicre anciennement apele forum Veneris.*

Le ret rare, à ton desir,
Et quelque gibier y prendre
Pour acroitre ton plaisir :
Ou t'exerçant à la chasse
Tu poursuiuras à la trace
Les Lieures fuians de peur,
De chiens autour toute armee,
Vagans dessous la ramee,
Se guidans à la senteur.
Et si par trop tu te peines
En trop violent effort,
De meintes cleres fonteines
Tu pourras auoir confort :
L'eau sortante de leur sourse
Tes membres refreschira,
Et la murmurante course
A son bruit t'endormira :
Apres chargee de proye,
Tu te pourras mettre en voye
Pour à ton chateau tourner,
Qu'en brief batir ie veus faire,
Sufisant pour te complaire
S'il te plait y seiourner.
Sur tout (fille) ie t'auise,
Que d'un cœur tant odieus
Ton frere tu ne mesprise,
C'est le plus puissant des Dieus
En ta beauté excellente
Meint homme il rendra transi,

Mais ſa main ne ſera lente
A te tourmenter auſſi.
Prens bien à ce propos garde,
Car ia deſia il te darde
Son tret âpre & rigoureus :
Dont il t'abatra par terre,
Rendant d'un homme de guerre
Ton tendre cœur amoureus.
En ce il prendra bien vengeance
Du bon Poëte Rommain,
Auquel ſans nulle allegeance
Ton cœur eſt trop inhumein.
Bien prendra à ta ieuneſſe
Auoir apris à ſoufrir
Des durs harnois la rudeſſe,
Et à meint trauail s'ofrir :
Souuent ſeras rencontree
Depuis la tarde veſpree
Iuſqu'au point du prochein iour,
Parmi les bois languiſſante,
Et tendrement gemiſſante
La grand' cruauté d'Amour.
Alors pour eſtre aſſeuree
Point en femme tu n'iras,
Ains d'une lance paree
Cheualier tu te diras.
Ia en ton harnois brauante
Ie te regarde aſſaillir
Meint cheualier, qui ſe vante

Hors de l'arçon te ſaillir :
Puis dextrement apreſtee,
Ayant ta lance arreſtee,
Le deſarçonner en bas,
Lui tout froiſse, à grand' peine
Leuer ſon arme incerteine,
Chancelant à chacun pas.
A ſi grans trauaus ton frere
Durement te contreindra,
Iuſqu'à ce qu'à la premiere
Liberté il te rendra :
Alors laiſſant les alarmes,
Et les hazars perilleus,
Tu rueras ius les armes,
Et le courage orguilleus,
Dont tu ſoulois mettre en terre
Meint vaillant homme de guerre
Renuersé ſous ſon eſcu,
Qui repentant en ſa face
De ſa premiere menaſſe
Tout haut ſe crioit vaincu.
Donq laiſſant dague & eſpee
Ton habit tu reprendras,
A plus dous ieus ocupee
Ton dous lut tu retendras :
Et lors meints nobles Poëtes,
Pleins de celeſtes eſprits,
Diront tes graces parfaites
En leurs treſdoctes eſcriz :

Marot, Moulin, la Fonteine,
Auec la Muſe hauteine
De ce Sceue audacieus,
Dont la tonnante parole,
Qui dens les Aſtres carole,
Semble un contrefoudre es Cieus
Toutefois leur fantaſie
Ton loz point tant ne dira,
Comme d'un la Poëſie,
Qui de l'onde ſortira
Du petit Clan, dont la riue
Priuee de flots irez
Ha en tout tems l'herbe viue
Autour des bors retirez.
De cil la Muſe nouuelle
Rendra ta grace immortelle :
Du Ciel il eſt ordonné
Qu'à lui le bruit de la gloire
De t'auoir miſe en memoire,
Entierement ſoit donné.
Qu'à ton cœur toujiours agree
Du Poëte le labeur :
Son eſcriture eſt ſacree
A tout immortel bonheur.
Ayant qui ton loz eſcriue,
Mourir ne peus nullement :
Ainſi Laure, ainſi Oliue
Viuent eternellement.
Vn Bouchet en façon telle,

Met en memoire immortelle
De ſon Ange le beau nom :
Sacrant l'Angelique face,
Sa beauté, ſa bonne grace,
Au temple du ſaint renom.
A tant la Deeſſe belle
Mit fin à ſon dous parler :
Son chariot elle atelle
Toute preſte à s'en voler :
Les mignonnes colombelles
Par le vague doucement
Esbranlent leurs blanches eſles
D'un paiſible mouuement.
Louïze eſtant eſueillee
Reſta toute eſmerueillee
De la ſainte viſion :
Ignorante ſi ſon ſonge
Eſt verité ou menſonge,
Ou quelque autre illuſion.
Son corps droit, ſa bonne grace,
Son dur teton, ſes beaus yeus,
Les diuins traits de ſa face,
Son port, ſon ris gracieus,
Le front ſerein, la main belle,
Le ſein comme albaſtre blanc
Montrent euidemment qu'elle
Sortit du Ciprien flanc.
Puis ſa vaillance & proueſſe,
Son courage, ſon adreſſe,

Et la force du bras ſien
De grand heur acompagnee,
La montrent de la lignee
Du Gradiue Thracien.
Mais d'autre part, ſa doctrine,
Sa ſageſſe, ſon ſauoir,
La penſee aus arts encline
Autant qu'autre onq put auoir :
Les vers doctes qu'elle acorde,
En les chantant de ſa voix,
A l'harmonieuſe corde,
Fretillante ſous ſes doits :
Et la chaſteté fidelle,
Qui touſiours eſt auec elle,
Nous rendent quaſi tous ſeurs
Qu'elle ut la naiſſance ſienne
De la couple Cynthienne,
Ou de l'une des neuf Seurs.
Toutefois il nous faut croire
Ce que nous diſent les Dieus,
Qui par la nuitee noire
Se montrent aus dormans yeus.
Ainſi Hector à Enee
En un ſonge s'aparut,
Et la ſienne deſtinee
En ſonge il lui diſcourut.
Souuent la future choſe
Du ſain eſprit qui repoſe
Eſt preuuë de bien loin :

Ce ſonge preſque incroyable,
Qui apres fut veritable,
En pourra eſtre témoin.
Mais il eſt tems douce Lire,
Que tu ceſſes tes acors.
Si aſſez tu n'as pù dire,
Si as tu fait tes effors.
Celle harpe Methimnoiſe,
Qui peut la mer eſmouuoir,
N'ut la Ninfe Lionnoize
Chanté ſelon ſon deuoir :
Non pas toute la Muſique
De celle bende Lirique
Qui (longtems ha) floriſſoit
En la Grece : qui meint Prince,
Meint païs, meinte Prouince,
De ſon chant reſiouiſſoit.

FIN.

Le Priuilege du Roy.

HENRI par la grace de Dieu Roy de France.

A notre Preuot de Paris, & Seneſchal de Lionnois, ou leurs Lieutenans, & à chacun d'eus ſi comme à lui apartiendra, Salut & dileccion. Reçue auons l'humble ſuplicacion de notre chere & bien aymee Louïze Labé, Lionnoize, contenant qu'elle auroit des long temps composé quelque Dialogue de Folie & d'Amour: enſemble pluſieurs Sonnets, Odes & Epitres, qu'aucuns ſes Amis auroient ſouztraits, & iceus encores non parfaits publiez en diuers endroits. Et doutant qu'aucuns ne les vouſiſſent faire imprimer en cette ſorte, elle les ayant reuuz & corrigez à loiſir les mettroit volontiers en lumiere, à fin de ſuprimer les premiers exemplaires: mais elle doute que les Imprimeurs ne ſe vouſiſſent charger de la deſpenſe ſans eſtre aſſeurez qu'autres puis apres n'entreprendront ſur leur labeur. POVRCE EST IL : *que nous inclinant liberalement à la requeſte de ladite ſupliante, lui auons de notre grace ſpeciale donné Priuilege, congé, licence & permiſſion de pouuoir faire imprimer ſeſdites Euures cy deſſus mencionnees, par tel Imprimeur que bon lui ſemblera. Auec inibicions & defenſes à tous Libraires, Imprimeurs & tous autres qu'il apartiendra, de non Impri-*

mer ne faire Imprimer, vendre ne faire vendre & diſtribuer ledit Liure cy deſſus declairé, ſans le vouloir & conſentement de ladite ſupliante, & de celui à qui premierement elle en aura donné la charge, dans le tems de cinq ans conſecutifs, faits & acomplis : commençans au iour & date que ledit liure ſera acheué d'imprimer, ſans qu'il ſoit libre à autres Imprimeurs ou Libraires, & autres perſonnes quels qu'ils ſoient, & pour quelque impreſſion que ce ſoit : ſoit grande ou petite forme, les pouuoir imprimer ou faire imprimer, & expoſer en vente, ſinon de ceus que ladite ſupliante aura fait ou fera faire imprimer, que leſdis cinq ans ne ſoient expirez, finiz & accomplis. Et ce, ſur peine de confiſcacion deſdis Liures, & d'amende arbitraire. De ce faire vous auons donné pouuoir & mandement ſpecial par ces preſentes. Mandons & commandons à tous nos Iuſticiers, Officiers & ſugets, que à vous ce faiſant ſoit obeï : car tel eſt notre plaiſir. Donné à Fonteinebleau le XIII *iour de Mars, L'an de grace mile cinq cens cinquante quatre. Et de notre regne le* VIII.

Par le Roy en ſon conſeil.

Robillart.

TESTAMENT

DE LOVÏZE LABE'

Av nom de Dieu, amen. A tous ceux qui ces prefentes lettres verront, Nous garde du fcel commun royal eftabli aux contracts du bailliage de Mafcon & fenechauffee de Lyon, fçauoir faifons que par deuant Pierre de la Foreft, notaire & tabellion royal à Lyon deffoubs figné, & en prefence des tefmoins aprez nommez, a efté prefente dame Loyfe Charlin dite Labé, veuue de feu fire Ennemond Perrin, en fon viuant bourgeois citoyen habitant à Lyon, laquelle faifant de fon bon gré & ame pieufe & pure volonté, fans force ni contrainte, mais de fa liberale volonté, confiderant qu'il n'eft rien fi certain que la mort ni moins incertain que l'heure d'icelle, ne voulant de ce monde deceder fans tefter & ordonner des biens qu'il a plu à Dieu lui donner en ce mortel monde, afin que, aprez fon decez & trefpas, differend n'en aduienne entre fes fucceffeurs: à ces caufes & aultres confiderations à ce la mouuant, ladite teftatrice, aprez auoir reuoqué comme elle reuoque, caffe & adnulle tous & chacuns fes aultres teftaments qu'elle pourroit auoir fait de bouche ou par efcript, & aprez auoir declaré comme elle declare que ce prefent fon teftament foit valable par forme de teftament nuncupatif, teftament folempnel, par forme de codicile, donation à caufe de mort & aultrement comme mieulx il pourra & debura valoir felon les droits, loix canoniques & aultres us & couftumes introduictes en faueur des teftateurs, a fait fon teftament & ordonnance de derniere volonté de tous & chacuns fes biens meubles & immeubles prefents & aduenir quelconques, en la forme & maniere qui s'en fuit: & premierement ladite teftatrice, comme bonne & loyale chreftienne, a recommandé fon ame à Dieu le createur, le priant, par la mort & paffion de fon feul fils Iefus Chrift, recepuoir fon ame, & la colloquer en fon royaume de Paradis, par l'interceffion de fa treffacree mere, faints & faintes, & pour à ce paruenir s'eft munie du feing de la croix †, difant: Au nom du Pere, du Fils, & du Saint

Efprit. *Item*, ladite teftatrice, en cas qu'elle decede en cette ville de Lyon, eflit la fepulture de fon corps en l'eglife de N.-D. de Confort, & ou decedera ailleurs, veult eftre enterree en la paroiffe du lieu ou elle decedera, & veult eftre enterree fans pompe ni fuperftitions, à fçauoir de nuict, à la lanterne, accompagnee de quatre preftres, outre les porteurs de fon corps, & ordonne eftre dites en l'eglife du lieu ou elle decedera, une grande meffe à diacre & foubfdiacre, & cent petites meffes continuellement iufques à huit iours apres fon decez, & veult que femblable feruice foit fait l'an reuolu de fon decez & donne à l'eglife ou elle fera enterree la fomme de 100 liures pour une fois, à fçauoir 25 liures pour faire lefdits feruices, & le refte pour employer en reparations, laquelle fomme elle veult eftre payee auxdits defferuiteurs, à fçauoir 12 liures 10 fols apres fon decez, aultres 12 liures 10 fols pour ledit feruice, auec le furplus defdites 100 liures pour lefdites reparations, dans l'an aprez fon decez que ledit feruice fera fait. *Item*, ladite teftatrice, efmeue de deuotion, a doté, fondé & legué à ladite eglife de Parcieu en Dombes une penfion annuelle & perpetuelle d'une afnee vin & une mefure bled froment bon, pur & marchand, mefure dudit lieu, laquelle penfion elle impofe fur fa grange & tenement qu'elle a audit lieu de Parcieu en Dombes, & veult eftre payee aus S[rs] defferuiteurs par chacun an, à chacune fefte de S. Martin d'hiuer, à commencer à la prochaine fefte de S. Martin aprez le decez de ladite teftatrice, à la charge que lefdits deſſeruiteurs & leurs ſucceſſeurs feront tenus dire & celebrer perpetuellement, ou par chacune ſemaine, une meſſe baſſe en ladite egliſe, à ſon intention, & de ſes parents & amys, à commencer dans la ſemaine aprez ſon decez. *Item*, ladite teſtatrice, pour charité, pitié, aumoſne, a legué & donné aux pauures la ſomme de 1,000 liures de fonds, auec les dons au proufit de cinq pour cent ou aultre proufit qu'il plaira au roy donner à cauſe de ladite ſomme, & icelle prendra ſur le credit de plus grand somme qu'elle a au grand party du roy ſoubs le nom du Sr Thomas Fortin (ou Fourtin), & duquel elle a cedulle, lequel credit doibt eſtre aſſigné ſur la ville de Rouan à raiſon de cinq pour cent, laquelle ſomme de fonds ou dons & reuenus ladite teſtatrice veult eſtre diſtribuee aux pauures par ledit Fortin, lequel elle prie d'en prendre la charge, & aprez le decez d'iceluy Fortin, & ou ladite ſomme par lui n'auroit pas eſté diſtribuee, en laiſſe la charge aux recteurs de l'Aumoſne generale de cette ville de Lyon, ainſy que leſdits Fortin & recteurs verront eſtre plus charitable. *Item*, ladite teſtatrice a donné & legué, pour aider à marier trois pauures filles, à chacune la ſomme de 50 liures tournois à prendre ſur les premiers deniers de la rente du reſte de ſondit credit du roy, en laiſſant la nomination & eſlection, diſtribution & deliurance deſdits deniers, ladite teſtatrice en laiſſe la charge aux ſieurs recteurs de l'Aumoſne generale de Lyon. *Item*, ladite teſtatrice a donné & prelegué en principut & aduantage à Pierre Charly dit Labé ſon nepueu & l'un de ſes heritiers aprez nommez, le reſte des deniers, que icelle teſtatrice a audit grand party ſous le nom dudit Sr Thomas Fortin, qui eſt tout ce qui reſte, deſduit les 1,000 liures leguees auxdits pauures & les 150 liures tournois pour les dons leguez pour marier pauures filles, pour dudit reſte d'iceluy credit, tant de principal que de dons, faire & diſpoſer par ledit Pierre Charly comme de ſa choſe propre, & ſans qu'il ſoit tenu le rapporter ou conferer à la maſſe d'hoyrie de ladite teſtatrice auec ſes heritiers ou coheritiers, le faiſant en ce ſon heritier particulier. *Item*, ladite teſtatrice donne & legue à quatre filles d'un nommé Villard de Parcieu ſon voiſin, à chacune d'elles une robbe iuſques à 5 liures tournois, leſquelles leur veult eſtre deliurees ou elles ſuruiuront à ladite teſtatrice, incontinent aprez ſon decez & treſpas, pour une fois, & non aultrement. *Item*, ladite teſtatrice donne & legue à Antoinette, femme de Pierre Valiant tiſſotier, iadis ſeruante de ladite teſtatrice, la ſomme de 100 liures tournois, laquelle luy veult eſtre payee pour une fois aprez le decez de ladite teſtatrice. *Item*, donne & legue icelle teſtatrice à une ſienne chambriere qu'elle a dit eſtre nommee Pernette, ieune fille, la ſomme de 50 liures, laquelle luy veult eſtre payee pour une fois lorſqu'elle ſera mariee, & cas demeurant que ladite Pernette decedaſt ſans eſtre mariee, donne & legue ladite ſomme aux pauures à la nomination dudit Fortin, & aprez luy, deſdits recteurs. *Item*, donne & legue icelle teſtatrice à aultre Pernette ſa vieille chambriere qu'elle tient à la grange de Parcieu, une penſion viagere de 10 liures, d'un poinçon de trois aſnees de vin & d'une aſnee bled froment, le tout bon, pur, net & marchand, meſure dudit lieu, laquelle veult eſtre payee à ladite Pernette, & tant qu'elle viura, par ſeſdits heritiers & ſubſtituez aprez nommez, par chacun an, à commencer aprez le decez d'icelle teſtatrice: declarant icelle teſtatrice auoir 18 liures tournois appartenant à ladite Pernette, tant pour reſte de ſes gages que deniers qu'elle lui a baillez en garde, laquelle ſomme lui veult eſtre reſtituee apres le decez de ladite teſtatrice. *Item*, ladite teſtatrice a donné & legué à Iacqueſme Ballaſſon, iadis ſon iardinier, lequel demeure en la paroiſſe de Parcieu, une penſion annuelle & viagere de deux aſnees bled froment, bon, pur & marchand, meſure du lieu, laquelle elle veult eſtre payee audit Iacqueſme & à ſes enfants, tant qu'ils viuront, & non plus aultrement, aprez le decez de ladite teſtatrice, & veult & entend icelle teſtatrice que ladite penſion puiſſe eſtre rachetee par ſes heritiers & ſubſtituez, en payant audit Ballaſſon ou à ſeſdits enfants, la ſomme de 100 liures tournois, quand bon ſemblera à ſes heritiers. *Item*, ladite teſtatrice donne & legue à Claude Chomel ſon ſeruiteur, pour une fois, la ſomme de 10 liures tournois, laquelle veult lui eſtre payee aprez ſon decez: declarant eſtre debitrice audit Chomel de 30 liures tournois, tant pour reſte de ſes gages que pour deniers qu'il luy a baillez en garde, leſquelles 30 liures tournois luy veult eſtre reſtituees aprez ſon decez. *Item*, la meſme teſtatrice donne & legue à Benoiſt Frotté, ſon grangier dudit lieu de Parcieu, la ſomme de 10 liures, à la femme dudit grangier & à la niepce de la grangiere, à chacune une cotte iuſques à 5 liures tournois, leſquelles leur veult eſtre payees reſpectiuement & aprez ſon decez. *Item*, ladite teſtatrice, pour bonnes conſiderations, à ce la mouuant, a donné & legué, donne & legue par ces preſentes, audit Sr Thomas Fortin, marchand florentin, demeurant audit Lyon, les uſufruicts, proufits, reuenus & iouïſſance de la grange & tenement qu'elle a audit lieu de Parcieu, en quoy que ladite grange conſiſte, ſoit en meſonnaiges, baſtiments, iardins, fonds, heritages & immeubles quelconques, & tant celle ou ladite teſtatrice a couſtume habiter que celle ou elle tient ſon grangier, auec toutes les penſions qui ſont dues à ladite teſtatrice tant audit lieu de Parcieu que lieux circonuoiſins, qui peuuent monter à la quantité de vingt aſnees bled par chacun an, ou enuiron, pour en iouïr & uſer par ledit Fortin & les ſiens, & autres qu'il plaira audit Fortin legataire ordonner aprez ſon decez, pendant & durant le temps de vingt ans continuels & conſecutifs à compter du iour du decez de ladite teſtatrice: tant ſeulement & outre ce, donne & legue audit Fortin & aux ſiens ſuſdits, pendant ledit temps de vingt ans, l'uſage & iouïſſance des biens meubles d'icelle teſtatrice, de quelque qualité, nature & condition qu'ils ſoyent & qu'ils ſeront, tant en ſadite grange que celle ou habite ſon grangier audit lieu de Parcieu, & veult & entend icelle teſtatrice que ledit Fortin legataire &

les ſiens ſuſdits puiſſent incontinent aprez le decez de ladite teſtatrice prendre & apprehender la poſſeſſion & iouïſſance reelle & actuelle des choſes ci-deſſus leguees, ſans recognoiſſance & cauſe de benefice d'inuentaire, ne aultre requiſition: mais prohibe & deffend expreſſement à ſeſdits heritiers & ſucceſſeurs aprez nommez & à tous aultres n'empeſcher ledit Fortin & les ſiens ſuſdits en ladite poſſeſſion & iouïſſance reelle & actuelle deſdites maiſon & grange, en l'eſtat qu'elle ſera hors dudit decez, & tout ainſy qu'elle ſe trouuera meublee & garnie, & ſans que iceluy Fortin, comme uſufruictier ou aultrement, ſoit tenu de preſter aucune caution, ne preſter & rendre aucun compte & reliquat deſdits biens meubles, & à ces fins venant le decez de ladite teſtatrice, icelle teſtatrice, pour le faict dudit uſufruict a transferé & tranſporte en la perſonne dudit Fortin & des ſiens ſuſdits, tous droicts & proprieté de poſſeſſion pour le temps ſuſdit, & au cas ou leſdits heritiers ſoubſnommez vinſſent à troubler ou à empeſcher ledit Fortin & les ſiens ſuſdits, en la iouïſſance actuelle deſdits biens leguez, ou qu'ils le voulſiſſent contraindre à faire inuentaire, bailler caution, ou de les prendre par les mains deſdits heritiers, en ce cas ladite teſtatrice a reuoqué & reuoque l'inſtitution d'heritier faite au proufit de ſeſdits heritiers aprez nommez: en ce cas a inſtitué & inſtitue & nomme de ſa propre bouche ſes heritiers uniuerſels en tous ſes biens, les pauures de l'Aumoſne generale de cette ville de Lyon: car telle eſt la volonté d'icelle teſtatrice. *Item*, donne & legue à Germain Borgne de Cahors, cordonnier habitant à Lyon, quatre afnees bled froment, bon, pur & marchand, lefquelles luy veult eftre deliurees aprez fon decez. *Item*, ladite teftatrice a donné & legué & par droit d'inftitution à tous autres pretendans auoir droit fur fefdits biens, la fomme de 5 fols tournois, laquelle leur veult eftre payee, & à chacun d'eulx pour une fois, aprez le decez d'icelle teftatrice, & à ce les a faits & inftituez par chacun d'eulx fes heritiers particuliers, fans pouuoir aultre chofe quereller ne demander fur fefdits biens. *Item*, ladite teftatrice a declaré & declare eftre debitrice des fommes fuiuantes, à fçauoir, à M. Iacques....., apothicaire à la Grenette, de 8 liures ou enuiron, à Benoift Bertrand, en rue Salnerie, d'autres 8 liures pour vente de carrons, & preft de........, de 60 liures 1 fol pour refte d'une terre que modernement elle a acquife de luy, & finalement ladite teftatrice au refidu de tous & chacuns fefdits biens meubles & immeubles, prefents & aduenir quelconques, defquels elle n'a cy deffus difpofé ni ordonné, a fait, conftitue, creé & nommé, & par ces prefentes fait, conftitue, cree & nomme de fa propre bouche fes heritiers uniuerfels, à fçauoir, fes bien-aimez Iacques Charlin dit Labé & ledit Pierre Charlin fon frere, nepueux de ladite teftatrice & enfants de feu François Charlin dit Labé fon frere, demeurans à Lyon, & chacun d'eulx, par moitié & egale portion, & leurs enfants mafles, naturels & légitimes & de chacun d'eulx, & cas aduenant que fefdits nepueux heritiers fufdits ou leurs enfants masles vinssent à deceder sans enfants masles & legitimes, audit cas & iceluy aduenant, ladite testatrice a substitué & substitue en tous sesdits biens, les filles descendans du degré de sesdits heritiers, pour iouïr par elles des biens de ladite testatrice, leur vie & de chacune d'elles durant, & aprez le decez de sesdits nepueux & heritiers, ou de leurs enfants masles & de leursdites filles, au cas que sesdits nepueux ou leurs enfants masles decedassent sans enfants masles, audit cas & iceluy aduenant, ladite testatrice a substitué & substitue en sesdits biens les pauures de l'Aumosne generale de cette ville de Lyon, à la charge de payer & acquitter ses dettes, legats & frais funeraires, de les accomplir sans aucune exception ne figure de procez, declarant par exprez ladite testatrice qu'elle n'a voulu ne entendu, mais a expressement prohibé & deffendu, & deffend par ces presentes, tant à sesdits heritiers que substituez, l'alienation de ses biens ou partie d'iceulx, & toute distraction de quarte trebellianique, parce qu'elle veult sesdits biens estre conseruez en sa maison & famille, pour en défaut d'icelle paruenir auxdits pauures, en faueur desquels ladite prohibition a esté par elle faite. Ladite testatrice a fait par ces presentes executeur de ce present son testament ledit Sr Thomas Fortin, auquel elle donne pouuoir & puissance de prendre de sesdits biens pour l'entier accomplissement de cedit present son testament : priant & requerant ladite testatrice les tesmoins aprez nommez d'estre records de cette presente ordonnance de derniere volonté, la tenir ſecrette iuſques à ce qu'il plaira à Dieu l'auoir appelee, & aprez en porter bon teſmoignage en temps & lieu : priant auſſy & requerant ledit notaire & tabellion royal deſſoubs ſigné de la rediger par eſcript, la minuter & eſtendre au long la ſubſtance de fait nous meſme, & aprez en faire expedition à qui appartiendra, moyennant ſalaire competent. Fait & paſſé à Lyon en la maiſon d'habitation du Sr Thomas Fortin, ladite teſtatrice eſtant au lit malade le ſamedi 28e iour d'apuril 1565 : preſents Bernardo Rappoty, Antoine Panſy, florentin, Martin Preuoſt, apothicaire, Me Claude Alamani, maiſtre ez arts, Germain Vacque, cordonnier, Pierre Maliquet, couſturier, Claude Paniſſera, piedmontois, tous demeurans à Lyon, teſmoins appellez & requis, laquelle teſtatrice, enſemble leſdits Rappoty, Panſy, Alamani, Paniſſera & Preuoſt ont ſigné, & non leſdits Maliquet & Vaque, ne ſçachant ſigner, deuement requis, ſuiuant l'ordonnance.

BIBLIOGRAPHIE

BIBLIOGRAPHIE

EVVRES DE LOVÏZE LABÉ LIONNOIZE. *A Lion par Ian de Tournes* MDLV *auec Priuilege du Roy*, p. in-8° 173 pp. plus un f. non chiffré, comprenant : Epitre dédicatoire — *Debat de Folie & d'Amour* par Louïze Labé lyonnoize — Trois Elegies — Vingt-quatre sonnets. Au revers de la p. 123 est écrit : *Fin des Œuures de Louïze Labe lionnoize* — *Aus poëtes de Louïze Labe.* Sonnet — *Escriz de diuers poëtes à la louange de Louïze Labé lyonnoize* (24 pièces commençant par une ode grecque) — au revers de la p. 173 : indication de quatre « fautes à corriger en l'impression » et cette mention : « Acheué d'imprimer ce 12 aouft MDLV. » — Le f. suivant non chiffré est occupé R., et V° par le privilège du Roy. — La prose est imprimée en caractères romains, et les vers en italiques.

EVVRES DE LOVÏZE LABÉ LIONNOIZE *reuues et corrigées par ladite Dame.* A LION PAR IAN DE TOURNES MDLVI. Auec priuilège du Roy. P. in-8°, 173 p. chiffrées. Les pp. 174 et 175 non chiffrées contiennent le Priuilège. — Les quatre fautes indiquées au revers de la p. 173 de l'édition de 1555, sont corrigées à leur place et le privilège du roi occupe ce revers et le R° du f. suivant. Le fleuron au V° du f. 4 est plus riche et plus neuf que celui de l'édition précédente. Quelques bandeaux et une lettre ornée sont changés. — Les variantes sont indiquées dans nos *Notes et variantes*.

EVVRES DE LOVÏZE LABÉ LIONNOIZE, *à Lion par Ian de Tournes.* MDLVI. *Auec priuilege du Roy*, p. in-16, 88 f. — Le volume est tout entier imprimé en caractères ronds mais le caractère des vers est plus petit que celui de la prose. — L'ode grecque et le privilège du Roi font défaut.

EVVRES DE LOVIZE LABE LIONNOIZE DU DEBAT DE FOLIE ET D'AMOVR *(sic) à Rouen par Ian Garou* 1556 in-16. Imitation de l'édition de Jean de Tournes, avec la prose en romains et les vers en italiques.

ŒUVRES DE LOUIZE CHARLY, LYONNAISE, DITE LABÉ SURNOMMÉE LA BELLE CORDIÈRE. *A Lyon, chez les frères Duplain libraires.* MDCCLXII. Illustration de Nonote. — Réédition d'un exemplaire de 1556, possédé par M. de Fleurieu que l'on croit avoir tenu la plume pour la rédaction de la notice due à la collaboration de plusieurs savants Lyonnais. On a ajouté aux *Escriz de divers poëtes* une ode de Pelletier du Mans.

EUVRES DE LOUIZE LABÉ LIONNOISE SURNOMMÉE LA BELLE CORDIÈRE. *A Brest de l'imprimerie Michel.* 1815. La notice est celle de l'édition de 1762. Les *Escriz* sont groupés suivant leur genre : Odes, Épitres, Sonnets etc.

EVVRES DE LOVIZE LABÉ LIONNOIZE, *à Lion par Durand et Perrin.* MDCCCXXIIII. In-8° LXX. 328 p. Notice non signée de Cochard; notes et glossaire de Breghot du Lut. Malgré sa tournure un peu vieillotte cette édition est encore ce qu'on a fait de mieux jusqu'à ce jour et les éditions suivantes n'en sont généralement que des *réductions* plus ou moins heureuses.

Œuvres de Louise Labé Lyonnaise. — *Édition publiée par L. Boitel. A Lyon chez les principaux libraires. — Paris, Techener, place du Louvre,* MDCCCXLV. — Il a été fait plusieurs tirages de ce titre, avec variante à chaque tirage. — Notice insignifiante de F. Z. C. (Collombet). Les œuvres de Louise Labé sont publiées dans un autre ordre que celui qu'avait adopté Jean de Tournes, et avec une orthographe de fantaisie — On y a ajouté, pour la première fois, le testament de Louise Labé. — Cette édition a le mérite d'avoir servi de prétexte à Ste-Beuve (*Revue des Deux-Mondes,* 15 mars 1845) pour « réparer, envers Louise Labé, un oubli, une légèreté involontaire, qu'un critique ami (M. Patin), dit-il, nous reprochait dernièrement avec grâce. »

Evvres de Lovize Labé Lionnoize. MDCCCL. — *Paris, imprimé par Simon Raçon et Cie.* In-8°, 198 p. — Édition publiée par Cailhava et par J.-B. Monfalion, auteur de la notice biographique.

Œuvres de Lovize Labé. *N. Scheuring, libraire-éditeur, Lyon.* MDCCCLXII. — In-8° XIV 186 p. Notice anonyme attribuée à Allut. C'est à propos de cette édition que Sainte-Beuve (*Constitutionnel* du 23 février 1863) a refait son étude de 1845 sur Louise Labé.

Œuvres de Lovize Labe. *Paris, librairie Tross...* MDCCCLXXI. In-8°. Cette édition est sans notes ni notice et semble avoir été faite uniquement pour employer de magnifiques caractères de civilité.

Œuvres de Louise Labé *publiées avec une étude et des notes par Prosper Blanchemain. Paris, librairie des bibliophiles, rue St-Honoré* 338. MDCCCLXXV, p. in-8°, XXXVI. 220 p.

Parmi les éditions partielles des Œuvres de Louise Labé, il en est deux qui méritent une mention particulière.

La première est intitulée : *Histoire & amours pastoralles de Daphnis & Chloé escrite premièrement en grec par Longus & maintenant mise en françois : ensemble un débat iudiciel de Folie & d'amours, fait par Dame L. L. L.* (Louise Labé, Lyonnaise) *: plus quelques vers françois, lesquels ne sont moins plaisans que recreatifs. P. M. D. R. poetevine* (par Mlle des Roches, poitevine). *A Paris, chez Iean Parent, rue St-Jacques,* 1578, *auec priuilege.* (IV *et* 132 *f.*)

Un exemplaire de cet ouvrage rarissime était inscrit sous le n° 168 dans la bibliothèque de Pont de Vesle. Il passa ensuite dans celle de M. de Soleinne, qui le prêta à M. Breghot du Lut en 1825; puis il fit partie de la bibliothèque Coste (n° 955) et enfin il figura à la vente Yéméniz (n° 2232). L'épitre dédicatoire est signée I. P. P. (sans doute Jean Parent, parisien). La traduction du Longus est celle d'Amyot 1549.

A la suite du *Debat de Folie & d'Amour* sont imprimées la *Louange des eaux* de Mlle des Roches et la pièce de Baïf : *Que faites-vous, mes compagnons* etc., avec ce titre : *D. L. L. à ses amis, des gracieusetés pour elles receües.*

L'autre édition partielle a pour titre : *Sounet de Louviso Labè e rimo a sa lausour revira dou francès en prouvençau o de l'italian en francès,* pèr A. de Gagnaud. Dans cet ouvrage (imprimé en 1882 chez les frères Hamelin, de Montpellier), le sonnet italien de Louise Labé est traduit en français, et les sonnets VIII, IX, XIV et XXIV, ainsi qu'un fragment de la III° élégie sont traduits dans la langue de *Mireille*. L'auteur, M. de Berluc-Pérussis, un fin ciseleur de sonnets, a mis à la suite de cette traduction, celle du sonnet d'Olivier de Magny *Des beautés de D. L. L.*, du sonnet de Joséphin Soulary *Louise Labé* et du sonnet italien *Qui dove in braccio*. Cette curieuse publication s'ouvre par une préface en prose provençale et une dédicace en vers provençaux aux dames de Montpellier, et elle se termine par deux sonnets français sur *Le Manoir de Clémence de Bourges* et *Les Jardins du Sacré-Cœur*, de Villeurbanne.

Voici la traduction en vieux français du sonnet italien de Louise Labé :

Ulysse ni personne mieulx prudente
N'auroit predict que de ce doux aspect
Tant plein de grâce et d'honneur et respect,
Le mal naistroit qui mon âme tourmente.

De toy, Amour, ma poitrine innocente,
Où ton ardeur son logis avoit faict,
Par ces beaux yeux feust percée d'un traict
Sans garison, fors qu'en toy je la sente,

Estrange sort, tel si le dard me poinct
D'un scorpion, et remède n'ay poinct
Si n'est le sien, qu'avecques soy il porte.

Je le requiers de me bailler soulas,
Mais n'esteignant desir qui me conforte,
Lequel failli, tost sonneroit mon glas.

Pour mémoire il faut citer : Le *Parnasse des Dames*, 1773. Les Œuvres choisies de Louise Labé y sont imprimées en beau langage. — *Annales poétiques*, 1778. Les poësies de Louise Labé se trouvent dans le tome IV (notice de Sautereau de Marsy). — *Les poëtes français depuis le deuxième siècle jusqu'à Malherbe*, 1824. — Louise Labé, t. IV.

Enfin, pour terminer cette bibliographie, voici un passage de l'*Almanach de Lyon*, de 1790, p. 36. Il s'agit de la description du drapeau d'un des 28 bataillons de la garde nationale :

BATAILLON BELLE CORDIÈRE.

« Louise Charly, femme d'un cordier, fit, en 1550, un poëme sur la liberté. Sa beauté et sa science ont formé l'emblème suivant :

« La belle Cordière est vêtue simplement, assise sur un lion ; une guirlande de fleurs lui descend de l'épaule gauche au côté droit; de la main droite elle tient une pique entrelassée de lis, et surmontée du chapeau de GUILLAUME TELL, *restaurateur de la liberté Helvétique;* à ladite pique est encore adapté un ruban sur lequel est cette légende :

Tu prédis nos destins, Charly, belle Cordière,
Car pour briser nos fers tu volas là première.

« De l'autre côté du ruban est gravé :

Belle Cordière, ton espoir n'était pas vain.

« Au chapeau de Guillaume Tell est le panache aux trois couleurs. De la main gauche, Louise Labé tient son poème sur la liberté Françoise, qui est appuyé sur un globe terrestre. Le lion tient sous une de ses pattes le livre de la Constitution; à côté est l'autel de la patrie, où brûle le feu du patriotisme; d'un côté est une plante d'olivier, signe de la paix, et de l'autre une de laurier, signe de la gloire; des livres en désordre sont à ses pieds, qui désignent sa science. »

Inutile de dire que seuls parmi les bibliophiles, les gardes nationaux de 1790 ont eu connaissance de ce poème sur la liberté, composé en 1550 par la Belle Cordière.

Les derniers éditeurs ont cru pouvoir ajouter aux œuvres de Louise Labé un sonnet qui figure en tête des *Amours* d'Olivier de Magny, quatorze vers sur le tombeau d'Hugues Salel attribués à *Castianire*, la bien-aimée du poëte quercinois, et un sonnet d'une écriture du XVIe siecle, trouvé sur les gardes d'un Nicandre (Paris, G. Morel, 1557) et portant en titre : *Sonnet de la Belle C...* L'attribution de ces trois morceaux — fort peu remarquables du reste — à Louise Labé n'ayant paru nullement justifiée, on n'a cru devoir ni les ajouter au texte, ni même les reproduire ici.

NOTES ET VARIANTES

NOTES ET VARIANTES

A M. C. D. B. L.

P. 3, l. 1. — A. M. C. D. B. L. C'est-à-dire, comme nous l'apprend un contemporain, *A Mlle Clémence De Bourges Lyonnoiſe*. L'édition de 1555 indique seulement A. M. C. D. B. — On trouvera dans le second volume des renseignements détaillés sur la famille de Bourges.

P. 3, l. 15. — Var. : *Ne nous pourra eſtre oté.*
1555 : *Ne nous aura pas oté.*

P. 4, l. 1. — Var. : *Force d'ennemis.*
1555 : *Par ennemis.*

P. 4, l. 2. — Var. : *Si c'euſſe eſté.*
1555 : *Car ayant eſté.*

P. 4, l. 5. — Var. : *Plus d'exemple.*
1555 : *Tant d'exemple.*

P. 4, l. 21. — Var. : *Ils n'ayent honte voir preceder celles desquelles ils...*

1555 : *Ils n'ayent honte voir preceder les Dames sur lesquelles ils...*

P. 4, l. 23. — Var. : *Pource, nous faut il animer l'une l'autre à si louable entreprise : De laquelle ne devez eslongner ni espargner.*

1555 : *Pource, nous faisons armer l'une l'autre a si louable entreprise pour laquelle ne devez esloigner ni distraire.*

P. 4, l. 25. — Var. : *De plusieurs & diverses graces.*

1555 : *De plusieurs & diverses idees.*

P. 5, l. 12. — Var. : *Si ne nous peut il remettre en telle disposicion... etc.*

1555 : *Si ne nous voulons remettre en telle disposicion que ja nous estions : & quelque imaginacion qui vienne nous imprimions en la teste, si ne fassons nous bien que ce n'est qu'une imaginacion...*

DEBAT DE FOLIE ET D'AMOVR

P. 9, l. 8. — *Atacher à moy,* attaquer à moy.

P. 10, l. 11. — *Vendre tes coquilles,* allusion à la vente de coquillages que faisaient les pèlerins à leur retour des lieux saints.

P. 11, l. 17. — *En route,* en déroute.

P. 34, l. 13. — Apollon cite la Bible. Dans sa réplique, Mercure fera de même.

P. 35, l. 4. — *Animant*, un être animé. La nuance qui existait alors entre *animants* et *animaux* est aujourd'hui perdue.

P. 35, l. 7. — Var. : « de tout aymé.

P. 41, l. 16. — *Se couchant en chapon le morceau au bec*, de très bonne heure et au dernier morceau.

P. 42, l. 17. — Les éditions originales portent cette leçon ; il semblerait plus naturel d'écrire : « On panse un malade. »

P. 44, l. 13. — Dans les éditions originales on trouve *ils contregardent*, qui est une faute d'impression ; il faut : *elles contregardent*.

P. 52, l. 19. — L'amitié de Vénus et de Mercure était célèbre dans l'antiquité ; plusieurs temples leur ont été dédiés en commun.

P. 53, l. 14. — Il y avait dans le forum une statue d'Apollon.

P. 55, l. 4. — La plus petite des deux éditions de Jean de Tournes 1556, contient en cet endroit une faute typographique : « Il *ne* s'en eſt mis en ſon plein deuoir. »

P. 55, l. 14. — La Folie, comme déesse, était inconnue dans l'Olympe des anciens. C'est Érasme, dans son *Encomium Moriæ*, qui nous la représente comme une fille de la Jeunesse ; encore Érasme — qui, du reste, a écrit plutôt la satire des fous que l'éloge de la Folie — est loin de nous en faire une personne vivante semblable à celle que nous voyons parler et agir dans l'œuvre de Louise Labé.

P. 57, l. 20. — Ce très curieux passage du *Débat*, consacré aux Rois et aux Grands, a pu tomber sous les yeux d'un garde national lettré de 1790 — une édition des œuvres de Louise Labé ayant été publiée à Lyon en 1762 — et la légende d'un poème « *sur la liberté* », écrit par la Belle Cordière, trouverait peut-être là un commencement d'explication. (Voyez, dans le présent volume, le chap. *Bibliographie*, page 183.)

P. 58, l. 23 et seq. — Chrysippe mourut à 73 ans, l'an 207 avant J.-C., dans des circonstances bizarres et diversement rapportées, laissant, d'après Diogène Laërce, 311 traités de dialectique et même 705 d'après d'autres auteurs. Ce détail explique la question que pose Mercure.

— Saint Justin et saint Grégoire de Nazianze donnent cette version de la mort d'Aristote, mais d'autres disent qu'il s'empoisonna et d'autres encore qu'il mourut d'une colique.

— Le *Crate* dont il est ici question est sans doute Cratès, le philosophe, à qui Diogène persuada de jeter son trésor à la mer, et non Polycrate, le tyran de Samos, comme on l'a dit dernièrement.

P. 59, l. 7. — La Belle Cordière, qui avait dû « s'eſlever par deſſus la quenouille et le fuseau,» s'etait élevée aussi par dessus les préjugés astrologiques si enracinés de son temps. Les astrologues du XVIe siècle étaient même d'une force étonnante sur certaines choses; ainsi ils avaient trouvé, dit Brantôme gravement, que la reine de Navarre avait été conçue « dix heures avant midy et dix-sept minutes le 11 de juillet, » et son frère, François Ier, « le 10 de décembre à dix heures du matin. »

P. 63, l. 28. — On avait retrouvé, en 1528, des tables de bronze reproduisant une partie du discours dans lequel l'empereur Claude, né à Lyon, avait annoncé qu'il accordait aux trois provinces de la Gaule chevelue le droit de cité. Le nom de l'empereur était dans toutes les bouches savantes du temps, ce qui explique peut-être comment en cette circonstance Louise Labé confond Claude avec Caligula.

La popularité de Claude subsiste toujours à Lyon d'une façon inconsciente. Il n'y a pas de pays où l'on trouve aussi fréquemment le prénom de Claude, Claudius, Claudine, ou Claudia.

P. 64, in-fine. — C'est à ce passage que Pierre de Saint-Julien fait une perfide allusion dans ses *Gemelles ou Pareilles*. (Voir aux Annexes de notre second volume.)

P. 71, l. 27. — Leurs occupations « *muliebres*. » — Relevons cette expression franco-latine pour constater combien elles sont extrêmement rares dans les œuvres de la Belle Cordière et combien elle a peu donné, malgré l'exemple de la majeure partie de ses contemporains, dans le travers ridiculisé par Rabelais.

ELEGIES

P. 81, v. 1. — C'est-à-dire la lyre de Sapho, née dans l'île de Lesbos.

P. 81, v. 20. — *Consommer*. Longtemps après Louise Labé, on a encore employé *consommer* dans le sens actuel de *consumer*.

P. 83, v. 17. — *Estranger*, rendre étranger, rendre différent; de même qu'ailleurs (page 23, lig. 7), on a lu : « Au plus estrange, » c'est-à-dire à l'être qui serait le plus étranger, le plus indifférent.

P. 85, v. 11. — Le *Pau cornu*. Cette orthographe du Pô, *Padus*, serait plus logique. Quant à l'épithète de *cornu*, elle est classique. (Voir Virgile et Ovide.)

P. 86, v. 16. — C'est-à-dire depuis deux mois, depuis deux pleines lunes.

P. 86, v. 29. — *Calpe & Pyrenee* : l'Espagne; *Calpe* est l'ancien nom de la pointe de Gibraltar.

P. 87, v. 28. — Les éditions originales portent : « Mourant *d'une* Amour. Lequel... »

P. 89, v. 25. — *Celle-là* : Arachné...

SONNETS

P. 94, v. 14. — Ce sonnet, dont les deux quatrains sont identiques à ceux du LVe des *Soupirs* d'Olivier de Magny (parus en 1557), offre une particularité très curieuse. On la reconnaîtra aisément en remarquant la place occupée par la lettre O. Voici le sonnet imprimé dans les œuvres de Magny :

O *beaux yeux bruns, o regards destournez,*
O *chauds soupirs, o larmes espandues,*
O *noires nuits vainement attendues,*
O *iours luisans vainement retournez ;*

O *tristes plaints, o desirs obstinez,*
O *temps perdu, o peines despendues,*
O *mille morts en mille rets tendues,*
O *pires maux contre moy destinez ;*

O *pas espars, o trop ardente flamme,*
O *douce erreur, o pensers de mon âme,*
Qui çà, qui là, me tournez nuit & iour ;

O *vous mes yeux, non plus yeux, mais fontaines,*
O *Dieux, o cieux, o personnes humaines,*
Soyez, pour Dieu, tesmoins de mon amour !

Un pari avait dû s'engager pour continuer le sonnet de Louise Labé en conservant dans les tercets une place déterminée à un certain nombre d'*o*.

P. 94, v. 23. — A remarquer le bizarre enlacement des rimes des tercets du IIIe sonnet.

ESCRIZ DE DIVERS POÈTES

P. 110, v. 4. — Quelques éditions portent *vel manis Euan*. C'est évidemment une faute d'impression.

Cette ode a pour auteur A. Fumée. (Voir ci-après l'*Ode en faueur de D. Louïze Labé à ſon bon ſigneur.*)

Dans les *Epigrammata*, de Théodore de Bèze (Lyon, 1553), on trouve aussi (page 109) une pièce latine intitulée *In baſium Candidæ.*

P. 111, l. 22. — La devise *Non ſi non la*, qui sert de signature à ce ténébreux sonnet, se retrouve au bas du premier et du dernier sonnet du *Microcoſme* de Maurice Scève. (Lyon, Jean de Tournes, 1562)

P. 112, l. 16. — On retrouve ce sonnet avec une variante au dernier tercet :

Ah, comme ardroit mon cœur reduit en cendre !

dans le livre III des *Erreurs amoureuſes* de Pontus de Tyard, sonnet XII.

P. 113, v. 16. — *Belle à ſoy* était l'anagramme de *Loyſe Labé.*

P. 114, l. 4. — Cette devise a été employée pour Claude de Taillemont, notamment dans sa *Tricarite*, où il l'orthographie : *Devoer de voer.*

P. 114, l. 5. — Voir sur le titre de ce sonnet et sur sa signature les deux notes qui précédent.

P. 116, l. 11. — Ces vers me paraissent être de Jean de Vauzelles, prieur de Montrotier et curé de Saint-Romain. Il signait habituellement *D'un vray zèle* ; mais il usait et abusait du jeu de mot auquel son nom pouvait prêter. Le style amphigourique et ascétique du morceau rentre dans la manière ordinaire du prieur ; de plus, son premier quatrain est imité d'un quatrain de Pétrarque, et presque tous les ouvrages de Jean de Vauzelles sont des traductions ou des imitations italiennes.

P. 116, l. 12. — J'ai communiqué les vers italiens qui se trouvent dans les *Écrits de divers poètes* à M. le commandeur Conti, professeur à l'Université de Florence, et à M. le commandeur

Guasti, surintendant des Archives, qui ont bien voulu me faire part de quelques remarques.

Les *sonnets*, dont l'auteur est inconnu, sont d'un poète toscan et dans le bon style du XVe siècle. Les *épigrammes* semblent avoir été composées pour être mises en musique; elles sont d'une autre main et d'un style plus moderne. Les sonnets pourraient bien être de Luigi Alamanni.

P. 119, l. 1. — C'est sans aucune raison valable qu'on attribue généralement ces *Estreines* à Marot.

Marot est cité parmi les poètes qui ont chanté Louise Labé, mais dans ses œuvres complètes, où cependant il est fait mention de plusieurs lyonnaises, on ne rencontre rien à l'adresse de la Belle Cordière. Il faudrait vraiment une bonne volonté extraordinaire pour reconnaître la fille du cordier de Lyon dans une *Louize* dont le poète dit :

C'est le doulx feu dont mon âme est esprise,
C'est de mes vers le droict but limité.
Haulsez la donc en toute extremité,
Car bien prisé me sens quand on la prise...

Ces vers, adressés à deux jeunes Lyonnais, Antoine Du Moulin et Claude Galland, ne se trouvent pas dans l'édition de Marot faite par Juste en 1539, après le dernier voyage du poète à Lyon; on les lit pour la première fois dans l'édition de Dolet en 1543, f. 215.

P. 120, l. 1. — Cette *Épitre* se retrouve avec quelques légères variantes aux feuillets 69 et suivants des *Quatre Livres de l'amour de Francine*, publiés par Baïf, à Paris, chez Wechel, en 1555, l'année même de l'apparition des œuvres de Louise Labé, à Lyon, chez Jean de Tournes.

P. 124, l. 4. — Ce sonnet est le XXXIIe des *Soupirs* d'Olivier de Magny, publiés en 1557.

P. 125, l. 1. — Vers de Baïf dans le IIIe livre des *Amours de Francine* (f. 75 et suivants de l'édition de 1555, chez Wechel).

P. 128, l. 1. — Cette ode, au « docte et gentil Fumée, » se retrouve en deux parties dans le volume des *Odes* d'Olivier de Magny, qui fut publié en 1559 et qui contient une pièce si injurieuse pour le mari de Louise Labé.

Les 22 premières strophes y figurent sous ce titre : *A Anthoine Fumée, grand Rapporteur de France*, et les six dernières sous celui-ci : *Ode du Temps & de l'Occaſion préſentée en vne mommerie à Monſieur d'Auanſon.*

P. 131, v. 28. — *Gazons de lait.* Cette bizarre expression, qu'on retrouve dans Ronsard (XLe sonnet du premier livre des *Amours*), signifie, *dit-on*, éminence couverte de gazon, d'où éminence en général, et par comparaison le sein de la femme.

P. 135, l. 1. — On ne retrouve pas cette ode dans les œuvres de Maurice Scève ; mais, si elle n'est pas de lui, elle est certainement d'un de ses élèves !

P. 137, l. 4. — Ces initiales désignent sans doute *Anthoine Fumée, Rapporteur de France*, dont il est parlé dans l'*Ode* d'Olivier de Magny et qui serait l'auteur des strophes *De Aloyſiæ Labææ Oſculis* D'après les trois derniers vers, il faudrait voir dans ce Fumée un des plus anciens amis de la Cordière et l'un des plus constants, puisqu'Olivier de Magny (*Ode* p. 129) l'appelle encore *ſon bon Signeur.*

P. 138, l. 1. — Traduction d'une pièce de Jérome Angerianus, à qui Louise Labé a emprunté une comparaison :

Le tems met fin aux hautes Pyramides, etc.

(Voir Michael Tarch. Marullus, Hieron. Angerianus et Joannes Secondus, poetæ elegantiſſimi. Spiræ Nemetum, 1595. Pages 221 et 227.)

P. 143, v. 22. — ... *fils de Clymene :* Promethée.

P. 144, v. 19. — .. *roy de Corcyre :* Alcinoüs.

P. 145, v. 25-28. — C'est pour les besoins de l'antithèse (l'olivier et le laurier) que le poète fait croître l'arbre d'Athènes sous le climat de Lyon.

P. 146, v. 5. — Cyparisse, ami d'Apollon, changé en cyprès.

P. 149, v. 3. — *La forte Tritonienne :* Minerve, fille de Jupiter, né et adoré dans l'île de Crète (plus tard Candie).

P. 149, v. 5. — ... *la vierge Ortygienne :* Diane, adorée dans l'île d'Orthygie, près Syracuse.

P. 150, v. 29. — ... *la Cyprienne :* Vénus, née près de Chypre.

P. 153, v. 16. — ... *Roy de Bebrice :* Amycus, roi des Bébryciens établis en Bithynie, fut tué par les Argonautes.

P. 154, v. 2. — *Gradiue :* surnom de Mars.

P. 154, v. 9. — On voit par la note placée en marge dans les éditions originales que, du temps de Louise Labé, les étymologistes faisaiont venir Fourvière, Forvière ou Foruière, de *Forum Veneris*. Cette opinion est aujourdhui assez généralement abandonnée; mais celle de *Forum vetus*, qui rallie plusieurs archéologues, ne vaut pas mieux et peut aller rejoindre les deux autres qu'on a hasardées, *Forum Veri* et *Forum Boarium*. Je ne me permettrai pas d'intervenir dans cette question pour l'embarrasser d'une opinion toute personnelle, et je me bornerai à exhumer l'avis, bien oublié, émis par le P. Monet (jésuite, né à Bonneville en 1566, mort à Lyon le 31 mars 1643).

Il n'est plus guère permis de douter, que Lyon, *Lugudunum*, signifie *montagne des corbeaux*, et la longue discussion au cours de laquelle on a versé des flots d'encre à Lyon, et même ailleurs, paraît close sur ce point. Le P. Monet, qui avait adopté l'étymologie de « montagne des corbeaux, « indiquée par le Clitophon du pseudo-Plutarque, prétendait que *Forvière* était simplement une corruption de *Corvière*, traduction française de *Lugudunum*.

P. 160, v. 17. — La *couple Cynthienne :* Diane et Apollon.

Page 161, vers 8. — La *harpe Methimnoise :* la harpe d'Arion de Methymne.

LE PRIVILEGE DV ROY

P. 163, in-fine. — Les auteurs de l'édition de 1824 paraissent avoir eu sous les yeux un exemplaire de l'édition de 1555 auquel manquait le *Privilège*, et ils ont cru que cette pièce n'existait que dans les éditions de 1556. Leur indication a induit en erreur presque tous les bibliographes, y compris Brunet. Cette inexactitude vient d'être relevée, pour la première fois, par M. Émile Picot dans son savant catalogue de la bibliothèque de feu le baron de Rothschild.

Tout exemplaire de 1555 qui n'a pas le *Privilège* est incomplet, et on ne saurait prétendre que ceux dans lesquels il se trouve l'ont emprunté à quelque volume de 1556; en effet dans ceux de 1555 il est imprimé au recto et au verso d'un même feuillet, tandis que, dans ceux de 1556, il l'est au verso d'un feuillet et au recto du suivant.

Dans l'édition première (1555), on trouve au verso du feuillet qui précède le *Privilège* l'indication de quatre fautes typographiques à corriger dans l'impression et la mention suivante:

« Acheué d'imprimer ce 12 Aoust M. D. LV. »

TESTAMENT

P. 165, l. 1. — L'original du testament n'a pas été retrouvé, mais il en existe des expéditions très anciennes ou des extraits, aux Archives de la ville de Lyon et à celles de la Charité et de la Chambre des notaires. Il a été publié pour la première fois par Boitel en 1845 et sa copie faite avec soin a été suivie dans toutes les éditions postérieures.

P. 167, l. 5. — Cette expression « fans pompe ni *fuperftition* » est singulière, en 1565, dans le testament d'une aussi bonne catholique.

P. 168, l. 9. — *Au grãnd party du roy*, c'est-à-dire dans un emprunt fait par le roi.

P. 168, l. 10. — Thomas Fortin, Fourtin ou Fortini, sur qui on trouvera des renseignements détaillés dans les *Recherches historiques*, t. II de la présente édition.

P. 168, l. 28. — Pierre Charly, dit Labé. Remarquer que, jusque dans le même acte, on écrit tantôt *Charlin*, tantôt *Charly*; nous trouverons encore d'autres variantes à ce nom, qui semble devoir être écrit *Charlieu*.

P. 169, l. 16. — Pierre Vaillant et Antoinette Bessard, sa femme, donnèrent une première quittance de 73 livres à Fortini, le 30 juin 1567, et les lui rendirent le 27 octobre 1568, parce qu'ils les avaient déjà touchées directement des héritiers.

P. 170, l. 10. — Louise Labé avait une troisième « chambrière, » que Fortini conserva à Parcieu. Elle se nommait Jeanne Chavrières et était native de Marterel-en-Dauphiné.

P. 172, l. 21. — Cette clause par laquelle la testatrice défend qu'il soit fait inventaire de ses meubles nous prive de renseignements précieux, notamment sur sa bibliothèque.

Page 173, lig. 12, — Le 26 juin 1567, un apothicaire de Lyon, Martin Prevost, donne quittance aux héritiers de Louise Labe, « payant par les mains du Sr Thomas Fortin, de la fomme de 36 l. t., pour payement de femblable fomme accordée pour certaines parties que led. Prevoft a fourni à lad. dame, arreftées par Me de Rieu, curateur defdits héritiers Charlin à lad. fomme. » Ce nouveau compte d'apothicaire est assez important, mais il ne faut pas oublier qu'entre le testament et la mort de la testatrice, il s'est écoulé une année entière, et que le jour où elle testa elle était déjà « au lit malade. » — Ce Martin Prevost est un des témoins du testament.

P. 173, l. 14. — *Carrons :* bandes de lard sans maigre.

P. 174, l. 12. — La pierre tombale de Louise Labé, portant ses « escripteaux & armes, » fut payée par Fortini, le 30 août 1566, à Claude de Bourg (en Bresse), tailleur de pierres, la somme de 12 l. 10 s. t.

BIBLIOGRAPHIE

La description des éditions anciennes de Louise Labé a été faite avec une minutie qui n'était pas inutile, des bibliographes très estimables ayant commis, à leur sujet, des inexactitudes reproduites journellement dans des livres et dans des catalogues.

TABLE

TABLE

ŒUVRES

DE

LOUISE LABÉ

PUBLIÉES

PAR

CHARLES BOY

II

Recherches sur la vie et les œuvres de Louise Labé.
Glossaire.

RECHERCHES

SUR LA VIE ET LES ŒUVRES

DE

LOUISE LABÉ

I

LES ŒUVRES DE LOUISE LABÉ.

Née dans la maison d'un cordier et élevée par une belle-mère sans goût ni grâce, Louise Labé soupira dès l'enfance après la liberté et dès sa jeunesse après un libérateur. Ce libérateur, beau, brillant, faisant d'elle une grande dame, dont elle eût tenu le rôle avec une aisance si élégante, elle crut un jour l'avoir trouvé dans un *homme de guerre*, et elle ne négligea rien pour le séduire. L'homme à qui ce culte s'adressait passa, sans le recueillir, à côté de ce rare trésor : l'amour sincère d'une jolie femme, l'estime d'un esprit distingué et la reconnaissance d'une belle âme.

Fille d'un cordier, elle finit par se marier avec un cordier riche et bon enfant, qui la laissa écrire en vers et en prose, et recevoir dans sa maison les « sçavants hommes » que charmaient sa personne et son talent. Malheureusement, pour avoir le bonheur d'entendre la nouvelle Sapho, il fallait passer près de la corderie de son mari ; et un contemporain, parlant des argentines cordes de son luth, ne manque pas d'ajouter : « Non celles que son mari fait. » Là se trouve peut-être le secret de toute la vie de la Belle Cordière, et surtout l'explication des appréciations si contradictoires que nous en ont laissées les contemporains.

Ainsi ne l'ont pas compris, je le sais, les derniers biographes. Tous, ou à peu près tous, entourent leur héroïne de l'élite de la société lyonnaise : ils font de sa maison le centre artistique et littéraire de la région, et ils écrivent à côté de son nom l'histoire des lettres et des arts au milieu du XVIe siècle. Quant au principal personnage lui-même, leurs efforts tendent uniquement à rechercher si le mari seul fut admis à contempler les admirables attraits décrits avec tant d'indiscrétion par un poète du temps, Olivier de Magny, et à savoir, en fin de compte, si le charmant écrivain mérite une délicate couronne de fleurs blanches ou tout simplement une ceinture dorée.

Il m'a semblé qu'il y avait mieux à faire. J'ai pensé qu'il serait plus intéressant d'établir exactement les dires des contemporains, d'en détacher les broderies exécutées sur le canevas primitif par les biographes des siècles suivants, et de montrer, en s'aidant de quelques documents inédits, ce qu'a été l'existence de la Belle Cordière.

Louise Labé nous a laissé un petit volume, imprimé en 1555 par Jean de Tournes qui fut en son temps une des gloires de la typographie lyonnaise. Après une épître dédicatoire adressée à une toute jeune fille de grande famille, ce volume renferme un poème en prose intitulé, *Débat de Folie et d'Amour*, trois élégies et vingt-quatre sonnets. Avec ces seules pages, le nom de l'auteur est parvenu jusqu'à nous, accompagné des éloges de plusieurs célébrités de son temps, et il en a été ainsi malgré la jalousie des ignorants et des sots qui l'entouraient, les épigrammes de quelques amoureux éconduits et les fabliaux grivois de leurs successeurs, qui ont rendu méconnaissable cette intéressante physionomie.

Considérée au point de vue littéraire, l'œuvre capitale de Louise Labé est le *Débat de Folie et d'Amour*. Bien avant Sainte-Beuve, qui a remarqué la supériorité de la prose de la Cordière sur ses vers, Voltaire avait écrit : « La plus belle fable des Grecs est celle de Psyché ; la plus plaisante fut celle de la matrone d'Éphèse ; la plus jolie parmi les modernes fut celle de la Folie qui, ayant crevé les yeux à l'Amour, est condamnée à lui servir de guide. »

Or, l'idée, le plan et l'ensemble de la composition du *Débat* paraissent appartenir à Louise Labé, qui a pu emprunter quelques détails curieux à l'*Encomium Moriæ* d'Érasme, à la *Danse des Aveugles* de Michault et aux écrivains de l'antiquité, mais à qui, jusqu'à plus ample informé, doit revenir l'honneur de l'invention.

Ce poétique sujet, l'éternel débat de la folie et de l'amour, traité en prose à une époque où tout n'était que ramage d'oiseaux et d'oisillons éveillés par Ronsard et Du Bellay, est ce que le public connaît le moins de l'œuvre de la Belle Cordière. Il n'en était pas de même au temps de Louise Labé, et, peu d'années après sa mort, on formait à Paris un petit volume avec le *Débat de Folie et d'Amour* et l'une des premières traductions de *Daphnis et Chloé*. Ce gracieux hommage rendu à la prose de la belle Lyonnaise par un de ces imprimeurs de la Renaissance qui étaient à la fois des érudits et des délicats, n'est pas le seul qu'elle ait obtenu, car le *Débat* a eu les honneurs de l'imitation en vers. C'est du moins ce qu'affirme Jean Dagoneau, un biographe de Louise Labé inconnu jusqu'à ce jour, qui accuse de cette transformation un autre personnage encore moins connu répondant au nom de Jacques Ridouet, sieur de Sancé, « qui, de ce non « content, aurait, suivant la piste de cette dame (Louise), « enfoncé la dispute qu'elle avait entamée (entre la Folie « et l'Amour), en joignant à son œuvre trois autres « discours élégans en rithme. » Tout cela, dit-on, aurait été imprimé ; mais il ne nous a pas été possible de découvrir un exemplaire de l'ouvrage. On est donc forcé de s'en tenir au témoignage de Dagoneau, tout en conservant une prudente réserve sur son appréciation relativement au mérite littéraire du sieur de Sancé. Sans faire tort à cette nébuleuse disparue du firmament poétique, il est permis de douter que ce brave Angevin ait eu la plume assez fine pour « translater en rimes » les délicatesses de cette prose féminine. Quant aux imperfections du petit poème, son « translateur, » au lieu de les effacer, n'a pu que les aggraver, puisqu'elles tenaient moins au goût personnel de l'auteur qu'à celui de son temps.

Il est certain que cette œuvre, la plus étendue parmi celles de Louise Labé, est un type achevé de finesse et d'observation féminines, et que les contemporains lui ont accordé une attention toute particulière. De nos jours, il en est autrement : on feuillette rapidement ces pages, qui paraissent tenir trop de place dans le volume de Jean de Tournes, pour arriver plus vite aux sonnets et, parmi les sonnets, au XVIIIe,— quelques-uns veulent bien joindre à ce sonnet le XIVe, — et ces deux morceaux résument pour eux l'œuvre de la Belle Cordière. Cependant le *Débat* est un petit chef-d'œuvre, laissant bien loin derrière lui, comme pensées, l'ensemble des vers de Louise Labé, et pouvant, au point de vue de la forme, être mis à côté des meilleures pages écrites au milieu du XVIe siècle. Ce qui nous empêche de le lire, ce ne sont ni les longueurs ni les subtilités qu'il a de commun avec la plupart des compositions de ce temps, c'est — nous pouvons le dire sans crainte — l'absence de ce qui rend populaires la Reine de Navarre, Brantôme et les anciens conteurs.

A cet égard, Louise Labé est une exception remarquable ; sauf une ligne, où le lecteur peut soupçonner une allusion à laquelle l'écrivain n'a peut-être jamais songé, il n'y a rien de licencieux dans ses écrits. En prose, elle a laissé tomber de sa plume deux ou trois phrases qui côtoient le trivial ; en vers, on remarque le XVIIIe sonnet, sur lequel nous reviendrons, mais il faut reconnaître, surtout si l'on compare ses écrits à ceux de ses contemporains, qu'elle a toujours le langage le plus réservé, même dans l'expression de quelques pensées assez libres. Quant au *Débat de Folie et d'Amour*, tout ce qu'il y a de bon lui appartient en propre, et ce qu'il peut y avoir de défectueux dans la forme revient, pour la plus grande partie, à la mode de son époque.

En ce temps-là, Clément Marot et Scévole de Sainte-Marthe à Paris, Pontus de Tyard à Mâcon, Étienne Dolet à Lyon, portaient aux nues Maurice Scève et admiraient

. . . . . la muse hautaine
De ce Sceve audacieus
Dont la tonnante parole,
Qui dans les astres carole,
Semble un contre-foudre ès cieux.

Ainsi s'exprime l'auteur anonyme des *Louanges de Dame Louise Labé*. Maurice Scève, cet abstracteur de quintessence, qui se contourne dans l'obscur et se tourmente dans le rocailleux, était en effet le chef de cette école de transition qu'à la veille des débuts de la Pléiade l'influence du génie italien fit éclore à Lyon ; circonstance particulière à laquelle plusieurs de ses poètes ont dû une partie de leur notoriété et même la réputation dont ils ont joui après la perte ou l'oubli de leurs œuvres.

Il était difficile à ceux qui l'entouraient de se soustraire complètement à la mode dont il était le maître. Aussi, quoique dégagée des rivalités et des compétitions d'écoles, ignorant même sans doute ce qu'était une école littéraire, jetant simplement sur le papier, à ses heures de loisir, tout ce qu'elle avait de poésie, de tendresse et d'ardeurs, Louise Labé offre dans ses vers beaucoup des naïvetés, des mignardises et des formes heurtées, si chères aux écrivains de son temps. Mais elle reste toujours poète autant qu'elle est femme : quand une idée la saisit, le mot arrive et son vers jaillit avec une justesse, une netteté et un bonheur d'expression remarquables.

Aucun critique, à ma connaissance du moins, n'a fait remarquer que les sonnets de Louise Labé ne sont pas des morceaux détachés, sans suite entre eux, et disposés au hasard de la plume ou suivant le caprice de l'imprimeur. Chacun d'eux représente en miniature un épisode du poème inépuisable de l'amour, et l'ensemble forme comme un collier de camées dont les figurines nous en représentent les rêves, les aspirations, les troubles et les désirs, puis les bonheurs, puis le réveil, et la désillusion, avec son cortège de larmes, de regrets et de désolations.

Dans le plan d'un poème sur l'amour tracé de cette manière, le XVIIIe sonnet avait sa place marquée. Il est vrai qu'arrivés à ce moment critique les poètes qui ne se sont pas proposé d'être licencieux ont la discrète habitude d'éteindre la lampe et d'attendre le lendemain. Seuls, les maîtres en poésie ont la permission de ne pas laisser de lacune dans leur récit, parce que seuls ils ont l'adresse de jouer convenablement avec la gaze et les abat-jour. Sans vouloir rappeler de trop grands noms et de trop grandes œuvres, le XVIIIe sonnet peut, en son genre, être mis à côté des pages de toutes les époques dans lesquelles le tour de force a été tenté et heureusement accompli.

Mais si les sonnets de Louise Labé, — et c'est ce qui doit nous préoccuper au début de ces recherches biographiques, — si les sonnets de Louise Labé, loin d'être des morceaux détachés tombés de sa plume sous l'impression du moment, sont au contraire comme les assises méthodiquement élevées d'un petit temple réservé au culte d'une divinité; si plusieurs d'entre eux sont venus là pour y prendre la place marquée d'avance dans l'harmonie de la construction, alors que peuvent-ils nous apprendre des incidents de sa vie humaine et que pouvons-nous leur demander, si ce n'est ce que tout poète met de son cœur dans les créations de son esprit?

Considérée comme source d'informations pour écrire son histoire, l'œuvre de Louise Labé doit se diviser en deux parties bien distinctes. La première, qui comprend la lettre à Clémence de Bourges et les élégies, — dont la deuxième est presque une autobiographie, — peut servir à l'étude de son existence, et la seconde, composée du *Débat* et des sonnets, à l'étude de son talent et de son caractère. A toute cette seconde partie de l'œuvre de notre écrivain nous ne demanderons pas autre chose, sachant que nul ne peut déterminer combien les faits de la vie réelle ont laissé de réalité et pris d'idéal en passant à travers les rêves et l'imagination de l'artiste. Nous croyons qu'il n'est pas absolument nécessaire au poète d'avoir, avec un de ses semblables dans l'autre sexe, de réelles amours dont il racontera l'histoire, pour qu'il soit à même de concevoir et d'écrire une œuvre fille de l'amour et de la beauté, une de ces œuvres dont nous avons l'habitude de dire qu'elles ont été *vécues*. Nous croyons que si la parole fut, comme on le dit, donnée à l'homme pour déguiser sa pensée, quand cette parole est écrite dans la langue des vers et surtout quand cette pensée est celle d'une jolie femme, il est bien dangereux de poser la main sur le fil léger de quelques vers avec l'espoir d'arriver par lui aux plus intimes secrets d'une existence.

Du reste, Louise Labé a pris soin de nous dire elle-même à quel point de vue il faut considérer ses écrits. Au moment où Jean de Tournes allait faire composer cette courte ligne « Fini d'imprimer le 12 août 1555, » elle semble avoir éprouvé un sentiment que je ne sais comment exprimer, sinon en le comparant à un frisson de pudeur féminine. Elle prit sa plume et écrivit, le 24 juillet, à Clémence de Bourges, l'épître que l'on connaît, cette épître, non pas en vers mais en bonne et solide prose, que quelques biographes semblent n'avoir jamais lue.

Débarrassés ainsi de cette végétation parasite sous laquelle on les étouffait, les vers de Louise nous apparaissent tels qu'elle les a voulus. Tant pis pour les « vertueuses dames » de son temps, si elles n'ont pas su, à sa prière, « élever leurs esprits au-dessus de leurs quenouilles et fuseaux! »

II

LES CONTEMPORAINS ET LES BIOGRAPHES.

On est généralement d'accord pour nous apprendre que Louise Labé était fort belle : tous ses contemporains nous le disent, à l'exception de Du Verdier, qui trouve sa beauté « médiocre, » et de Rubys, qui n'en fait pas même mention. Elle était fort instruite et parlait plusieurs langues ; tout le monde nous l'assure, excepté Rubys qui continue à se taire. Elle avait d'admirables dispositions pour les arts, depuis la musique jusqu'à l'équitation ; chacun le déclare expressément, sauf le même contemporain, qui persiste à garder le silence. Elle fut la plus honnête des femmes, disent les uns ; elle fut une courtisane, disent les autres : elle a « fait profession de courtisane publique jusqu'à sa mort, » s'écrie deux fois, et à trente ans d'intervalle, le contemporain qui s'était toujours tu. Mais personne ne nous dit si un nuage est venu voiler cette existence embellie par tant d'hommages et d'adorations ; personne ne mentionne le moindre incident de cette triste lutte entre un talent supérieur et une condition inférieure, au milieu des préjugés qui, à toutes les époques et dans toutes les sociétés, ont toujours entravé l'essor des meilleurs esprits. Personne ne le révèle, sauf peut-être l'auteur du premier livre connu de nous qui parle de la Belle Cordière, et à qui sans doute appartiendra le dernier mot dans la discussion. C'est un livre bizarre intitulé : *Le fort inexpugnable de l'honneur du sexe féminin construit par François de Billon*, dont l'impression s'achevait à Paris quelques mois avant l'apparition des œuvres de Louise Labé. On y voit que la « malice envieuse » s'exerçait déjà contre elle ; mais François de Billon trouve qu'aucune femme n'est à l'abri de ces sortes de malignité et que cela préserve les hommes, « faute de meilleurs propos, de s'endormir à table. » Ceci, en effet, est extrait d'un chapitre relatif aux *Brocards contre les femmes*.

Un autre ouvrage qui nomme notre aimable écrivain est le recueil des œuvres de Jacques Peletier du Mans imprimé à Lyon, chez Jean de Tournes, en 1555, c'est-à-dire la même année que les vers de Louise. Son auteur, « célèbre médecin, grand mathématicien et grand poete, » d'après le P. Colonia, énumère les splendeurs de la ville de Lyon dans une ode dédiée à Louise Labé, qui, à ses yeux, en est une des merveilles.

Pour mémoire, et en regrettant d'avoir à y revenir plus loin, il faut citer ici une chanson imprimée en 1557 et une ode de 1559, dans lesquelles deux jeunes gens ont libertiné sur le papier à propos d'une jolie femme. Toute femme jolie ou grande dame est exposée à voir tomber à ses pieds quelques rimes polissonnes, et les gens les plus sérieux ne se privent pas toujours du plaisir de les lire.

En 1561, pendant cette lutte à coups de plume qui préparait la lutte à coups d'arquebuse, Calvin traite la Belle Cordière de *plebeia meretrix*, à la suite d'un incident assez singulier qui sera raconté en son temps. La traduction française par Théodore de Bèze du pamphlet de Calvin contre Gabriel de Saconay, dignitaire de l'Église de Lyon, dans lequel se trouve cette expression, parut en 1566, l'année même de la mort de Louise à Parcieu en Dombes.

Dès ce moment, elle a sa place dans toutes les histoires de quelque importance. Paradin, l'historien de la ville de Lyon, nous dit qu'elle se fit remarquer non seulement par ses écrits, mais encore par sa vertu. A Louise Labé et à Pernette du Guillet, « ces deux dames lyonnoises en ce temps excellentes en savoir et en poésie, » il consacre tout un chapitre de son livre; et le style du bon doyen de Beaujeu prend, pour célébrer leurs mérites, une allure lyrique qu'il n'a jamais que dans les grandes circonstances. Il faut noter dès maintenant la date de la publication de son ouvrage, 1573, et l'insistance avec laquelle il nous dit que la vie de Louise fut irréprochable.

La même année, Claude de Rubys, cet éternel contradicteur de Paradin, parlant des martyrs de Lyon en général et de Sainte Blandine en particulier, jette une première pierre à l'œuvre de son devancier et écrit contre Louise Labé une phrase injurieuse. Trente ans plus tard, son esprit de dénigrement cōntre l'auteur de l'histoire de Lyon et sa haine profonde contre Louise subsistent encore : seulement, il a eu le temps de remarquer que Paradin avait compris dans lès mêmes éloges Louise Labé et Pernette du Guillet; aussi s'empresse-t-il de réparer son omission et d'accabler ces deux femmes sous un même déluge d'expressions et d'imputations outrageantes.

Dans le long intervalle qui s'écoula entre la première et la seconde publication des deux ouvrages de Rubys, avaient paru, en 1584, *Les Gemelles ou Pareilles de Pierre de Saint Julien*, doyen de Mâcon. Louise Labé y est aussi appelée une courtisane, et son *Débat de Folie et d'Amour* y est attribué à Maurice Scève.

La même année (1584), La Croix du Maine, dans sa *Bibliothèque françoise*, cite Louise et Pernette comme deux femmes « très doctes. » L'année suivante, l'ouvrage de Du Verdier, qui porte le même titre, fait mention des deux Lyonnaises. De Pernette, il dit quelques mots seulement et transcrit tout au long son épitaphe, dans laquelle Maurice Scève célèbre

L'heureuse cendre autrefois composée
En un corps chaste où vertu reposa.

Mais s'il n'est pas d'accord avec de Rubys au sujet de Pernette, nous retrouvons sous sa plume la « courtisane lyonnoise, autrement nommée la Belle Cordière, pour être mariée à un bonhomme de cordier. » Moins dédaigneux cependant que Rubys, il constate ses mérites littéraires ; il nous donne des détails sur sa vie, ses livres, ses préférences et ses « collations d'exquises confitures ; » il déclare sa « beauté médiocre ; » il termine en nous apprenant pourquoi on l'avait surnommée le *capitaine Loys*, un intéressant capitaine que nous reverrons bientôt et assez longuement. Je ferai remarquer dès à présent que Du Verdier ne doit pas avoir connu la Belle Cordière, et je le regrette bien sincèrement pour elle, car il eût sans doute goûté ses « exquises confitures » et il se serait montré moins aigre à son égard.

A cette liste des écrivains du XVIe siècle il faut ajouter Jean Dagonneau, protestant de Mâcon, qui adopte l'opinion de Paradin et qui ignore complètement ou veut ignorer celle de Rubys. On trouvera sa notice, inédite jusqu'à ce jour, à la suite des extraits de tous les auteurs dont nous venons de parler, extraits que nous avons réunis en un seul chapitre sous ce titre : *Les Contemporains*.

Enfin, à la suite de ses œuvres, Louise Labé a fait imprimer plusieurs des pièces de vers qui lui avaient été adressées, notamment celle d'un Poitevin inconnu, dans laquelle un critique a cru reconnaître le style de Guillaume Aubert, de Poitiers. Ce morceau n'a pas moins de quarante-sept strophes de quatorze vers, et ces six cent cinquante-huit lignes suffisent à peine à l'auteur pour décrire « la face, le corps et l'esprit curieux » de son héroïne. Malheureusement, malgré tous nos efforts pour découvrir une foule de belles choses, que nous entrevoyons, nous ne parvenons pas à soulever le boisseau sous lequel le poète a mis sa lumière. Son style amphigourique et ses phrases à la Maurice Scève ont éloigné les biographes, et cependant nous avons là, suivant moi, un exposé minutieusement exact de la vie de Louise Labé depuis le jour où elle fut « conçue, » comme dit le poète, jusqu'à une époque postérieure à son mariage. Alors même qu'il est impossible de saisir l'allusion, l'abondance et la précision des détails indiquent un détail biographique.

Entre le second ouvrage de Claude de Rubys (1604) et l'*Étude sur Louise Labé* écrite par Prosper Blanchemain pour l'édition donnée chez Jouaust, en 1875, il serait possible de citer une soixantaine d'auteurs grands ou petits qui se sont occupés plus ou moins longuement de la belle Lyonnaise. Cette énumération n'aurait pas plus de charme que d'utilité. Il suffit d'indiquer, au point de vue littéraire, deux articles de Sainte-Beuve, et, au point de vue historique, un chapitre de Pernetti, qui, dans ses *Lyonnais dignes de mémoire*, donne le premier quelques renseignements sérieux sur la famille de Louise Labé. Complétés par Cochard et Breghot du Lut, ces renseignements ont fait le fond de la notice — restée la meilleure — qui figure en tête de l'édition de 1824. Tout ce qui a été écrit depuis Pernetti et Cochard — sans excepter l'étude de M. Monfalcon dans la jolie édition de 1853 — n'est qu'une amplification ou une réduction de leur travail, quand ce n'est pas un de ces récits de haute fantaisie comme il en existe quelques-uns.

Les plus consciencieux parmi ces biographes passent leur temps à rompre des lances, avec le plus grand sérieux, pour ou contre la vertu de la dame, sous la bannière de Rubys ou de Paradin, et c'est le premier, il faut en convenir, qui conduit les plus gros bataillons. Quant aux autres, ils se bornent à sourire et à copier Du Verdier, en ajoutant des commentaires d'un goût douteux et parfois difficiles à citer, même en latin comme ceux de La Monnoye.

Avec la notice placée par M. Blanchemain en tête de l'édition de 1875, nous sortons enfin de ces fastidieuses redites et de ces phrases ou précieuses ou de mauvais goût. Écrivain de plume ingénieuse et délicate, fort au courant des choses du XVIe siècle, M. Prosper Blanchemain, qui disposait des notes recueillies par un chercheur lyonnais, M. Claude Brouchoud, a failli nous donner une œuvre aussi sérieuse qu'agréable. Malheureusement son ami M. Édouard Turquety avait lancé dans le *Bulletin du bibliophile* une idée nouvelle sur les vers de la Belle Cordière : il avait publié une étude curieuse, destinée à établir que Louise Labé avait eu « un collaborateur longtemps ignoré, » et que ce jeune homme, plein d'une « tendre affection » pour elle, n'était autre qu'Olivier de Magny, le poète de

Cahors. M. Blanchemain s'est emparé avidement de cette idée, il l'a développée, il lui a donné un corps, et, dans la notice de l'édition de 1875, il dit très nettement que les sonnets de Louise Labé « *appartiennent peut-être autant à l'amant qu'à l'amante.* » Il est assez singulier, soit dit en passant, de faire une nouvelle édition des vers d'un poète et d'écrire au début que ces vers ne lui appartiennent pas ou ne lui appartiennent qu'en partie.

J'aurais vivement désiré de ne pas placer au commencement de ce livre une discussion avec le précédent biographe, mais sa thèse — qui a fait fortune — étant admise dans le monde des lettres et n'allant à rien moins qu'à priver Louise Labé de ses écrits, il me paraît difficile de ne pas l'examiner.

A l'opposé de ce juge d'instruction qui avant tout cherchait la femme, M. Blanchemain cherche avant tout l'homme des amours poétiques de Louise Labé, et quand il croit l'avoir trouvé il s'écrie avec son amante :

Tu es tout seul tout mon mal et mon bien :
Avec toy tout, et sans toy je n'ay rien,

et voici l'histoire qu'il nous raconte ; elle est aussi originale que fort bien dite.

Jusqu'en 1550, il avait suffi à Louise Labé d'être belle et de composer des chansons qu'elle modulait d'une voix harmonieuse en s'accompagnant de son luth avec un véritable talent. On l'avait bien envoyée ou laissée aller au siège de Perpignan, pour y conquérir le cœur du Dauphin ; mais « cette équipée, semi-guerrière, semi-amoureuse, » n'avait pas laissé de traces plus sérieuses dans sa vie de poète que dans sa vie de femme ; et du reste, pour calmer sa jeune imagination, on la maria. « Sa véritable vocation poétique ne paraît s'être révélée qu'à l'époque où elle connut Olivier de Magny. » Cet Olivier de Magny était Quercinois et secrétaire de Jean d'Avanson, ambassadeur du roi de France auprès du Pape, en 1550. L'ambassadeur s'arrêta à Lyon. Olivier présenté à Louise fut admis dans son « cénacle provincial, » où « il rayonna comme une étoile de première grandeur parmi ces nébuleuses lyonnaises... Louise se sentit fascinée, Phaon apparaissait à Sapho. Elle ne vit plus au monde que le jeune et brillant poète, lui-même ressentit soudain le contre-coup de la commotion qu'il avait donnée. » Alors l'influence littéraire d'Olivier, qui dans les élégies se fait sentir d'une façon discrète et à demi voilée, se découvre entière « dans les brûlants sonnets jaillis à la fois de leurs deux cœurs, *tracés par leurs mains du même crayon* et qui, pour la dernière perfection du rythme, *appartiennent peut-être autant à l'amant qu'à l'amante.* » Ici l'auteur se demande, dans une note, si cette liaison fut coupable, et il déclare hésiter à le penser ; puis il continue : « Mais les heures de l'amour étaient comptées pour eux. » Le secrétaire de l'ambassadeur fut obligé de se rendre à Rome. « Louise resta longtemps absorbée dans les souvenirs de son amour ; mais, n'étant plus inspirée par la présence du poète, elle cessa de chanter ; » et ses amis obtinrent d'elle, à grand'peine, qu'elle consentît à faire imprimer ses vers, qui eurent un rapide succès. Olivier de Magny conçut-il quelque jalousie de ce succès, que ses poésies n'avaient jamais obtenu, ou l'absence seule suffit-elle pour refroidir sa passion? Toujours est-il, et ses *Soupirs* en offrent le témoignage, qu'il s'attarda dans les bras des courtisanes romaines. De son côté, Louise, perdant l'espoir de voir revenir l'infidèle, « abandonna son esprit aux charmes d'une nouvelle liaison... L'objet de cet attachement » fut un jeune et « brillant » avocat lyonnais, Claude de Rubys, « dont la plume audacieuse avait déjà suscité beaucoup de sympathies et de nombreuses animosités. » Sur ces entrefaites, Olivier, qu'on n'attendait plus, arriva tout à coup. « Furieux de rencontrer un accueil simplement amical là où il avait rêvé un regain d'amour, » il exhala sa première fureur dans une ode où il prodiguait l'outrage à Louise et à son mari. « Cette ode brisa le cœur de la pauvre femme au moment où, revenant à Olivier dans une effusion sincère, elle congédiait l'objet d'une jalousie sans doute imméritée. » La malheureuse resta perdue sans rémission ; car à la colère du poète elle avait ajouté la haine de son rival, qui devait s'acharner sur sa mémoire et lui imprimer une flétrissure dont elle n'est pas encore lavée aujourd'hui.

Tout ceci, M. Blanchemain nous l'apprend lui-même,

résulte uniquement du rapprochement qu'il a fait des vers de Louise Labé avec ceux d'Olivier de Magny. De ce rapprochement a jailli la lumière, lumière si intense qu'elle le dispensait, lui et son ami Turquety, de chercher à s'éclairer autrement.

Ils n'ont pas songé que le même travail de rapprochement fait sur les vers d'un autre poète de la région aurait donné le même résultat, et que telle strophe de Pontus de Tyard, de Mâcon, et de Guillaume de la Taysonnière, de la Dombe, peut, aussi bien qu'une strophe d'Olivier de Magny, être une réponse à Louise Labé.

Avoir une thèse préconçue et vouloir la prouver avec les hémistiches d'un poète ou les lignes d'une inscription, c'est le péché mignon de bien des chercheurs. Ce fut celui de M. Blanchemain, qui de très bonne foi, je n'en doute pas, en est arrivé à des affirmations de ce genre : « L'image de Castianire — une des nombreuses adorées d'Olivier de Magny — placée en tête de ses *Amours*, en 1553, ressemble en plus jeune au portrait de Louise Labé fait, en 1555, par Woeiriot. » Ces deux gravures n'ont rien de commun.

J'ai eu l'occasion de discuter ailleurs très longuement la thèse de M. Blanchemain, et l'on retrouvera, dans les *Notes*, quelques-uns des principaux arguments de détail qui doivent lui être opposés. D'ailleurs toute cette argumentation est devenue inutile : l'histoire ingénieusement échafaudée sur le passage à Lyon de Jean d'Avanson, se rendant à Rome avec Olivier de

Magny, « vers 1550, » s'écroule d'elle-même par le seul rapprochement de deux dates. Il est certain que Jean d'Avanson n'est pas parti pour Rome avant le 25 novembre 1553, et le privilège des *OEuvres* de Louise Labé est daté du 13 mars 1554. Quand d'Avanson partait de Paris, le placet de la Belle Cordière sollicitant un privilège pour son livre, était peut-être déjà arrivé à Fontainebleau.

III

LA FAMILLE DE LOUISE LABÉ. — SA NAISSANCE.

C'est parmi les cordiers et les cordières que naquit Louise Labé, et c'est dans ce milieu que, malgré son talent et sa beauté, les circonstances la maintinrent presque toujours. Il n'est pas inutile de jeter un rapide coup d'œil sur tout ce petit monde, afin d'observer ce qui s'est agité autour d'elle de passions diverses, et de constater sous quelles influences a dû éclore et mûrir cette fine et gracieuse intelligence. Là est le véritable intérêt de l'histoire, grande ou petite : réduite à la recherche des curiosités biographiques que récèlent les vieux papiers, l'histoire serait à la fois la plus stérile et la moins attrayante des études; mais si, en étudiant la vie d'un homme ou d'une femme, on cherche sa pensée, alors avec quel plaisir ne suit-on pas l'existence de ces êtres charmants qui ont consacré à l'art quelques-unes de leurs heures mortelles, même quand ces heures se sont partagées entre deux boutiques de cordiers.

En 1488, habitait à Lyon, dans une maison de la rue de l'Arbre-Sec, un cordier du nom de Jacques Humbert dit Labé; cinq ans après, en 1493, nous trouvons dans cette même maison, qu'il tient du chef de sa femme, un « *Pierre de Charlieu dit Labbé, cordier, mari de la veuve Jacques Humbert.* » Cette veuve Jacques Humbert, prénommée Guillermie ou Guillermette, fut héritière universelle de son premier mari, et, suivant de sérieuses probabilités, elle laissa au second tout ce qu'elle possédait. Trente ans plus tard, nous retrouvons Pierre Charlieu, veuf d'une deuxième femme, Étiennette Roybet, *alias* Deschamps, *alias* Compagnon, de qui paraît lui être venue une terre située au quartier de la Gela, vers le haut de la côte Saint-Vincent. En ce temps-là, on se mariait de bonne heure, et si l'on devenait veuf on ne tardait pas à se remarier, la perte d'une femme étant considérée comme un malheur qu'il fallait se hâter de réparer. C'est ce que fit Pierre Labé, qui, privé de Guillermette d'abord et d'Étiennette ensuite, épousa, en troisièmes noces, une Antoinette, fille du maître boucher Jean Taillard. Seulement, comme alors il était riche et presque vieux, il prit une femme relativement jeune, puisque nous retrouverons Antoinette encore vivante en 1571, c'est-à-dire soixante-dix-huit ans après le premier mariage de Pierre avec la veuve de Jacques Humbert.

De ces trois unions Pierre Labé avait eu au moins quatre garçons et deux filles ; mais à sa mort, survenue en 1552, il ne laissait qu'un fils du nom de François et deux filles nommées Louise et Jeanne. Ses trois autres garçons, Barthélemy, Mathieu et Pierre, — ce dernier issu, comme Jeanne, de son mariage avec Antoinette Taillard, — étaient morts avant le 15 avril 1548, date à laquelle il ajouta à son testament un codicille qui en modifiait totalement la teneur primitive.

Pierre Charlieu, dit Labé, s'était créé une situation honorable et aisée. Il était devenu courrier de la Trinité, confrère du Saint-Esprit, collecteur des aumônes de l'hôpital, et enfin maître des métiers pour les marchands de chanvre. Il possédait plusieurs maisons en ville, un domaine sur la côte Saint-Vincent, quelques terres à Vaux en Dauphiné ; et, outre l'argent employé dans son commerce, il avait encore assez de fonds disponibles pour cautionner de 3,400 livres les fermiers des entrées, en quoi il ne fit pas une brillante spéculation, puisqu'il paraît avoir été contraint de payer pour eux.

Quand il mourut, vers le mois de janvier 1552, il laissait, pour recueillir sa succession, son fils François et sa veuve Antoinette Taillard, à laquelle il donnait, dans son testament, des témoignages non équivoques de reconnaissance. Celle-ci, dès que le temps de son deuil légal fut accompli, c'est-à-dire le dernier jour de janvier 1553, épousa maître Claude Popon, notaire royal de Lyon. Dès ce jour, François Labé refusa d'exécuter les volontés de son père à l'égard d'Antoinette Taillard. De là, discussions et procès, qui se terminèrent par une transaction, le 1er août 1558. Dans l'intervalle, Antoinette avait marié sa fille Jeanne avec maître Antoine Noyer, clerc-praticien ès-cours de Lyon.

François, Barthélemy et Mathieu étaient fils de la seconde femme de Pierre Labé, et Pierre et Jeanne étaient nés de la troisième. Quant au nom de la mère de Louise, et à la date de sa naissance, nous n'avons pas d'indication précise, et nous sommes contraint de nous attarder sur cette question qu'au début d'une biographie il est indispensable d'élucider ou, tout au moins, d'essayer d'éclaircir.

La IIIe élégie de Louise, celle dans laquelle elle nous donne quelques renseignements sur sa vie, contient cette phrase :

Je n'avois vu encore seize hivers,
Lors que j'entray en ces ennuis divers :
Et jà voici le treizième esté
Que mon cœur fut par amour arresté.

Le premier qui remarqua ces quatre vers les fit suivre de cette note : « Elle écrivait en 1555 et avait alors vingt-neuf ans ; ceci place donc naturellement sa naissance à l'année 1525 ou 1526. » Depuis lors, toutes les notices, toutes les histoires et tous les dictionnaires, rapportent que Louise Labé est née en 1525 ou en 1526. Cependant cette date doit être rejetée, parce que le calcul à l'aide duquel on cherche à l'établir n'est pas sérieux, et parce qu'elle a contre elle une objection qui me paraît décisive.

D'abord, la date de 1555 est la date certaine de l'*impression*, mais elle n'est pas celle de la *composition* de ses vers, que dans la lettre à Clémence de Bourges Louise appelle des « jeunesses. » Il faut donc dire qu'elle avouait vingt-neuf ans quand elles les écrivit; mais il faut convenir qu'il a pu et même qu'il a dû s'écouler un certain temps entre leur composition et leur impression. L'auteur de la lettre ajoute, il est vrai, qu'ils furent revus avant d'être livrés à l'imprimeur; mais combien de lecteurs voudront croire que la revision porta sur ce point d'une manière absolument précise? Quant aux lectrices, sachant comme on aime à rester en quarantaine devant ce cap de trente ans, elles trouveront bien éloquent dans ses réticences ce chiffre de *vingt-neuf*, le plus proche voisin de trente — *longo sed proximus intervallo* — pour une jolie femme surtout !

D'autre part, lorsqu'en 1565 Louise, veuve et sans enfants, dictait au notaire Laforest son testament si minutieusement détaillé, Antoinette Taillard vivait encore. Cependant si on voit de nombreux legs faits à son entourage, sans oublier ses « chambrières, » même les anciennes, la femme et la nièce de son fermier, et les quatre filles de son voisin de Parcieu, je ne trouve pas la moindre mention de la veuve de son père. A Lyon pourtant, pays de droit écrit, la mère devait avoir une réserve dans la succession de son enfant décédée sans postérité. Il est inadmissible qu'un notaire aussi méticuleux que Laforest eût passé sous silence la mère, si elle avait existé au moment où il stipulait le legs universel en faveur des neveux de la testatrice. Il est inadmissible qu'Antoinette Taillard, si âpre, comme nous le verrons, lésée dans des droits incontestables, n'eût pas adressé des réclamations dont nous trouverions trace dans le règlement de la succession de Louise.

Elle n'est donc pas née de la femme en troisièmes noces, Antoinette Taillard; et par suite sa naissance est antérieure à 1524, époque où l'on trouve Pierre Labé veuf de sa femme en secondes noces Étiennette Compagnon. Cette femme, il l'avait déjà épousée, je suis du moins porté à le croire, aux environs de 1515, et je place la naissance de Louise entre ces deux dates extrêmes, 1515 et 1524. Il me paraît impossible de la rejeter au-delà, parce que Louise était encore jeune en 1542, lors de ce siège de Perpignan dont nous parlerons; parce que son portrait, fait en 1555, — malgré le vague d'une pareille indication, — n'accuse pas un âge bien avancé; parce qu'elle témoigne beaucoup d'affection aux enfants de son frère François, fils de la seconde femme, tandis qu'elle ne fait pas même mention de sa sœur Jeanne, fille de la troisième. Pourquoi une différence aussi marquée, sinon parce qu'elle était sœur germaine de François?

Enfin n'y a-t-il pas un autre motif de penser que la mère de Louise n'était ni la veuve de Jacques Humbert, ni Antoinette Taillard, mais bien Étiennette Compagnon, dans ce fait que, dès 1490, on trouve des Compagnon établis à Parcieu en Dombes, où très certainement Louise Labé est venue au monde ?

L'auteur du gracieux *Debat de Folie et d'Amour* a signé son livre « Louise Labé, lyonnaise. » Lyonnaise elle est, lyonnaise elle restera, et Lyon la comptera toujours au nombre de ses enfants de prédilection. Cependant elle n'est pas née dans cette ville, comme Breghot du Lut semble l'avoir soupçonné. C'est aux *Louanges de dame Louise Labé* que nous empruntons cette indication.

Celui qui les écrivit passait son temps, nous l'avons déjà dit, à envelopper sa pensée dans des termes obscurs, — c'était sa manière, à lui comme à bien d'autres, d'être poète — mais son imagination s'étant épuisée à la recherche de la forme, il n'a rien inventé quant au fond. Il s'est donc borné à orner de réminiscences mythologiques, d'une inévitable apparition en songe et de mots bizarrement tirés du grec et du latin, un récit très ordinaire et très prosaïque de ce qu'il savait. Dans cet ordre d'idées on comprend qu'il nous ait parlé du lieu où naquit son héroïne — le poète dit : *où fut conçue* — et qu'il nous ait décrit en cinquante-six vers l'endroit et les environs de l'endroit témoins d'un événement si important pour elle.

De tous les rébus qu'il nous propose, celui-ci est le plus clair, parce que la prose des hommes d'affaires nous a révélé certaines circonstances auxquelles il fait allusion, et parce que ses vers s'y adaptent souvent d'une manière tellement exacte que le doute n'est plus permis. Le poète fait dire par Vénus à sa fille Louise :

> *En moi tu fus engendrée*
> Joignant le gracieux bord
> *Où la Saône toute quoie*
> *Fait une paisible voie,*
> S'en allant fendre Lyon.....

Et la déesse ajoute aussitôt :

> *Le lieu où tu fus conçue*
> Ne fut ville ni château,
> *Ains une forêt tissue*
> *De maint plaisant arbrisseau,*
> Dont je veux *(en témoignage*
> *De ta race)* te pourvoir,
> Ainsi que d'un héritage
> Que je tiens en mon pouvoir.

Suit une longue description du pays qui est autour de ce lieu, pays dans lequel Louise pourra satisfaire sa passion pour la chasse ; et alors, « *chargée de proie*, tu pourras, lui dit sa mère,

> *....à ton chateau tourner*
> Qu'en brief batir je veux faire,
> *Suffisant pour te complaire*
> *S'il te plaist y séjourner.* »

Si on prend les expressions « engendrée » et « conçue » dans leur acception commune, d'abord on fait parler le poète comme tout le monde, ce qui est contraire à ses habitudes; ensuite ces vers ne veulent plus rien dire, et cependant ils disent des choses si ordinaires qu'il faut naturellement les traduire ainsi : Louise Labé n'est venue au monde ni dans une ville ni dans un château, mais à la campagne, en amont de Lyon et non loin de la Saône. La déesse sa mère lui prédit qu'elle lui donnera ce lieu *comme un héritage qu'elle tient en son pouvoir*, — en effet le pouvoir de Vénus est grand, surtout en matière d'héritage, — et que, dans cet endroit ou tout à côté, elle lui fera bâtir un château suffisant pour lui complaire, s'il lui plaît d'y séjourner.

Une prédiction de poète ne peut être menteuse, surtout quand elle est faite après coup. Dès lors, puisque Louise Labé est devenue propriétaire du lieu dans lequel elle fut « engendrée » à la lumière, il ne nous sera pas bien difficile de déterminer ce lieu. Nous verrons plus loin que la fille du cordier possédait une maison de campagne — un château, si l'on veut — « suffisant pour lui complaire, » puisqu'elle y a séjourné, puisqu'elle y avait son mobilier de choix, puisqu'elle tenait en particulière affection ses voisins, et puisque enfin elle y est morte; que cette maison, suivant de sérieuses probabilités, lui avait été laissée par son mari,— c'est bien l'héritage que Vénus tient en son pouvoir, — et enfin qu'elle était située à Parcieu, en Dombes, c'est-à-dire en amont de Lyon, audessus d'un pré encore appelé aujourd'hui *de la Cordière*, et à quelques minutes de la Saône, dont on aperçoit, de la terrasse, un des méandres les plus gracieux. Dès lors il me semble difficile de ne pas admettre que la mère de Louise Labé est venue à Parcieu — peut-être dans sa famille — mettre au monde la belle et spirituelle lyonnaise.

IV

SA JEUNESSE. — RÊVES DE MARIAGE. — L'ÉPISODE DE PERPIGNAN.

Entre un père déjà âgé et une belle-mère encore jeune, Louise Labé arriva à un âge où ses brillantes aptitudes durent chercher leur emploi ailleurs que sur la tapisserie, cet art dans lequel elle se vante de rivaliser avec Pallas, ou bien sur les cordes du « mignard luth. »

On comprend qu'elle ait consacré, suivant son témoignage, une partie de sa jeunesse à l'étude de la musique, ne fût-ce que pour répandre un peu d'harmonie dans cette demeure où, le père absent, une jeune fille de son caractère se trouvait en présence d'une belle-mère comme la fille du boucher Jean Taillard. Que de récriminations dut faire naître parfois, et couvrir bien souvent, le bruit de ces instruments dont elle se servait avec tant d'habilité, au dire de ses pires ennemis ! Le père, lui, s'absorbait dans les détails de son commerce, qui réussissait d'ailleurs parfaitement ; il gagnait de l'argent et faisait ses affaires ; mais on se figure aisément de quels yeux, à son âge surtout, il regardait grandir et se développer sa belle et intelligente fille, jusqu'au jour où Jeanne vint détourner à son profit une partie des tendresses paternelles. Quand il s'agissait de Louise, Antoinette Taillard devait perdre une partie de son influence, influence d'ailleurs incontestable, puisque Pierre Labé nous démontre par ses trois mariages qu'il fut toujours sensible aux Guillermette, aux Étiennette, et encore sur le tard aux Antoinette. Cependant je crois que tout devait se taire et rentrer dans un ordre extérieur des plus parfaits, lorsque le père se trouvait là : l'atelier marchait trop bien pour qu'il en fût autrement à la maison.

Son amour-propre, — plus que son intelligence peut-être, — satisfait des dispositions de son enfant, ne lui marchanda ni les instruments de musique, ni les écheveaux de soies variées, ni encore et surtout les livres. Même en faisant la part de l'exagération chez Paradin — part assez mince devant le témoignage de Du Verdier — il reste acquis que Louise écrivait des vers latins et italiens, parlait l'espagnol, lisait le grec, et qu'elle sut plus tard, par le charme de sa conversation, son principal talent, amener auprès d'elle les meilleurs esprits. Si bien doué soit-on par la nature, un tel résultat ne peut s'obtenir sans un travail prolongé ;

et l'étude, dans quelque « chambre courtoise » au-dessus de la boutique de son père, dut venir assez tôt disputer à la musique ses longues heures de solitude. Elle y apporta toute l'ardeur de son tempérament ; aussi ne faut-il pas s'étonner de la voir chercher dans les violents exercices du corps, l'équitation et les armes, une distraction et une détente aux travaux de son esprit. Elle semble d'ailleurs avoir trouvé, dans sa maison même, un maître en l'un au moins de ces deux arts, maître à qui elle donna dans son testament des preuves d'une véritable affection : c'est son frère François.

Mais quoi ? (soupire-t-elle), *amour ne put longuement voir*
Mon cœur n'aimant que Mars et le savoir.

Amour la posséda complètement et lui rendit « ennuyeuses » toutes les « œuvres ingénieuses » auxquelles elle avait jusqu'alors pris plaisir ; autrement dit, à l'heure marquée, l'écolière, avec ses jeux et ses livres, céda la place à la jeune fille tout absorbée par le rêve que l'on fait à seize ans. Un jour, elle se regarda dans son esprit — elle s'était regardée déjà dans son miroir — puis elle remarqua qu'elle se trouvait au fond de la boutique d'un cordier. Et pourtant, non loin d'elle, dans de hauts fauteuils armoriés s'asseyaient des femmes que l'on aimait, que l'on adorait, et qui étaient beaucoup moins séduisantes, de corps et d'âme. Elle pensa que ses blonds cheveux feraient honneur à une couronne de perles, que ses épaules étaient assez belles pour supporter, avec le poids des diamants, celui de quelque noble nom, et que son cœur aurait des trésors de tendresse pour qui voudrait lui donner l'un et l'autre. Elle repoussa un vieux poète italien, qui s'en alla mourir en Espagne, et elle aima un *homme de guerre*, qui ne comprit pas, qui ne voulut pas, ou qui n'eut pas la liberté d'accorder ce qu'on attendait de lui. La lutte fut longue entre la réalité et l'illusion longuement entretenue; mais enfin le rêve dut s'évanouir, en laissant dans l'esprit, sinon dans le cœur, qu'il avait hanté, des traces qui ne disparaîtront peut-être jamais. C'est alors, et pour chanter ses « maux passés, » qu'elle prit sa lyre :

Au temps qu'Amour d'hommes et dieux vainqueur
Faisoit bruler de sa flamme mon cœur,
. . . .
Encore lors, je n'avois la puissance
De lamenter ma peine et ma souffrance!
Encor Phœbus, ami des lauriers verts,
N'avoit permis que je fisse des vers.

L'aventure de Perpignan, qui tient une si grande place dans les biographies modernes, est un petit épisode de cette histoire des amours. Ces mots « aventure de Perpignan » éveillent l'idée d'une chevauchée dans les Pyrénées; et, en effet, les derniers biographes de Louise ont tous cru qu'elle avait suivi une expédition réelle contre les Espagnols, alors qu'il s'agit très certainement d'un tournoi, auquel elle prit part sans s'éloigner du Rhône, et peut-être sur le champ de Bellecour.

On connaît la passion des habitants des bonnes villes pour les parades militaires, passion particulièrement développée chez les citoyens bourgeois de Lyon. Louise nous parle de leurs joutes, de leurs tournois et de leurs « belles entreprises, » comme de choses très fréquentes; et les récits des historiens, aussi bien que les comptes des Trésoriers de la ville, nous montrent qu'ils ne laissaient échapper aucune occasion de défiler en armes et de jouer magnifiquement aux soldats. La plus connue, sinon la plus brillante, de ces fêtes militaires, fut donnée, en 1548, lors de l'entrée de Henri II : il y eut bataille navale sur la Saône et simulacre de combats de gladiateurs, dont le roi fut si charmé qu'il ordonna une seconde représentation. On peut citer également les fêtes de 1533 — sans doute en l'honneur de la Reine Éléonore et des Enfants de France — pendant lesquelles, outre le « mistayre d'Eructame (?) on « conduisit sur la rivière de Saonne, le mystaire du « Daulphin. » Enfin, dans plusieurs circonstances, des scènes guerrières, dont le motif était parfois emprunté à l'histoire des Romains, eurent lieu sur quelque champ de Mars préparé pour la circonstance. Il est permis de croire que les dames ont maintes fois pris part à ces sortes de représentations, car l'usage du cheval était commun parmi les femmes en ces temps de peu de voitures, et lorsqu'on était aussi jolie personne, aussi adroite écuyère, aussi habile archer que Louise Labé, on ne devait pas craindre de montrer en grande réunion les talents dont on savait faire preuve en petit comité.

L'auteur des *Louanges*, qui sur un aussi beau sujet ne pouvait être en retard ni de descriptions ni de lyrisme, y revient par trois fois, en appelant « les hauts dieux à son secours ; » et nous lui devons de savoir que notre belle amazone galopa sur quelque place de Lyon. Ce fut, nous dit-il,

Quand la jeunesse françoise
Parpignan environna.

En 1542, l'armée qui, sous le commandement du Dauphin, plus tard Henry II, allait mettre le siège devant Perpignan, passa par Lyon, où le Roi et le Dauphin se rendirent solennellement au milieu de la pompe et avec le lourd attirail d'un véritable luxe asiatique. Montluc nous dit qu'il n'avait jamais vu une armée plus belle ni plus brillante. La jeunesse lyonnaise, partagée en deux camps, espagnol et français, dut simuler, pendant le passage des soldats, la prise de Perpignan; naturellement c'était à la « jeunesse française » que restait la victoire, et c'est parmi cette jeunesse que se trouvaient les plus beaux figurants. François Labé étant « maistre joueur d'espée, » et maître assez habile pour figurer en cette qualité aux fêtes de l'entrée d'Henry II, en 1548, il n'est pas surprenant qu'il ait fait obtenir un rôle à sa sœur dans le tournoi de Perpignan :

Là sa force elle deploie,
Là de sa lance elle ploie
Le plus hardi assaillant.
Et brave dessus la selle

Ne démontroit rien en elle
Que d'un chevalier vaillant.
Ores la forte guerrière
Tournoit son destrier en rond,
Ores en une carrière
Essayoit s'il estoit prompt :
Branlant en flots son panache,
Soit quand elle se jouoit
D'une pique ou d'une hache,
Chacun prince la louoit :
Puis ayant à la senestre
L'espée ceinte, à la destre
La dague enrichie d'or,
En s'en allant toute armée
Elle sembloit par l'armée
Un Achille ou un Hector.

Ainsi s'exprime l'auteur des *Louanges*, et cette seule description de l'héroïne eût dû faire ouvrir les yeux aux rédacteurs de la notice de 1762 et les porter à ne pas placer dans les Pyrénées le « Perpignan » de ce poète, qui parle toujours en paraboles. Pour croire avec eux que Louise Labé suivit en Roussillon son père ou son frère « exerçant dans l'armée quelque emploi utile (?) ; » pour croire, avec les éditeurs de 1824, que le « patriotisme de Jeanne Hachette ou de Jeanne d'Arc » l'avait poussée aux combats ; pour croire, avec celui de 1875, que sa jeune et folle tête lui fit faire cette « équipée semi-guerrière, semi-amoureuse ; » pour croire enfin, avec tous les biographes modernes, qu'elle a réellement pris part au siège de Perpignan, déguisée en homme et sous le nom de *Capitaine Loys*, il faudrait, ce me semble, quelque chose de plus que les deux vers du poète anonyme tout enthousiasmé de son « panache. »

Si Louise est allée à Perpignan-en-Roussillon, comment ses amis ont-ils passé sous silence cet incident, qui leur permettait de tresser dans leurs couronnes faites avec sa beauté, sa science, sa poésie et sa vertu, les fleurs plus vives du courage et du patriotisme? Et comment se peut-il que ses ennemis, que Rubys surtout n'ait pas puisé là du bout de sa plume venimeuse, pour établir avec précision que, si « elle fit profession de courtisane publique jusqu'à sa mort, » elle avait appris son métier de bonne heure et à bonne école? Comment se fait-il que parmi tous les contemporains qui nous parlent de son habileté à monter à cheval et à faire des armes, aucun ne dise un mot de ce fait si propre à justifier ou son admiration ou son mépris? Quant à Du Verdier, *le seul* qui nous révèle l'existence du *Capitaine Loys*, il nous éloigne singulièrement du siège de Perpignan, puisqu'il nous dit: « Elle piquoit fort bien un cheval, à raison de quoi les gentilshommes qui avoient accès auprès d'elle l'appeloient Capitaine Loys. » Et c'est tout.

Pour expliquer cette participation au tournoi de Perpignan-en-Bellecour, ou autre lieu du Lyonnais, il n'est pas nécessaire d'appeler à son aide l'amour-propre de François Labé, son professeur, heureux de produire une élève aussi remarquable, l'inventeur même de ce Perpignan, l'auteur des *Louanges*, éprouve le besoin d'expliquer lui-même cette participation ; il nous dit :

Ainsi cette belliqueuse
Ne fut jamais orgueilleuse,
Telle au camp elle n'alla ;
Ains ce fut à la prière
De Vénus sa douce mère
Qui un soir lui en parla.

Nous nous doutions bien que Vénus était en cette affaire, et qu'elle avait fabriqué ce costume de l'héroïne dont le poète émerveillé nous fait une description si complète ; description, soit dit en passant, qui répond mieux à l'habillement d'une amazone allant conquêter un « homme de guerre » dans un tournoi, qu'à celui d'un modeste capitaine guerroyant dans les Pyrénées.

C'est en effet un « homme de guerre » qui fut aimé de Louise Labé ; et l'histoire de ces amours est racontée dans l'ode grecque qui ouvre les *Escrits de divers poëtes*, dans les *Louanges* et dans les *Élégies* mêmes de Louise. Il est facile de la lire entre les lignes « en se souvenant, a dit Sainte-Beuve, que des débats semblables se raniment encore après des siècles, autour des noms d'Éléonore d'Este et de Marguerite de Navarre ; et, pourvu que le pédantisme ne s'en mêle pas (comme cela s'est vu), de telles contestations agréables, qui font vivre dans le passé et qui se traitent en jouant, en valent bien d'autres plus présentes. »

L'auteur des *Louanges de dame Louise Labé* place

« la mignonne pucelle » dans le jardin de la maison de son mari, afin d'avoir l'occasion d'en faire la description, et il lui fait dire :

Si Vénus m'a rendu belle
Et toute semblable qu'elle
Avec sa divinité,
Que pourtant elle ne pense
Qu'en un seul endroit j'offense,
Ma chaste virginité.

A ce moment, un doux sommeil « dessus ses yeux se pose, » et sa mère Vénus en profite pour lui apparaître en songe et lui prophétiser la première partie de son existence, en ces termes, ou à peu près : Il est bon d'estimer Minerve et de se délasser avec Diane ; mais il ne faut pas mépriser ton frère Amour, qui est le plus puissant des dieux. A l'heure qu'il est, il s'apprête à te lancer une flèche dont il t'abattra par terre, et en cela il tirera vengeance du bon poète romain que tu as si cruellement dédaigné. Il est heureux que tu aies appris à monter à cheval et à faire des armes : cela te servira quand tu seras aux prises avec la grande cruauté d'Amour. Mais, après un temps d'épreuve, ton frère te rendra à ta liberté première ; et alors, laissant dague et épée, « ton habit tu reprendras » et « ton doux luth tu retendras. » Malheureusement, à cet endroit si intéressant, Vénus et sa prophétie passent à un autre ordre d'idées, et nous sommes obligés d'aller chercher la suite à travers les lignes de l'ode grecque, dont voici la traduction littérale :

« Les chants mélodieux de Sapho ont péri engloutis dans l'abîme du temps.

« Mais, tendre élève des amours et de la charmante déesse de Paphos, voici que Louise Labé les a retrouvés.

« Ce prodige nouveau vous surprend, et vous demandez peut-être d'où vient cette muse inconnue.

« *Apprenez donc que pour son malheur elle s'est éprise elle aussi d'un Phaon, d'un cruel et d'un insensible.*

« Sa fuite lui a percé le cœur; et sur les cordes de la lyre l'infortunée a voulu redire ses souffrances. »

Il était difficile d'être plus clair et plus précis, à la faveur du grec ! Et l'auteur de cette ode avec celui des *Louanges* complètent ce qu'écrit en pleurant la victime elle-même dans ses *Élégies*. A eux trois, ils nous montrent l'homme de guerre qui a laissé un espoir germer dans son esprit et éclore dans son cœur de jeune fille, mais qui, séduit par un autre caprice ou dompté par la volonté paternelle, s'est détaché des premiers liens.

Elle le lui reproche doucement dans la IIe élégie, quand, s'examinant devant Dieu, elle dit :

J'ay de tout tems vescu en son service,
Sans me sentir coulpàble d'autre vice
Que de t'avoir bien souvent en son lieu
D'amour forcé, adoré comme Dieu.

Puis, rappelant avec beaucoup de finesse et d'à-propos la réputation dont elle jouit,

Soit en beauté, vertu, grâce et faconde,

elle lui adresse ces caressants reproches sortis d'un cœur saignant de quelque blessure d'amour-propre :

> *Goute le bien que tant d'hommes desirent :*
> *Demeure au but où tant d'autres aspirent :*
> **Et croy qu'ailleurs n'en auras une telle.**
> **Je ne dy pas qu'elle ne soit plus belle :**
> **Mais que jamais femme ne t'aymera,**
> **Ne plus que moy d'honneur te portera.**

Devons-nous le passage que terminent ces vers charmants à quelques paroles méchantes prononcées par un soupirant sans espérance? à quelque réflexion moqueuse ou brutale de la fille du boucher Taillard? à une pensée dont elle aura cru saisir la fugitive expression dans les yeux de l'homme qu'elle avait choisi? ou seulement à la crainte que cette pensée pouvait traverser l'esprit de ce Phaon farouche et inflexible? Elle a emporté son secret avec elle ; mais les vers tombés ce jour-là de ses lèvres, ces vers d'une passion si fière et si tendre, ont gardé la trace profonde du sentiment qui les avait fait naître.

V

SON MARIAGE. — LA FAMILLE PERRIN. — LE PROCÈS DE GENÈVE.

De son voyage au pays des beaux rêves il ne restait à Louise Labé que la fatigue de la route : lorsque les illusions qui l'avaient isolée un instant des hôtes de la rue de l'Arbre-Sec se furent envolées, elle se retrouva plus mal que jamais dans la boutique de son père. Quelqu'un du nom d'Ennemond Perrin s'offrit à l'en retirer, et ce « bonhomme de Cordier, » qui venait à son heure, dut produire l'effet de la Terre promise aux yeux d'Israël fatigué de la manne et du désert. Il était riche des biens de la terre, et de plus il était cordier. Aux yeux du père Labé, cet homme constituait un bon placement; aux yeux de sa femme, un excellent débarras; à ceux de Louise, un changement d'existence : pour tous, c'était le bonheur.

L'homme qui épousait Louise Labé n'est pas le seul à Lyon, dans ce temps-là, ni de son nom, ni de sa profession, ni même de son prénom ; et c'est avec beaucoup de réserve qu'il faut se servir des documents dans lesquels on pourrait le croire mentionné, sous peine de s'exposer à le confondre avec ses homonymes, et notamment avec celui du quartier de la Grenette.

Le 2 avril 1551 (après Pâques), Ennemond Perrin, cordier de Lyon, signe avec le Consulat un accord, dans lequel il déclare agir « tant pour luy que pour Loyse Charly dicte Labbé, sa femme. » Cet accord a pour objet le règlement de « lods » ou droits de mutation, exigés « *à cause de l'acquisition par lesdits mariés Perrin faicte de leur maison d'habitation ;* » et un autre acte du même jour nous apprend que cette maison joignait le jardin et une autre maison possédés « en son nom propre » par Ennemond Perrin à l'angle de la rue Confort. J'imagine que Louise Labé trouva trop petite la maison de son mari — elle n'avait qu'un seul étage — et qu'à la première occasion les « mariés Perrin » achetèrent, de leurs deniers communs, celle du voisin. Ils se hâtèrent même d'aménager à leur convenance les deux immeubles réunis, car déjà, lorsqu'ils payent les droits de mutation, ils ont tout l'air d'occuper l'habitation récemment acquise.

L'acte de 1551 tranche une question souvent débattue, celle de savoir si Louise Labé était mariée lorsqu'elle publia ses œuvres. Il est certain maintenant qu'elle était mariée, mais nous ignorons depuis quand ;

de même que nous ignorons si réellement son mari était, comme on l'écrit partout, beaucoup plus âgé qu'elle : c'est possible, mais ce n'est pas prouvé.

Quoi qu'il en soit, jeune ou vieux, Ennemond Perrin apportait à sa femme un véritable contentement, et voilà sans doute pourquoi Louise s'occupa à chanter « ses ennuis, ses dépits, ses regrets et ses larmes, » tout le cortège des douleurs d'autrefois. Elle met tant d'insistance à nous dire qu'elle écrivit ses vers après la fin de ses malheureuses amours, et il est si naturel au poète heureux de chanter ses « maux passés, » que je daterais volontiers de la lune de miel cette IIIe Élégie toute pleine des « amoureuses noises. » Plus tard, quand elle la relira avant de la donner à l'imprimeur, elle ajoutera quelques lignes pour implorer la pitié des dames lyonnaises (dont elle se moque) et pour les prier de modérer les coups de leur « langue lézarde ; » elle laissera subsister les « seize hivers, » qui servent à marquer la première heure des « ennuis divers ; » mais certainement elle ramènera à un chiffre tenu entre le vrai et le vraisemblable le nombre des étés qui indiquent l'heure présente, dût ce « treizième été » porter malheur à la sagacité des biographes à venir. Plus tard, elle reverra ses œuvres ; mais « le plus grand plaisir qui soit après amour c'est d'en parler, » et alors quel moment meilleur pour subir cette nouvelle tyrannie de Cupidon que celui où, libre de ses mouvements et maîtresse de ses pensées, elle se trouvera véritablement chez elle et assise à un foyer d'où la fortune de son mari éloignait les préoccupations, les soucis et les peines !

Ici doit se placer un incident très curieux en ce qu'il nous explique comment Calvin a parlé de la Belle Cordière et surtout pourquoi il en a parlé dans les termes que l'on sait.

Le 14 juillet 1552, un certain Jean Varoz, dit Yvard ou Yvert, qui, l'année précédente, en compagnie d'un libraire du nom d'Étienne Robinet, s'était fait recevoir « habitant de Genève, » déposa une demande en séparation contre sa femme Antonia Rollette ou Rossette. Il se plaignait de sa femme, « qui, dit-il, est à Lyon, qui la volu empoisonner, et qui s'est adonnée à paillardise. »

Le Consistoire présidé par Calvin s'étant réservé la connaissance des questions d'état, c'est devant lui que l'affaire fut engagée : le 21 juillet, cinq témoins, cités à la requête du mari, vinrent déposer. L'un d'eux déclara que la femme d'Yvard « hantoit bien privement une nommée la Belle Cordière, » et un autre, le libraire Robinet, ajoutant un détail précieux à recueillir, dépose que la femme d'Yvard « se governe fort mal, et ordinairement fréquente *sa cousine* la Belle Cordière et tient fort mauvais train. » Disons entre parenthèses que, dans l'acte d'acquisition de la maison de la rue Confort déjà mentionné, on cite, parmi les propriétaires confinants : « les hoirs de feu Anthoine Rosset, barbier. » Cet Antoine Rosset, barbier, a tout l'air d'être le père d'Antonia Rossette, qui, d'après Robinet, « à l'instigation *d'un barbier* » dont elle avait sans doute fait la connaissance dans la boutique d'Antoine, « alloit à Saint-Clair, et là paillardoit avec un italien. » La femme d'Yvard, cousine de la Belle Cordière, était donc en même temps sa très proche voisine.

Enfin, le 25 du même mois de juillet, le Consistoire nomma des commissaires, qui, dès le lendemain, donnèrent lecture de leur rapport et de leurs conclusions. Ces conclusions étaient « que soit escript aux Srs de Lyon dudit affaire soit par lettres ou requisitoire ou meilleur mode que faire se porra. » Dans leur réponse au sujet de la femme d'Yvard, les magistrats de Lyon, parlèrent-ils à leurs confrères genevois de *sa cousine la Belle Cordière?* Cette réponse, que nous serions si curieux de connaître, ne nous est pas parvenue, et nous avons même des motifs pour croire qu'elle n'a jamais été faite. Le procès dont il s'agit s'ouvre en 1552, à une époque où tout ce qui vient de Genève est suspect, où les rapports sont extrêmement tendus entre cette ville et Lyon qui se tient sur la défensive et qui, dans quelques mois, brûlera cinq jeunes gens venus de la Suisse pour prêcher la Réforme. Messieurs de Lyon ne devaient pas être bien pressés de répondre aux membres du Consistoire, surtout si, à cause de la question de divorce, la réponse devait émaner de l'Officialité. D'ailleurs je rencontre, à la date du 15 décembre suivant, mention du décès de Jean Yvard, et je m'explique alors comment on ne trouve pas de solution judiciaire à cette affaire, que la mort du demandeur termina probablement avant la fin de la procédure.

Au fond, l'histoire de cet Yvard, qui s'est fait recevoir citoyen de Genève sans doute pour se débarrasser de sa femme, nous importe fort peu, et l'opinion de ses témoins, dont nul débat contradictoire n'établit la justesse, ne nous intéresse qu'à demi. Cependant il faut retenir leurs dires, car ces gens représentent, au moins autant que Rubys et Paradin, ce qu'on appelle l'opinion publique, cette reine régnante et gouvernante, qui régit si mal le monde, mais à qui tout le monde obéit. Ils font partie de ce jury irresponsable et intéressé qui jamais ne se récuse, et dont le verdict ne se révise qu'après la mort du condamné. Ces gens forment une des sources auxquelles il faut remonter pour découvrir « les sornettes si très âpres » dont François de Billon recueillera le bruit deux ou trois ans plus tard. Et, au fait, que pouvait être, pour les témoins d'Yvard, la femme de Perrin? Cette Belle Cordière était leur cousine et leur voisine. Elle avait été élevée à côté de leurs femmes, de leurs sœurs ou de leurs filles : dès lors, ils la regardaient, ils l'observaient, et ils la jugeaient en se servant, dans leurs jugements, des éléments d'appréciation dont ils disposaient. Elle n'avait pas tout à fait le même genre de vie que leurs femmes : donc elle avait tort. Elle était flattée, aimée, entourée par des hommes que leur position sociale mettait au-dessus d'eux et au-dessus d'elle : donc elle vivait mal. Elle avait toutes les séductions, elle était environnée de toutes les tentations : donc elle était coupable. Incapables de comprendre sa manière de vivre, incapables surtout de porter une beauté comme la sienne entre tant de bras ouverts sans l'y laisser tomber à chaque mouvement, il ne leur venait pas à l'esprit que leur voisine pût faire autre chose que ce qu'ils auraient probablement fait eux-mêmes s'ils avaient été à sa place.

VI

LA BELLE CORDIÈRE. — SA SOCIÉTÉ. — LES GENS DE LETTRES. — PUBLICATIONS DE SES OEUVRES.

TANDIS que son nom et sa personne étaient ainsi livrés aux appréciations des témoins d'Yvard ; tandis que la Belle Cordière classait dans son appartement agrandi les « bons livres latins et vulgaires, italiens et espagnols, dont son cabinet était copieusement garni, » les gens de lettres prenaient assez fréquemment le chemin de la rue Confort. Parmi les nombreuses cités de France qui alors vivaient d'elles-mêmes, Lyon, placé à la limite du midi et du nord, sur la route de Genève et en relations constantes avec l'Italie, Lyon était un centre intellectuel que Paris n'éclipsait pas totalement. La renommée de ses imprimeries s'étendait au loin, et si l'on donnait le volumineux catalogue des livres imprimés à Lyon, pour des auteurs de tous les points de la France, de l'Italie et de l'Espagne, on serait étonné des noms célèbres qui s'y trouveraient. A ce moment là, on ne se doutait pas encore des effroyables calamités qui allaient fondre sur la ville, chaque poète faisait son petit ramage, et dans le concert donné sur les bords de la Saône se trouvaient des artistes de tous les pays.

Ceux qui se piquaient d'aimer les lettres et les nombreux lettrés de marque qui traversaient la ville ne pouvaient manquer, un jour ou l'autre, de venir admirer le petit phénomène dont on commençait à beaucoup parler. On venait chez Louise Labé, *prendre le thé*, c'est-à-dire goûter « d'exquises confitures, » en faisant de la musique, en lisant des vers et en devisant des livres nouveaux. Réunions toutes privées, et peut-être plus authentiques que celles de cette *Académie angélique* de Fourvières dont le P. Colonia nous fait connaître les membres et les règlements, sans parvenir à nous convaincre de son existence.

Aucun voyageur ne nous ayant conservé, dans ses lettres sur Lyon, le récit d'une soirée chez Louise Labé, nous sommes obligés de fouiller les quelques pages qui nous parlent d'elle, pour tâcher de nous la représenter dans son intérieur.

Sous les traits assez raides, gravés en 1555, par Woëiriot, on devine une jolie femme, et quand on anime ce visage si expressif, au dire des contemporains, on comprend qu'elle ait fait tourner des têtes beaucoup moins mobiles que celle d'Olivier de Magny. Du Verdier, qui ne l'avait pas entendue chanter, qui ne l'avait pas vue danser, qui ne l'avait pas écoutée parler, a pu, sur le soir de sa vie, la trouver de « médiocre beauté, » tandis que son voisin, le bon curé de Beaujeu, qui l'avait connue au temps où elle « florissait, » trouve sa « figure plus angélique qu'humaine. » C'est surtout par la grâce — ce parfum de la beauté — qu'était belle cette aimable blonde, aux cheveux frisés, aux grands yeux caressants, à la bouche maligne et au beau front intelligent ; c'est lorsqu'elle chantait, en faisant courir sur son luth cette main comparée par le poète à celle de l'Aurore, qu'elle avait le « regard traitrement gracieux, » à qui nous devons une des plus jolies pièces de Baïf :

O ma belle rebelle,
Las, que tu m'es cruelle...;

c'est lorsque ce corps, souple mais potelé, se balançait dans quelque nouvelle *pavane* apportée d'Italie, que se révélait toute l'élégance de la femme ; c'est lorsque, « d'un petit geste non autre que céleste, » elle soulignait une fine remarque sur les vers de Pétrarque, son poète favori ; c'est alors tout particulièrement que ses admirateurs subissaient le charme. Il y avait là tour à tour pour l'écouter, Maurice Scève, François de Billon, Baïf, Pontus de Tyard, Olivier de Magny, Fumée, Moulin, Charles Fontaine, Jean de Vauzelle, Paradin, Peletier du Mans, la Tayssonnière, Luigi Alamani, Gabriel Symeoni, Mellin de Saint-Gelais, Guillaume Aubert de Poitiers, le chanoine Gabriel de Saconay, sans doute Marot, et enfin cette intéressante Clémence de Bourges, « la perle des demoiselles lyonnoises. »

Je ne succomberai pas à la tentation de rassembler dans ce cadre étroit tous ceux qui, au milieu du XVIe siècle, brillaient à Lyon dans le monde des lettres, pour me donner le plaisir de faire rayonner au milieu d'eux la spirituelle et gracieuse maîtresse du logis. Ce serait facile, ce pourrait être joli ; mais serait-ce bien vrai ? En recueillant, comme nous venons de le faire, les noms des poètes qui lui ont adressé des vers, ou qui sont cités par l'auteur des *Louanges*, c'est-à-dire en réunissant tous ceux que l'on peut affirmer avoir connu Louise Labé, et même en acceptant sans discussion les noms mis au bas de plusieurs pièces anonymes, qui trouvons-nous auprès d'elle ? Beaucoup d'écrivains de passage, peu de Lyonnais et une seule femme. En dehors des curieux qui se faisaient conduire chez la Belle Cordière, qui payaient leur bienvenue de quelques vers à sa louange, et qui plus tard utilisaient ces vers ailleurs, comme Baïf, Magny et Pontus de Tyard, le cercle des habitués de la maison ne me semble pas avoir été aussi étendu qu'on le dit généralement.

Au milieu de ces « sçavants hommes, » et en donnant une place toute particulière à Fumée, non pas parce qu'il a fait l'ode *De Aloysiæ Labææ osculis*, mais parce qu'elle-même a fait imprimer ces vers de lui :

Tant tes vers amoureux t'ont donné los et bruit
Qu'heureux me sens t'avoir non le premier aimée,
Mais prisé ton savoir avant la renommée ;

au milieu de ces savants hommes et sans doute par leur conseil, Louise Labé revit ses vers et se décida à les faire imprimer. Le mari de Pernette du Guillet avait donné au public ceux de sa « gentille et vertueuse dame, » morte depuis quelques années. Ils avaient eu un vrai succès puisque, en 1552, on en faisait une nouvelle édition, et ce succès ne fut peut-être pas étranger à la résolution de publier ses œuvres, prise par Louise Labé, peu de temps après, car le privilège accordé par le roi est daté du 13 mars 1554. Peut-être aussi devenait-il nécessaire que la Belle Cordière publiât une véritable édition de ses œuvres, qui commençaient à circuler en manuscrit dans la ville et que cette circulation était de nature à altérer d'une façon compromettante, à cause de leur genre amoureux. C'est ce que dit la requête de Louise visée dans le privilège du Roi. Souvent, il est vrai, on arguait de copies subreptices pour obtenir ces privilèges qui ne se refusaient jamais; mais ici la circonstance à laquelle je fais allusion est si vraisemblable qu'elle peut être tenue pour vraie. En tout cas, il dut y avoir quelque hésitation, hésitation bien naturelle d'ailleurs, car notre poète est, je crois, la seule Lyonnaise de son temps dont les vers aient été imprimés du vivant de l'auteur. De toutes les femmes poètes de Lyon, des Jeanne Gaillarde, Jacqueline Stuard, Jeanne Creste, Claudine, Sybille et Jeanne Scève, des Claudine Péronne et Jeanne Faye, des Sybille Cadière et Clémence de Bourges, de toute la pléiade des *plumes dorées* célébrées par Marot, il nous reste seulement des noms et quelques vers, conservés dans les ouvrages de l'époque avec les éloges des contemporains. L'inspiration, l'influence d'un événement, les conseils d'une personne, le milieu ou la mode, portaient à écrire des vers qu'on adressait à ses amis ; mais les femmes n'écrivaient pas par calcul et en vue de l'impression : de là, sans doute, une partie du naturel et du charme des ouvrages de ce temps. Aussi la conviction que ses écrits méritaient « quelque gloire » ne suffisait pas à Louise Labé pour la laisser « se montrer volontiers en public seule, » suivant ses propres expressions. C'est alors et à la dernière minute — le 24 juillet 1555 — qu'elle choisit Clémence de Bourges, une toute jeune fille de grande famille lyonnaise, pour lui dédier son livre.

On ne pouvait mettre plus adroitement une sourdine aux « sornettes » qui commençaient à courir, et qui ne devaient pas manquer de s'amplifier au lendemain de l'apparition d'un livre tout entier consacré à l'amour. Aujourd'hui encore, l'épître à cette noble jeune fille, dont elle se signe *l'humble amie*, est la réponse la plus péremptoire aux « Brocardeurs » de Billon et aux témoins du procès de Genève. Quand la fille de Claude de Bourges mourut, bien jeune encore, sept ans environ après que la Belle Cordière lui avait dédié son livre, les contemporains furent unanimes dans l'éloge, et le peuple lui-même s'associa à ces éloges des poètes et des historiens, alors qu'on la portait au cimetière avec le visage découvert, la robe blanche et la couronne de fleurs des jeunes filles. Du reste, son père et sa mère étaient, mieux que personne, en situation pour savoir ce qui se disait dans la ville, et il est inadmissible que l'un et l'autre eussent laissé publier une dédicace faite à leur fille, presqu'une enfant, par une femme de réputation équivoque. Il faut donc en conclure, ou bien que toutes ces « sornettes » n'avaient pas assez de consistance pour être parvenues jusqu'à l'hôtel de Bourges, ou bien qu'elles y étaient parvenues, mais qu'on n'avait pas cru devoir en tenir compte.

Une grande intimité, a-t-on écrit, suivie d'une brouille éclatante, aurait existé entre Clémence de Bourges et Louise Labé « qui lui enleva son amant. » Cette intimité, cette brouille et cet amant n'ont jamais paru que sous la plume d'Irailh. Cette méchante langue d'abbé du XVIIIe siècle a fait battre tous les gens de lettres, depuis Homère, et il nous a donné le spectacle de ces batailles jusque dans leurs plus menus incidents. Il est entré avec des frétillements de joie dans la maison de la Belle Cordière, ce « temple des Muses et de la volupté, » et il a tout vu, tout entendu et tout raconté, sauf le nom de l'heureux mortel dont Clémence et Louise se seraient disputé le cœur; il sait tout — comme si c'était arrivé — et il nous narre la scène avec une précision et un luxe de détails inimaginables. Son chapitre débute ainsi : « C'étaient les deux Sapho du XVIe siècle. Elles lui ressemblaient par la beauté du génie, par leur talent de faire des vers enjoués, délicats et faciles, et par le dérèglement de leur conduite. »

Le dérèglement de la conduite de Clémence de Bourges ! — Passons.

Une édition en 1555, deux autres éditions à Lyon et une à Rouen, dans le courant de l'année 1556, révèlent le succès des *Œuvres de dame Louise Labé, Lyonnoise.* On parla donc de cette femme, on en parla même beaucoup, et, comme il est interdit à une femme de faire parler d'elle, on la punit de la faute qu'elle venait de commettre. Les dames lyonnaises, jalouses de sa beauté ; sa famille, envieuse de ses relations ; et, il faut bien le dire, les poètes, ses admirateurs, froissés peut-être de sa réputation, tous semblent s'être entendus pour l'accuser, ou tout au moins pour ne pas la défendre. Son talent n'étant pas contestable et sa beauté pouvant difficilement être niée, on s'en prit à la femme.

VII

L'ODE A SIRE AYMON PAR OLIVIER DE MAGNY. — DERNIÈRES ANNÉES DE LOUISE LABÉ. — SON VEUVAGE.

Ce fut Olivier de Magny, un poète, qui ramassa les premiers traits jetés sur Louise Labé, et qui les lui renvoya tous à la fois après les avoir aiguisés. Olivier de Magny, au dire de Baïf, qui le plaisante assez agréablement, avait été un des adorateurs les plus passionnés de la Belle Cordière : il alla jusqu'à en perdre le boire et le manger. Seulement il semblerait — toujours d'après Baïf — qu'il en fut pour ses frais de démonstrations et de belles ardeurs, qu'on le laissa *languir dans sa détresse*, qu'on resta *ingrate* et qu'on *s'endurcit fièrement* contre son amoureux tourment.

L'impression de l'épître de Baïf sur ce sujet, — *l'Épitre à ses amis des gracieusetés D. L. L.*, — à la suite des œuvres de Louise, aurait-elle froissé Olivier de Magny dans un moment où, d'autre part, sa susceptibilité d'auteur pouvait être éveillée par un succès que lui-même n'avait pas encore obtenu ? Le secrétaire de Jean d'Avanson, trompé par de très faciles triomphes sur de très faciles beautés de Rome, aurait-il, en revenant à Lyon, voulu parler dans la rue Confort le langage si libre dont il se sert dans ses *Gayetés;* et Ennemond Perrin, arrivant au secours de sa femme, aurait-il mis à la porte l'auteur des *Soupirs ?* L'abbé Irailh a oublié de nous raconter cette « querelle, » mais nous savons sans lui que, si Olivier de Magny semble en vouloir un peu à Louise, il en veut plus terriblement à son mari. Dans les vers auxquels nous faisons allusion, et qu'il fit imprimer à son adresse, en 1559, sous le titre : *A Sire Aymon*, le poète représente ce pauvre sire comme un pavillon couvrant la marchandise dont il se vante d'être l'heureux contrebandier. Il résume ces deux pensées dans cette strophe, la dernière :

Et lors qu'avec ton tablier gras
Et ta quenouille entre les bras,
Au bruit de ton tour tu t'égaies,
Puisse-t-elle toujours de mes plaies
Que j'ay pour elle dans le cœur,
Apaiser la douce langueur...

Fit-il pas mieux que de se plaindre ? Du reste le cœur n'était pas pour beaucoup dans les inconstantes amours du poète, qui chante tour à tour ou même simultanément *Anne*, *Marguerite*, *Madeleine*, *Loyse*, et qui s'écrie :

La nature m'a fait, et la nature est belle
Par la diversité que nous voions en elle ;
Je suis donq naturel, et ma félicité
En matière d'amour c'est la diversité.
Aymons donques partout, et ces sottes constances
Chassons de nos amours et de nos alliances,
Aymant quand on nous ayme, et nous gardant toujours
La liberté d'entrer en nouvelles amours.

Il est vrai qu'en cette matière l'amour-propre joue un grand rôle, et que le poète fait, un jour, dans ses *Gayetez*, une déclaration dépouillée d'artifice :

Mais aussi, nymphe sémillante,
Si tu pensois à pouvoir lente
A ce complot ne consentir,
Tu pourrois bien t'en repentir.
Parce que volontiers la muse
Se fasche quand on la refuse,
Et que le refus d'un baiser
Ne la peut jamais apaiser,
Tant et tant elle se dépite
Quand elle se voit esconduite,
Ou quand trop longtemps on attend
D'accorder ce qu'elle prétend...

De quelque manière qu'on l'envisage, son ode au mari de la Belle Cordière fut une mauvaise action, mais une de ces mauvaises actions qu'on voit commettre journellement, circonstance qui pour certaines consciences les rend pardonnables. C'est d'ailleurs le malheur de la femme célèbre : pour elle, la classique roche

Tarpéienne n'est pas à côté du Capitole : elle est faite de chacune des marches de l'escalier qui y conduit. Tant que les quatre murs de sa demeure bornent son horizon, elle peut espérer qu'on la laissera en repos; mais le jour où, touchée par le feu sacré, elle s'éclaire sur un point quelconque de la sphère intellectuelle, malheur à elle! l'artiste brille, mais la femme brûle.

Les dames lyonnaises paraissent s'être chargées d'entretenir le feu[Riche et sans enfants, Louise Labé, qui pouvait consacrer à l'étude tout son esprit et tout son temps, trouvait dans la société des hommes instruits un plaisir que les autres femmes ne comprenaient guère et que quelques hommes, même dans son entourage, durent être assez fats pour ne pas s'expliquer] La femme ainsi placée contracte une manière nouvelle de parler, d'agir et surtout de penser; elle a dû d'abord se faire violence pour rejeter un certain nombre d'idées vraies ou fausses, mais reçues, et plus tard elle finit par se trouver quelque peu mal à l'aise avec ses « sœurs, » très nombreuses, qui ne l'ont pas suivie dans son évolution. Insensiblement elle se débarrasse de quelques-unes des petites obligations gênantes imposées par l'usage à la moitié du genre humain, et elle paraît déserter, en quelque sorte, le poste confié à l'honneur de tout le régiment.

Et puis, chez la Belle Cordière, surtout après la publication de ses œuvres, les savants hommes, espèce à part, ne vinrent plus seuls : ils introduisirent à leur suite « seigneurs, gentilshommes et autres personnes de mérite, » voire, paraît-il, « maint et maint brave capitaine. » Ces hommes de qualité, eux, sacrifiaient sans peine à la jolie femme une grande partie de leurs préjugés ; ils pouvaient facilement, avec un peu d'esprit, s'excuser auprès des hautes et puissantes dames de cette sorte de mésalliance sociale, en disant que le talent, cette signature de Dieu, confère la noblesse aussi bien que la signature du Roi. Mais les hautes et puissantes dames n'aimaient pas à élever leurs pensers jusque-là : pour elles, toutes les raisons qui amenaient leurs fils, leurs frères ou leurs maris, dans la maison de Perrin, devenaient des motifs de suspicion, de jalousie et de haine. Celles qui avaient à leur service quelque lettré pouvaient connaître par ouï dire certain vers de Virgile que Racine devait traduire, et écraser de leur dédain cette cordière,

Fille, femme, sœur et tante de cordiers.

Louise Labé traînait d'ailleurs à son pied, comme un véritable boulet, toute une collection de cordiers, de bouchers, de meuniers, de barbiers, de cordonniers, ses parents ou les parents de ses parents, et, ce qui était bien pire encore, toute la partie féminine de leurs familles. Louise, en vraie grande dame qu'elle était, ne fut pas fière : elle les « hantoit fort privément, » témoin sa cousine Antonia Rollette. Mais que de fois tout ce monde, peut-être après avoir dîné chez elle, dut-il observer de la cuisine ce qui se passait au *salon* ou dans le jardin ? Voit-on la maîtresse de la maison, fière de la visite d'un personnage, l'accueillant avec une grâce parfaite et avec cette politesse, fort démonstrative, encore en usage au temps de ces femmes qui pour l'amour du grec embrassaient un savant? Entend-on, derrière la porte, Antoinette Taillard, les bras au ciel, disant qu'elle avait bien prévu tout cela, mais déclarant solennellement qu'elle a fait son possible pour l'empêcher et que sa conscience de belle-mère ne lui reproche rien? Et alors un mot plus ou moins bien entendu et plus ou moins bien répété, un mot venant des parents eux-mêmes, n'est-il pas suffisant pour faire naître, dans le public, une suite de petites médisances, qui ne tardent pas à donner le jour aux plus vilaines calomnies? Mais, qu'elles viennent de la sottise ou de la méchanceté, — ces deux sœurs jumelles, — les morsures faites dans la chair d'une jolie femme sont difficiles à guérir, et il n'est pas surprenant que, plus de trois siècles après, on puisse les prendre encore pour les traces du vice.

Il en coûte cher d'écrire quelques vers dont on parle! a dû se dire parfois Ennemond Perrin. Du Verdier remarque que Louise « étoit mariée à un *bonhomme* de cordier; » mais nous ne sommes pas tenus de prendre au pied de la lettre l'expression du noble sieur de Vauprivas, et de considérer Perrin comme le « Jean-Jean » dont parle la *Chanson nouvelle de la Belle Cordière.* La position de mari d'artiste à toujours eu de quoi faire sourire, même quand ce rôle est tenu par de fort habiles gens, qui savent rester seigneurs et maîtres quoique en demeurant dans la pénombre. Tout en ne supposant pas des qualités supérieures chez Perrin, du moins on a peine à croire Louise Labé si abandonnée des dieux et des hommes que, voulant se marier, elle en ait été réduite à un triple sot peu fait pour inspirer la jolie page du *Débat* sur l'amour dans le mariage. Autant vaudrait dire tout de suite qu'elle avait pris un mari pour n'en pas avoir, et qu'après lui avoir fait faire un testament en sa faveur elle donna commission à sa terrible cousine, la femme d'Yvard, de l'empoisonner.

Ennemond Perrin vivait encore en 1559, quand Magny, dont les vers ne devaient pas rester en portefeuille très longtemps, lui adressait sa fameuse ode :

Si je voulois par quelque effort
Pourchasser la perte ou la mort
Du sire Aymon...

Supposer le contraire serait charger d'un nouveau méfait la mémoire du poète, et il a été déjà assez coupable envers les vivants, pour ne pas l'accuser gratuitement d'avoir outragé un mort. J'aime mieux croire qu'en 1559 le mari de la Belle Cordière s'occupait encore de son commerce et surtout de ses domaines hors la ville. Il me paraît, en effet, que sans se trouver peut-être entièrement retiré des affaires, Ennemond Perrin, au moins pendant la dernière partie de sa vie, vécut beaucoup plus à la campagne qu'à Lyon, et que Louise Labé devenue veuve y séjourna de préférence. Ainsi, on trouve assez fréquemment dans les pièces de comptabilité de la ville et de l'hôpital le nom de

Pierre Labé, qui livre aux Recteurs ou au Consulat des chanvres bruts ou fabriqués, tandis que je n'ai jamais trouvé la moindre livraison faite par Ennemond Perrin, qui était cordier comme lui. Pierre Labé remplit des petites charges, fait des transactions, figure comme témoin dans quelques actes et comme partie dans plusieurs autres; — d'Ennemond Perrin il est rarement question avant 1551, et à partir de cette date je ne le rencontre plus. Pierre Labé laisse à son fils une fortune toute dans la ville ou à ses portes, tandis que la fortune de Louise — héritière universelle de son mari, au dire de Pernetti — est presque toute dans les Dombes. On peut même remarquer que, de 1557 à 1562, elle fit l'acquisition de plusieurs petites terres aux environs de sa maison de campagne, à Parcieu, et qu'elle avait là son mobilier et ses papiers les plus importants, qu'elle témoigna une véritable affection pour ses voisins de Parcieu, et qu'elle mourut là, ou du moins qu'elle y fut enterrée, après avoir fait son testament, à Lyon, dans la maison d'un ami. Toutes ces raisons me font croire à une demi retraite à la campagne, peu après l'apparition de son livre, et antérieurement à la mort de son mari, qu'il faut placer entre 1559 et 1562.

Les historiens lyonnais ont habitué le lecteur à considérer l'état de Lyon, avant 1562, comme parfaitement calme, et la prise de cette ville par les protestants, dans la nuit du 30 avril, comme un événement tout à fait imprévu. Un simple coup d'œil jeté sur les registres des délibérations consulaires nous apprend, au contraire, que cette *surprise* se préparait depuis longtemps, au milieu d'une agitation et de troubles bien suffisants pour faire fuir les poètes peu disposés à prendre une arquebuse. Il vint une époque où les riches émigraient malgré les doléances ou les représentations du Consulat, qui menaçait de mettre une taxe sur les immeubles des absents. Ce temps, Louise Labé ne l'a pas connu, mais elle vivait encore lors du fléau de 1564, alors que Claude de Bourges en était réduit à fiancer sa fille Louise « en petit congrégation de gens, pour cause du danger de peste, » et concluait « à faire les épousailles en autre temps plus opportun, » alors qu'il amenait en toute hâte sa famille à Villeurbanne, tandis que le fiancé, Gaspard de Saillans, retournait à Valence, d'où il n'osa bouger de longtemps. Elle vivait encore lorsque en 1562 les protestants s'emparèrent de Lyon et s'y maintinrent quinze mois, pendant lesquels eurent lieu, dès le début, ces excès que Calvin blâmait dans sa lettre du 13 mai. Mais bien avant la peste de 1564, bien avant l'occupation de 1562, l'état de la ville laissait beaucoup à désirer; et il n'est pas surprenant que Louise Labé se soit retirée à Parcieu.

VIII

THOMAS FORTINI. — MORT DE LOUISE LABÉ.

CEUX que les dieux aiment meurent jeunes! disaient les anciens. Louise Labé ne fut donc pas aimée des dieux autant que son esprit et sa beauté pouvaient le faire espérer. Tandis que les poètes du temps escortèrent le cercueil de Pernette du Guillet, qui avait quitté le monde encore jeune et avant l'impression de ses œuvres, aucun de ceux qu'avait charmés la grâce de la Belle Cordière n'a pris soin de préserver sa mémoire de l'injure ni sa pierre tombale de la destruction.

Elle vécut onze ans de trop, retirée, semble-t-il, à la campagne, venant de temps à autre à Lyon, où elle fit son testament, le 28 avril 1565, dans une maison qui n'était pas la sienne. L'obscurité la plus complète règne autour d'elle; et Gaspard de Saillans, le beau-frère de Clémence de Bourges, dont le livre nous entretient de tant de choses, ne fait pas la moindre allusion à celle à cause de qui on prononce encore le nom de la famille de sa femme, ce nom dont il se montre si fier.

De tous ceux qui venaient chez elle faire de la musique et goûter ses exquises confitures, un seul lui fut fidèle jusqu'à la fin. C'est « au lit, malade, » en la maison d'habitation de Thomas Fortini, que la Belle Cordière dicta son testament. C'est lui, qui de son vivant administrait sa fortune, c'est lui qu'elle fit son exécuteur testamentaire, et enfin c'est à lui qu'elle laissa l'usufruit pendant vingt ans de sa propriété de Parcieu, en le dispensant formellement de fournir caution et de « ne prêter ne rendre aucun compte *des biens meubles* » renfermés dans sa maison de campagne.

Fortini appartenait à cette colonie florentine si importante à Lyon, au XVIe siècle, et il nous est facile de le reconnaître auprès de Louise, dès 1559, dans le gentilhomme florentin, « tout habillé de satin, » que l'auteur de la *Chanson de la Belle Cordière* place en dernier lieu dans sa maison. Riches, industrieux et amis des choses de l'esprit, « messieurs de la nation florentine » ne pouvaient manquer d'être rencontrés chez la belle Louise ; et il n'est pas surprenant qu'elle-même ait cherché, auprès de quelques membres de cette colonie à demi étrangère seulement, un peu de cette sympathie intelligente que lui marchandaient ses compatriotes. Nous n'attachons pas grande importance aux méchants petits vers du chansonnier de 1559 ; mais il faut relever cette dernière phrase du testament de la veuve d'Ennemond Perrin : « Fait et passé à Lyon en la maison d'habitation dudit sieur Thomas Fortini, ladite testatrice étant au lit malade. »

Fortini étant à peu près du même âge que Louise, puisqu'il était né le 22 septembre 1513, ne pourrait-on pas supposer, en la voyant au lit dans sa maison, qu'elle était venue demander au séduisant florentin la consolation des maux passés et des injustices présentes? J'ai cru trouver la réponse à cette supposition en examinant la conduite tenue à l'égard de Fortini par les Recteurs de l'Aumône générale de Lyon, le jour où ils devinrent les héritiers de Louise Labé. Elle avait institué pour ses légataires universels les deux fils de son frère François et, par substitution, les pauvres de l'Aumône générale. Jacques et Pierre Labé moururent peu de temps après leur tante; et, le 4 décembre 1569, les Recteurs étaient déjà en pleine possession des biens dépendants de sa succession, moins le domaine de Parcieu grevé pendant vingt ans de l'usufruit de Fortini. Cependant cet usufruit pesait lourdement au cœur des administrateurs du bien des pauvres; et, dès l'année suivante, on aperçoit des traces évidentes de tentatives faites par eux pour se mettre en jouissance d'une aussi importante propriété.

Ces tentatives furent enfin couronnées de succès le 21 novembre 1574, jour où le domaine fut vendu aux enchères par autorité de justice, à la requête de l'Aumône générale; mais, dans le cours de cette lutte de cinq ans, le droit de Fortini à son legs ne fut jamais contesté; il se trouve même nettement reconnu jusque dans l'acte de vente. En effet, la principale raison alléguée par les Recteurs pour exproprier le Florentin de son usufruit est « qu'ils n'en pouvaient jouir de plusieurs années encore ; » aussi, ajoutent-ils, comme par suite de la calamité des temps et de la cherté des vivres, ils ne savent où prendre l'argent pour acheter le blé et nourrir les pauvres, il faut vendre la propriété du sieur Fortini qui est « étranger, » qui « est retourné dans son pays, » qui « régit mal ses terres, » et enfin qui est « de difficile convention. »

Cette pitoyable argumentation nous révèle qu'on n'avait aucune bonne raison à faire valoir pour se débarrasser du florentin, alors cependant qu'on admettait comme axiome de droit que *don de concubin à concubine ne vaut*, et alors que la notoriété publique se trouvait au nombre des moyens légaux pour faire la preuve du fait. Il faut donc en conclure que les contemporains en général, et les Recteurs en particulier, voyant Louise Labé au lit malade chez Fortini, n'ont pas trouvé là ce que de prime abord nous avions cru y découvrir, c'est-à-dire l'indice d'une vie commune existant, de notoriété publique, entre la donatrice et le donataire. S'il en avait été autrement, l'argent pour nourrir les pauvres serait arrivé dans les caisses de l'Aumône générale au lendemain de la mort des neveux de Louise, et le garde du scel royal, au lieu de tous ses considérants lamentables, nous eût fait part d'un jugement fortement motivé, qui eût déclaré non écrite la clause d'usufruit en faveur de Fortini. La réputation de la testatrice n'aurait pas pu en souffrir puisque les choses auraient été publiques; dans tous les cas, l'intérêt des pauvres ne devait pas être sacrifié à cette considération ; et enfin l'aumône rachète les péchés. On voit le parti qu'un recteur quelque peu clerc eût pu tirer de la situation pour absoudre Louise Labé, tout en faisant casser la clause du testament.

Nous ignorons la date exacte de sa mort. Pernetti la donne au mois de mars 1566; M. Brouchoud croit qu'on peut la placer au 25 avril; enfin, sur les registres de Delaforest, nous lisons : « *Le vendredi, 30 août 1566, Claude de Bourg, tailleur de pierres de Bourg en Bresse, demeurant à Lyon, confesse avoir reçu du Sieur Thomas Fourtin, présent, la somme de douze livres deux sols t., pour avoir taillé une pierre de tombeau et sur icelle fait les escripteaux et armes de la feu dame Loyse Charly pour icelle eriger sur son vase à Parcyeu.* »

Cette pierre ne nous a pas été conservée, et il est regrettable que quelque lyonnais, ami de la Belle Cordière, ne soit pas allé faire des recherches dans le cimetière et dans l'église de Parcieu, avant les réparations et les changements qu'ils ont subis l'un et l'autre à deux reprises. Peut-être la pierre tombale de Louise Labé fait-elle aujourd'hui partie du dallage de cette église, à qui elle avait légué soixante-quinze livres « pour employer en réparations » et une pension pour qu'on célébrât perpétuellement une messe basse « à son intention et de ses parents et amis. »

IX

GUILLAUME PARADIN. — CLAUDE DE RUBYS. — PONTUS DE TYARD. — CONCLUSIONS.

L'EXISTENCE d'un vice public n'étant pas constatée, on peut avoir lė désir d'en savoir davantage, mais je suis convaincu qu'on n'en a pas les moyens. Demandera-t-on des renseignements à ce sujet aux petits vers à la louange de Louise Labé, dans lesquels on rencontre un bel éloge de sa vertu non loin d'une longue description de ses charmes, et dans lesquels on célèbre tout, même ses baisers, *de Aloysæ Labææ osculis?* Mais ces petits vers qu'elle a imprimés avec ses œuvres n'étaient que des jeux d'esprit, dans lesquels l'amour offrait un prétexte à poésie. Chaque siècle, on le sait, a une manière à lui d'arranger les choses amoureuses, et de tuer agréablement le temps à les dire en vers de dix ou douze pieds. Aux grands jours de Poitiers, Pasquier — et bien d'autres magistrats après lui —

fit des vers sur une puce qui avait surgi tout-à-coup à la lisière du décolleté d'une demoiselle; aujourd'hui, ces vers seraient trouvés bien jeunes, surtout sous la plume d'un magistrat; en ce temps-là, ils ne furent qu'aimables. Mlle des Roches répondit par des vers à la louange de ceux qui avaient chanté sa puce et, avec sa puce, la vallée d'ivoire qui lui servait de promenoir; aujourd'hui, ce serait trouvé très risqué, surtout de la part d'une demoiselle réputée sage; les contemporains ne la trouvèrent qu'agréablement spirituelle. Enfin, avec tous les vers des poètes « chante-puce » on fit un livre, et la vertueuse Mme des Roches, la mère, n'eut jamais l'idée d'en arrêter l'impression. Tous les poètes se permettaient alors ces sortes de fantaisies, et l'aventure de ce pauvre Jacques Tahureau est peut-être unique en son genre. Ayant parlé avec transport des plus tendres et des plus ardentes caresses de son *Admirée*, une jeune fille sage dont le nom était connu, il dut déclarer, pour l'honneur de cette aimable et honnête personne, que tout son bonheur n'avait existé qu'en rêve. Nous avons peine à comprendre aujourd'hui en quoi consistaient le bon ton, la convenance et la distinction, à cette époque qui n'était déjà plus le moyen âge, mais qui avait des habitudes encore si différentes des nôtres. Voilà pourquoi, ce voyage au temps passé n'étant pas à la portée de tous les esprits, beaucoup trouvent plus commode de s'en dispenser et de juger sommairement d'après ce qu'ils voient. Ce n'est pas pour ceux-là, évidemment, qu'on se donne la peine de réunir ici les pièces de cet intéressant petit procès, et de rapprocher les méchantes crudités de Rubys des enthousiastes affirmations de Paradin.

Paradin était une de ces belles âmes qui foudroient le mal quand elles y croient, mais qui ont besoin de le voir pour y croire. Son *Histoire de Lyon*, malgré quelques naïvetés, n'en est pas moins l'œuvre d'un honnête homme et d'un écrivain consciencieux. Aussi lorsque cet auteur interrompt le cours de son récit pour faire l'éloge de Louise Labé et de Pernette du Guillet, deux femmes dont il pouvait se dispenser de citer les noms; lorsque cet homme, déjà d'un certain âge, lorsque ce prêtre insiste particulièrement sur *l'honnêteté* de la vie de Louise, question qu'il n'était pas obligé d'aborder; lorsque cet historien, écrivant dans un moment où les parties faisaient flèche de tout bois, ne craint pas de publier un éloge des mœurs d'une femme si critiquée par Calvin et par d'autres, son témoignage a évidemment une importance doublée par celle des circonstances dans lesquelles il se produit.

Bien différent du modeste doyen de Beaujeu — à qui il avait suffi pour être heureux d'une aiguière en argent votée par le Consulat, en récompense, dit-il, « de la peine que j'avais prise d'écrire l'histoire de la noble et antique cité de Lyon, » — bien différent du modeste doyen de Beaujeu était messire Claude de Rubys, sieur de l'Antiquaille. Procureur général de la commune, conseiller à la sénéchaussée de Lyon et au Parlement des Dombes, auditeur de camp au gouvernement du Lyonnais et échevin, il fut chargé souvent par ses concitoyens de missions importantes ou honorifiques ; c'est lui par exemple qui rédigea le cahier des remontrances aux États de Blois en 1576. Écrivain de quelque talent, exilé pour ses opinions politiques, Rubys avait plus de titres qu'il n'en aurait fallu à un honnête homme pour laisser un nom entouré du respect sinon de la sympathie générale. Au lieu de cela, quand on aura dit que son *Histoire de Lyon* est très utile pour l'étude des questions administratives et qu'on y trouve comme les mémoires de la Ligue dans ce pays, on a dit d'elle tout le bien qu'on en peut dire. Ligueur passionné, — on ne sait trop pourquoi, — son voyage à Paris ne fut pas étranger au massacre des Protestants de Lyon qu'il exécrait ; mais il eut bien soin de ne pas rentrer dans cette ville pendant qu'il s'exécutait ; puis il s'empressa de se laver les mains de cette triste affaire, à laquelle, soit dit en passant, refusa de se prêter Nicolas de Langes, un nom cher à Paradin et aux lettres lyonnaises. Plus tard, quand il voulut revenir d'exil, il se soumit au roi, ce dont on ne saurait lui faire un reproche, mais il chanta tout haut la palinodie en disant qu'il avait hurlé avec les chiens, *ululavi cum canibus*. Ses ennemis lui ont fait trop d'honneur en donnant à sa petite personne rageuse, turbulente et vaniteuse, une importance qu'elle aurait voulu avoir mais qu'elle n'eut pas dans les événements. Ce « grand ostentateur, de médiocre érudition, » comme on l'a appelé, était jaloux de tout et de tous, et il ne pardonnait ni à Symphorien Champier, ni surtout à Paradin, d'avoir écrit avant lui une histoire de Lyon. L'année où parut l'œuvre de Paradin, il se hâta de donner en quelque sorte le préambule de celle qu'il devait composer plus tard ; mais l'écrit de l'homme jeune de 1573, comme celui du vieillard de 1604, débutent tous deux par la critique la plus acerbe de celui qui eut le tort de les précéder.

L'inimitié de Rubys contre Louise Labé et contre Pernette du Guillet — qu'il est le seul à attaquer — pourrait avoir uniquement pour origine les éloges donnés par Paradin à ces deux femmes. Tout autre motif n'est qu'hypothétique ; néanmoins il est une hypothèse si vraisemblable que je n'hésite pas à la donner.

La Belle Cordière avait ce qu'on appelait jadis des idées libérales : elle avait l'esprit assez large pour jouir de la société des savants hommes de toutes les opinions. Supposons qu'un de ses meilleurs amis ait été en opposition avec l'irascible de Rubys ; et la haine de cet homme, qui a peut-être su aimer, mais qui surtout a su détester cordialement, se trouverait alors expliquée dans sa double manifestation à trente ans d'intervalle. D'après Calvin, Louise Labé aurait été admise dans la société du chanoine Gabriel de Saconay qui fut, à Lyon, le principal adversaire de la Réforme — nous ignorons ce qu'il y a de vrai dans cette assertion, puisque la réponse faite par le chanoine au pamphlet de Calvin paraît n'avoir jamais été imprimée et que le manuscrit nous est inconnu — mais, à côté de Saconay, dont les opinions pouvaient, en général, être celles de Rubys, nous trouvons, chez Louise, des hommes qui ne désapprouvaient pas les idées nouvelles, par exemple Pontus de Tyard, l'évêque de Châlon, dont on connaît la haine profonde contre la Ligue, qu'il combattit avec chaleur aux États de Blois; aussi ne put-il rentrer dans sa ville épiscopale tombée au pouvoir des Ligueurs contre qui M. de Bissy, son neveu, menait la campagne. Pontus de Tyard et Claude de Rubys — ces deux hommes si essentiellement opposés de caractère — furent donc, à un certain moment, des adversaires. Or, l'un des plus jolis sonnets publiés à la suite des œuvres de Louise, l'un des plus élogieux pour elle, se retrouve, avec une légère variante, dans l'édition que Jean de Tournes a donnée, la même année 1555, des *Erreurs amoureuses* de Pontus de Tyard; donc, dès avant 1555, le futur évêque de Châlon, alors chanoine et protonotaire apostolique, connaissait Louise Labé, dont il disait :

Ici le ciel libéral me fait voir
En leur parfait, grâce, honneur et savoir,
Et de vertu le rare témoignage.

En faudrait-il davantage avec un homme aussi passionné que Rubys pour expliquer la « courtisane lyonnaise » du livre de 1604?

Non, elle ne fut pas une courtisane, la femme qui écrivit cette prière adressée par le dieu des vers et du jour au maître du ciel et de la terre : « Laisse

Amour se resjouir en paix entre les hommes : qu'il soit loisible à un chacun de converser privément et domestiquement les personnes qu'il aymera, sans que personne en ait crainte ou soupson : que les nuits ne chassent, sous pretexte des mauvaises langues, l'ami de la maison de s'amie : que lon puisse mener la femme de son ami, voisin, parent, où bon semblera, en telle seureté que l'honneur de l'un ou l'autre n'en soit en rien ofensé. Et à ce que personne n'ait plus mal en teste, quand il verra telles privautez, fais publier par toute la Terre, non à son de trompe ou par attaches mises aus portes des temples, mais en mettant au cœur de tous ceus qui regarderont les Amans, qu'il n'est possible qu'ils vousissent faire ou penser quelque folie. »

En résumé, si nous laissons Du Verdier de côté, on peut dire que le nom de Louise Labé nous arrive avec les éloges de deux écrivains de son temps et les injures de deux autres. Les premiers sont un curé du voisinage et un calviniste des environs ; les seconds, le chef même de la Réforme à Genève et un des principaux meneurs de la Ligue à Lyon. La louange de Paradin est sans restriction, celle de Dagoneau est au contraire fort prudente. L'injure de Calvin est une simple épithète jetée à la jolie Cordière au cours d'un pamphlet latin contre un violent adversaire ; celle de Rubys, au contraire, voulue, détaillée et tenace, désigne Louise Labé et par son nom et par son surnom, pour la qualifier deux fois, en français tout crù, de courtisane publique.

Pour nous, l'étude attentive de ce petit procès ne nous a pas mené à une troisième opinion, produit de la combinaison des deux témoignages contemporains. Nous les laissons subsister dans leurs affirmations sans réticence, et nous ne sommes nullement surpris de leur contradiction absolue. Ange de vertu, la Belle Cordière pouvait très bien — cela s'est vu d'autres fois — être représentée comme une femme de mauvaise vie par quelques hommes passionnés ou légers. Femme sans mœurs, Louise Labé pouvait n'avoir été aperçue que pendant ses heures de travail et ses jours de repos, par quelques hommes honnêtes et sérieux. Dans l'un comme dans l'autre cas, la critique ou l'éloge ne s'arrête jamais à mi-chemin, quand il s'agit d'une femme, et elle va tout droit jusqu'à en faire une Pénélope ou une Phryné.

Pour Louise Labé, plus que pour toute autre, il ne pouvait en être différemment. Elle s'est trouvée aux prises avec les préjugés étroits de son entourage et les tendances développées chez elle par une éducation trop large, peut-être même trop libérale. Ajoutons que, dépaysée parmi les siens, elle n'a pu s'introduire, comme l'eût fait un homme, dans le milieu supérieur qui lui convenait, et nous serons en droit de conclure qu'elle n'a été comprise ni du monde auquel elle appartenait, ni de celui auquel elle aurait dû appartenir. Alors, nous qui à trois siècles de distance, éclairés par l'histoire de son époque et celle du cœur humain, — le cœur humain de tout le monde et de toutes les époques, — avons la prétention de la juger plus sainement que les Taillard, les Yvart, les Rollette et les chroniqueurs, amis ou ennemis, ses contemporains, nous arrivons, à côté d'eux et en nous appuyant sur eux, à une conclusion toute différente, mais tout aussi absolue, sous ses allures prudentes.

Il y a place, croyons-nous, pour bien des Pénélope, entre la vertu austère qui file la laine et garde la maison, et la vertu légère et facile qui ne craint pas de papillonner autour du feu; comme il y a place, pour bien des Phryné, entre le vice à peine perceptible sous des dehors riants et jeunes, et le vice orgueilleux de sa nudité. La ligne de démarcation est si indécise et si voilée d'ombre que nous n'essayerons même pas d'en chercher la trace. Il nous suffit de savoir que cette ligne existe, et que rien de sérieux n'autorise à croire qu'elle a été franchie en plein jour. Si notre aimable poète qu'on a cru apercevoir errante aux environs de la zône nébuleuse, s'y est égarée pendant la nuit, — on n'est jamais sûr du contraire — la marque de ses pas ne saurait être constatée, et la médisance, en pareil cas, ressemblerait fort à la calomnie.

Il est certes facile de mettre les rieurs de son côté en plaisantant le « bonhomme » Perrin, qui malheureusement nous est fort peu connu; il est facile de prendre un mot, un vers, et même des sonnets tout entiers, et de broder sur le grossier canevas de Du Verdier une réjouissante tapisserie à personnages court-vêtus; mais il est absolument impossible de déterminer exactement la part qui revient au feu dans cette vie de jolie femme. Sa jeunesse est dominée par une passion ardente, dont l'excès même, s'il la conduisit à quelques folies, la préserva de bien des fautes en l'empêchant *d'écouter les belles promesses de ceux qui se déclaraient prêts à la servir.* L'objet de cette passion ne tarda pas à lui échapper; mais, dans ce cœur incendié, la trace des flammes ne put jamais disparaître. Plus tard, afin de rompre la monotonie d'une vie sans éclat et la solitude d'une maison sans enfant, elle écrivit des vers et de la prose, qu'on vint écouter avec plaisir et qui lui firent un assez grand nombre d'admirateurs. Pour ne pas commettre la faute de choisir un amant parmi ses adorateurs, il faut qu'une femme — surtout au XVIe siècle — soit femme jusqu'au bout des ongles; or, ses œuvres, et parmi elles le *Débat de Folie et d'Amour*, nous apprennent qu'elle le fut.

Ces œuvres sont un petit livre où elle a enfermé tout ce qu'elle avait de plus cher : les fines observations d'un charmant esprit dans le *Débat*, les souvenirs d'une âme aimante dans trois élégies, les rêves d'un cœur passionné dans vingt-quatre sonnets, et sa personne dans ce *tombeau* qu'elle eut soin de s'édifier elle-même avec les *Escriz de divers poètes*. Elle eut raison, car les poètes qui, en 1562, firent de « doctes tombeaux » à Mlle de Bourges, ne se souvenaient plus de la Cordière, en 1566 : l'oubli s'était fait autour d'elle depuis plusieurs années déjà. Pas une des lignes qu'elle a écrites en dehors des vers publiés par elle ne nous a été conservée par une main amie; la seule pièce qu'on puisse avec certitude ajouter à ses œuvres est son testament. Il est bien éloquent, ce testament, avec ses diverses dispositions, avec ses sept témoins, quelques-uns étrangers, plusieurs illettrés, tous très obscurs; avec l'indication de la maison où il est dicté, et surtout avec la phrase dans laquelle la testatrice demande à être enterrée modestement.

Le champ reste ouvert devant le lecteur superficiel pour toutes les hypothèses sur sa vie; mais rien de sérieux n'autorise le biographe à faire de Louise Labé autre chose qu'une femme jolie, spirituelle, et honnête à la manière de son temps. Ce fut une amoureuse, mais ce ne fut pas une courtisane; seuls, quelques lettrés du XVIe siècle ont pu trouver que c'était dommage.

APPENDICE

APPENDICE

I

LES CONTEMPORAINS.

UNE bibliographie complète des auteurs qui ont parlé de la Belle Cordière offrirait très peu d'intérêt. Les ouvrages qui ont paru mériter quelque attention ont été signalés au cours de l'essai historique qui précède ; cependant il est nécessaire de placer sous les yeux des lecteurs, comme suite aux *Escriz de diuers poetes*, le texte même de tout ce qui a pu être recueilli au sujet de Louise Labé dans les œuvres des poëtes ou des prosateurs de son temps, c'est-à-dire de ceux qui l'ont connue ou qui ont pu la connaître.

Quelques phrases françaises auraient besoin de beaucoup de latin pour voiler leur nudité, mais il n'était pas en notre pouvoir de soustraire ou de déguiser les témoignages contemporains. Les lecteurs au courant des mœurs littéraires du XVIe siècle savent quelles libertés de pensées et de paroles s'accordaient les hommes les plus respectables aussi bien que les femmes les plus respectées. Ainsi, non seulement Gaspard de Saillans, un gentilhomme dauphinois de ce temps, écrit à sa femme des choses que n'écrirait certainement pas aujourd'hui un bourgeois à peu près bien élevé, mais encore il les imprime tout au long, du vivant de sa noble dame. Quant à Paradin, cet excellent doyen de Beaujeu, il emploie dans un ouvrage essentiellement moral, sur les dangers de la danse, des expressions dont ne s'est pas encore servie la littérature la plus naturaliste

I.

ANONYME (vers 1555).

Le *plaisant Blason de la Teste de Bois*. S. l. n. d. In-16, de 8 ff. non chiffrés de 23 lignes à la page, imprimé en lettres rondes, sign. A-B par 4.

Un exemplaire de cet ouvrage existe à la bibliothèque Méjanes à Aix, n° 30047. Il a servi, avec un autre recueil, à l'impression qui figure au tome XIII, p. 53, du *Recueil de poésies françoises des* XVᵉ *et* XVIᵉ *siècles*... par MM. de Montaiglon et de Rothschild, Paris, 1878. In-16.

On croit que l'auteur du *Blason* était lyonnais et qu'il publia son ouvrage à Lyon, à la fin de 1554 ou au commencement de 1555. Voici les derniers vers d'une pièce qui paraissent se rapporter à Louise Labé :

Vous aussi, belle Lyonnoise,
Bien fort vous prie qu'il vous plaise,
Actendu que c'est vostre cause
Et qui tant de beauté vous cause,
De sonner sonnets resonans
Pour demonstrer à tous venans
Que ceste gente invention
Des testes, dont fais mention,
Est de si commode profit
Que celuy qui premier les fit
Pour si grand bien a merité
Triumphante immortalité.

II.

FRANÇOIS DE BILLON (1555).

LE *fort inexpugnable de l'honneur du Sexe Femenin, construit par Françoys de Billon Secretaire.* — Paris, chez Jean d'Allyer; et à la fin : *Achevé d'imprimer à Paris le premier jour d'avril.* 1555. On lit, fº 15 rº :

« Pour myeux amplifier l'Histoire antique de laquelle Cleopatra (la reine Cléopâtre), ilz (les hommes) s'efforcent souventeffois de l'acoupler à une moderne, par l'exemple de quelque pauvre simplette, ou plus tost de la belle Cordiere de Lyon, en ses safres deduytz : sans qu'ilz ayent l'entendement de considerer, que s'il y a chose en sa vie qui puisse estre taxée, les hommes premierement en sont cause, comme Autheurs de tous maux en toutes Creatures : ny aussi sans pouvoir compenser en elle, les graces et gentilles perfections qui y sont, a tout le pis qu'on pourroit estimer de ses autres qualitéz, lesquelles, pour resolution, si mauvaises sont, des Hommes sont procedées : et les autres qui sont louables, des Cieux tant seulement. Et par cela, qui desormais voudra blasmer Femmes de sa robbe, regarde, que de soy mesme il ne forge un blason, veu que les Clercs disent du cas de Femmes, *Hic et Hæc, Homo.* Parquoy, comme lubrique ou autrement vicieux que puisse estre a present le Sexe Masculin, icelle Cordiere se pourra bien dire Homme : mesmement qu'elle sçait dextrement faire tout honneste exercice viril, et par especial aux Armes, voire et aux Lettres, qui la pourront tousiours relever de toute notte que telz Brocardeurs (cy devant asséz promenéz) par malice enyeuse se sauroient efforcer de luy donner : ainsi qu'ilz font à toutes, sans exception, de mil autres sornettes si tresapres, que cela bien souvent les preserve, faute d'autres meilleurs propos, de s'endormir à la table. »

III.

JACQUES PELETIER DU MANS (1555).

JACQUES PELETIER était partisan de la réforme orthographique entreprise par le Lyonnais Loys Meigret, qui voulait faire *quadrer la prolation* (prononciation) *françoise et l'orthographe*. A ce point de vue tout particulier l'ode que nous reproduisons ne manque pas d'un certain intérêt. Elle figure pp. 108 et 109 de l'*Art poëtique de Jaques Peletier du Mans, departi en deus Livres. A Lyon par Jan de Tournes et Guil. Gazeau.* 1555. In-8°.

A LOUISE LABÉ LIONNOISE,

ODE.

Mon eur voulut qu'un jour Lion je visse
Afin qu'a plein mon désir j'assouvisse,
Altere du renom.
J'è vù le lieu ou l'impetueus Rône
Dedans son sein prenant la calme Sône
Lui feit perdre son nom.
J'è vù le siege ou le marchant etale
Sa soee fine e perle oriantale,
E laborieus or:
J'è vù l'ecrin, dont les Rois qui conduisent
Leur grand' armee, a leur besoin epuisent
Un infini tresor.

J'è contamplé le total edifice,
Que la nature aveques l'artifice
A clos e ammuré.
J'è vù le plom imprimant meint volume
D'un brief labeur, qui souz les trez de plume
Ut si long taus duré.
J'è vù an fin Damoisèles et Dames,
Plesir des yeus e passion des ames,
Aus visages tant beaus :
Mes j'an è vù sur toutes autres l'une,
Resplandissant comme de nuit la Lune
Sus les moindres flambeaus.
E bien qu'el soit an tel nombre si bele,
La beauté èt le moins qui soit en ele:
Car le savoer qu'ele à,
E le parler qui soevemant distile,
Si vivemant anime d'un dous stile,
Sont trop plus que cela.
Sus donq, mes vers, louèz cete Louïse :
Soièz, ma plume, a la louer soumise,
Puis qu'ele à merité,
Maugre le tans fuitif, d'ètre menee
Dessus le vol de la Fame ampannee
A l'immortalite.

IV.

ANONYME (1557).

La chanson suivante se trouve dans :

Recueil de plusieurs chansons divise en trois parties. Lyon, Benoist Rigaud et Jean Saugrain, 1557. In-16, p. 43 ;

Le second et troisième livres du Recueil de toutes belles chansons nouvelles. Paris, veufve N. Buffet, 1559. In-16, 40 *b.*;

Recueil des plus belles chansons de ce temps, mises en trois parties avec la déploration de Venus. Lyon, Jean d'Ogerolles, 1559. Pet. in-8°. (Cité par Gonon.);

Le Thresor du chant francoys nouvellement imprime en l'inclyte et famosissime ville de Lugdune. (Sans date ni nom d'imprimeur).

CHANSON NOUVELLE

DE LA BELLE CORDIÈRE DE LYON.

L'autre jour je m'en allois
Mon chemin droict à Lyon;
Je logis chez la Cordière
Faisant le bon compagnon.
S'a dit la dame gorrière,
« Approchez vous mon ami,
La nuict je ne puis dormir. »
Il y vint un Advocat
Las, qui venoit de Forvière;
Luy montra tant de ducats:
Mais ils ne luy coustoient guere.
« Approchez vous, Advocat,
S'a dit la dame gorriere,
Prenons nous deux noz esbats,
Car l'on bassine noz draps. »

Elle dict à son mary
« Jan Jan, vous n'avez que faire ;
Je vous prie allez dormir ;
Couchez vous en la couchette
Nous coucherons au grand lict. »
S'a dit la belle Cordière :
« Despouillez vous mon amy
Passons nous deux nostre ennuy. »
Il y vint un Procureur
Qui estoit de bonne sorte,
En faisant de l'amoureux
Il y a laissé sa robe,
Et sa bourse, qui vaut mieux,
Mais il ne s'en soucie guere.
« Approchez vous amoureux ;
Nous ne sommes que nous deux. »
Il y vint un cordonnier
Qui estoit amoureux d'elle :
Il luy portoit des souliers
Faictz à la mode nouvelle :
Luy donna un chausse-pied,
Mais ell' n'en avoit que faire,
Ell' n'en avoit pas mestier :
Ils estoient à bas cartier.
Il est venu un Musnier
Son col chargé de farine,
La cordière a maniée.
Elle lui faict bonne mine.
Il a toute enfariné
Ceste gentille cordière
Il la faut espousseter
Tous les soirs aprés souper.
Il y vint un Florentin,
Luy monstre argent à grand somme :
Tout habillé de satin
Il faisoit le gentilhomme.

Ell' le receut doucement
Pour avoir de la pecune,
Le but ou elle pretend
C'est pour avoir de l'argent.

V.

OLIVIER DE MAGNY (1559).

La pièce qui suit a été reproduite pour la première fois par Breghot du Lut dans ses *Nouveaux Mélanges* (Lyon, imprimerie de J. M. Barret, 1829-183.1) et ensuite par Gonon dans ses *Documents historiques sur la vie et les mœurs de L. Labé, de nouveau mis en lumière*. Lyon, Dumoulin, 1844. In-8°. Elle est tirée des *Odes d'Olivier de Magny*, f° 181 v°. Paris, André Wechel, 1559. In-8°.

Comme on le sait, le mari de Louise Labé était fabricant de cordes et s'appelait *Annemond* ou *Ennemond* Perrin.

A SIRE AYMON.

Si je voulois par quelque effort
Pourchasser la perte, ou la mort
Du sire Aymon, et j'eusse envye
Que sa femme luy fut ravie,

Ou qu'il entrast en quelque ennuy
Je serois ingrat envers luy.
Car alors que je m'en vois veoir
La beaulté qui d'un doux pouvoir
Le cueur si doucement me brulle,
Le bon sire Aymon se reculle,
Trop plus ententif au long tour
De ses cordes, qu'à mon amour.
Ores donq'il fault que son heur,
Et sa constance et son honneur
Sur mon luth vivement j'accorde,
Pinsetant l'argentine corde
Du luc de madame parfaict,
Non celle que son mary faict.
Cet Aymon de qui quatre filz
Eurent tant de gloire jadis,
N'eust en sa fortune ancienne
Fortune qui semble à la tienne,
Sire Aymon, car sans ses enfans
Il n'eust poinct surmonté les ans.
Mais toy sans en avoir onq'eu,
As en vivant si bien vaincu
L'effort de ce Faucheur avare,
Que quand ta memoire si rare
Entre les hommes perira,
Le Soleil plus ne reluira.
O combien je t'estime heureux !
Qui vois les tresors plantureux,
De ton espouze ma maistresse,
Qui vois l'or de sa blonde tresse,
Et les attraictz delicieux
Qu'Amour descoche de ses yeux.
Qui vois quand tu veulx ces sourciz,
Sourciz en hebeine noirciz,
Qui vois les beaultez de sa face,
Qui vois et contemples sa grace,

Qui la vois si souvent baler,
Et qui l'ois si souvent parler.
Et qui vois si souvent encor,
Entre ces perles et cet or,
Un rubis qui luyt en sa bouche,
Pour adoucir le plus farouche,
Mais un rubiz qui sçait trop bien
La rendre à soy sans estre sien.
Ce n'est des rubiz qu'un marchant
Avare aux Indes va cerchant,
Mais un rubiz qu'elle decore,
Plus que le rubiz ne l'honnore,
Fuyant ingrat à sa beaulté
Les apastz de sa privaulté.
Heureux encor qui sans nul soin
Luy vois les armes dans le poing,
Et brandir d'une force adextre,
Ores à gauche, ores à dextre,
Les piques et les braquemars
En faisant honte au mesme Mars.
Mais pour bien ta gloire chanter
Je ne sçay que je doys vanter
Ou ton heur en telle abondance,
Ou la grandeur de ta constance,
Qui franc de ses beaultez jouyr
N'as que l'heur de t'en resjouyr.
Tu peulx bien cent fois en un jour
Veoir ceste bouche où niche amour,
Mais de fleurer jamais l'aleine,
Et l'ambre gris dont elle est pleine
Alleché de sa douce voix,
En un an ce n'est qu'une fois.
Tu peulx bien cent fois en un jour
Veoir ceste cuysse faicte au tour,
Tu peux bien veoir encor ce ventre,
Et ce petit amoureux antre

Ou Venus cache son brandon,
Mais tu n'as point d'autre guerdon.
Puisses tu veoir souvent ainsi
Les beaultez et graces aussi
Soit de son corps, soit de sa face,
Et puisse-je prendre en ta place
Les doux plaisirs et les esbatz
Qu'on prend aux amoureux combatz.
Et tousjours en toute saison,
Puisses tu veoir en ta maison
Maint et maint brave capitaine,
Que sa beaulté chez toy ameine,
Et tousjours, sire Aymon, y veoir
Maint et maint homme de sçavoir.
Et lors qu'avec ton tablier gras
Et ta quenoille entre les bras
Au bruict de ton tour tu t'esgayes,
Puisse elle tousiours de mes playes,
Que j'ay pour elle dans le cueur,
Apaiser la douce langueur.

VI.

CALVIN.

GRATULATIO *ad venerabilem presbyterum dominum Gabrielum de Saconay, præcentorem ecclesiæ lugdunensis, de pulchra et eleganti Præfatione quam libro Regis Angliæ inscripsit.* MDLXLI. P. 432. (Voir

Joannis Calvini. Tractatus theologici omnes, in unum volumen certis classibus congesti... In Bibliopolio Commeliniano.)

« ... Qua etiam fiducia transsubstantiationem securè ac plenis buccis asserere audeas, nescio, nisi fortè quia tibi peræque facilis videtur transmutatio panis in corpus, ac metamorphosis mulieris in virum. Hoc enim suavitatis genere convivas tuos oblectas, dum mulieres virili habitu ad mensam inducis. Hunc ludum quam sæpè tibi præbuit plebeia meretrix, quam partim à propria venustate, partim ab opificio mariti, Bellam corderiam vocabant. »

VII.

GUILLAUME PARADIN (1573).

MÉMOIRES *de l'histoire de Lyon, Par Guillaume Paradin de Cuyseaulx, Doyen de Beaujeu. Avec une table des choses mémorables contenues en ce présent livre. A Lyon, Par Antoine Gryphius.* 1573.

On lit, p. 355, livre III, chap. XXIX :

« *De deux dames Lyonnoises, en ce temps excellentes en sçavoir et Poësie. Soubs les Roys François I, et Henry II.*

« En ce siecle et regne, florissoyent à Lyon deux Dames, comme deux astres radieux, et deux nobles et vertueux esprits, ou plustost deux Syrenes, toutes deux pleines d'un grand amas et meslange de tresheureuses influences, et les plus clers entendements de tout le sexe feminin de nostre temps. L'une se nommoit Loïse l'abbé. Ceste avoit la face plus angelique, qu'humaine : mais ce n'estoit rien à la comparaison de son esprit tant chaste, tant vertueux, tant poëtique, tant rare en sçavoir, qu'il sembloit, qu'il eust esté creé de Dieu pour estre admiree comme un grand prodige, entre les humains. Car encor qu'elle fust instituée en langue Latine, dessus et outre la capacité de son sexe, elle estoit admirablement excellente, en la Poësie des langues vulguaires, dont rendent tesmoignage ses œuvres, qu'elle a laissees à la postérité : desquelles sont competans juges les Poëtes vulguaires de nostre temps. Entre ses escrits se lict un Dialogue, en prose, docte non moins que ingenieux, duquel l'argument est. Que Jupiter faisoit un grand et somptueux festin, auquel estoit commandé à tous les Dieux se trouver. Amour et la deesse Folie arriverent en mesme instant, sur la porte du palais: laquelle estant ja fermee, et n'ayant que le guichet ouvert: Folie voyant Amour ja prest à mettre un pied dedans, s'avance et passe la premiere. Amour se voyant poussé, entre en colere. Folie soustient luy apartenir de passer devant. Ils entrent en dispute et querelle sur leurs puissances, dignitez et preseances. Amour ne pouvant vaincre de paroles, mect la main à son arc, et luy lasche une flesche, mais en vain, pour ce que Folie soudain se rend invisible, et voulant se venger, creve les deux yeux à Amour: et pour couvrir le lieu où ils estoyent, luy mect un bandeau, fait de tel artifice, qu'impossible est le luy oster. Venus se plaint de Folie. Jupiter veut entendre leur different, en plaine assistance des Dieux. Apollo et Mercure debattent le droit de l'une et l'autre partie, Apollo celuy d'Amour, et Mercure de Folie. Jupiter les ayant longuement ouïs, et voyant les Dieux diversement affectionnez, et en contrarieté d'opinions, les uns pour la Deesse Folie, les autres favorisans à Amour, pour appointer ce different, va prononcer cest arrest qui s'ensujt : Pour la difficulté et importance de vos differents, nous avons remys vostre affaire d'icy à trois fois sept fois neuf siecles, et ce pendant vous commandons vivre amiablement ensemble, sans vous outrager l'un l'autre. Et guidera Folie l'aveugle Amour, et le conduira par tout où bon luy semblera. Et sur la restitution de ses yeux, apres en avoir parlé aux Parques, en sera ordonné. Ce dialogue outre ce qu'il est fort moral, et plein de traits de belle Philosophie, il est diversifié de plaisans evenemens, et succez qui adviennent aux amoureux, posez avec grande elegance, et beaux termes. Et ne s'est ceste Nymphe seulement faite cognoistre pas ses escrits, aincois par sa grande chasteté. L'autre dame estoit nommee Pernette du Guillet toute spirituelle, gentille, et treschaste, laquelle a vescu en grand renom de tout meslé sçavoir, et s'est illustree par doctes et eminentes poësies, pleines d'excellence de toutes graces. Elle trespassa de ce siecle en meilleure vie, l'an de salut mille cinq cens quarante cinq. Les Poëtes françois celebrerent ses obseques.

VIII.

CLAUDE DE RUBYS (1573).

Les *Privileges, Franchises et Immunitez octroyees par les Rois treschrestiens, aux Consuls, Eschevins, manans, et habitans de la ville de Lyon, et à leur posterité. A Lyon, par Antoine Gryphius,* 1573.

On lit, p. 26 :

« Duquel temps l'eglise Chrestienne estoit desia tellement avancee en la ville de Lyon, et le nombre des fideles tellement multiplié, qu'il y fut par le commandement desdicts Empereurs martyrisé un tel nombre de pauvres fideles et vrais Chrestiens qui s'y estoyent retirez mesmes de la ville de Rome, que toute la ville fut quelque fois baignee en leur sang qui couroit le long des rues comme des ruisseaux, et d'où la riviere d'Arar, que l'on tient en auoir rougy jusques à Mascon, prist sa denomination de Saone, selon l'opinion d'aucuns. Entre lesquels martyrs furent la vertueuse dame Blandine que Paradin devoit proposer à nos dames de Lyon, pour mirouer et exemplaire de vertu et chasteté, et non ceste impudique Loyse l'Abbé, que chacun sait avoir faict profession de courtisanne publique jusques à sa mort. »

IX.

PIERRE DE SAINT-JULIEN (1584).

GEMELLES *ou Pareilles, Recueillies de divers auteurs tant Grecs, Latins que Franscois. Par Pierre de sainct Julien, de la maison de Balleure, Doyen de Chalon... A Lyon, par Charles Pesnot*, 1584.

On lit (liv. XI, p. 324, LIII) que les femmes se laissent facilement séduire par quelques *babillards trompereaux;* et le doyen de Chalons ajoute cette phrase :

« Aussi est-il quasi tousjours advenu que la penitence a suyvi de pres le peché, mais soit sur ce renvoyé le lecteur a ce qu'en escrit Boccace de Certal en son Labyrinthe d'amour, et s'il veut voir le discours de dame Loyse l'Abbé, dicte la Belle-Cordiere (œuvre qui sent trop mieux l'erudite gaillardise de l'esprit de Maurice Sceve, que d'une simple Courtisane, encore que souvent doublée) il trouvera que les plus follastres sont les mieux venus avec les femmes. »

X.

LA CROIX DU MAINE (1584).

BIBLIOTHÈQUE *du sieur La Croix du Maine.* — La première édition est de Paris, Abel l'Angelier, 1584, in-f°.

On lit, p. 291 :

« Louise l'Abé, Lyonnoise, femme tres-docte, vulgairement appellee la belle Cordiere de Lyon, de laquelle l'anagramme est, *Belle à soy;* elle sçavoit fort bien composer en vers et en prose.

« Elle a escrit un dialogue en prose françoise, intitulé le Debat de Folie et d'Honneur (sic), imprimé avec plusieurs poësies de son invention et autres de ses amis, le tout a esté imprimé ensemble à Lyon par Jean de Tournes l'an 1555, et le tiltre est tel. Les œuvre de Loyse l'Abbé Lyonnoise, etc.

« Elle florissoit à Lyon soubs Henri 2, l'an 1555. »

XI.

ANTOINE DU VERDIER (1585).

LA *bibliothèque d'Antoine du Verdier, seigneur de Vauprivas. A Lyon, par Barthelemy Honorat,* 1585, *avec Privilege du Roy.*

On lit, p. 822 :

« Loyse Labé courtisane Lyonnoise (autrement nommee la belle Cordiere pour estre mariee à un bon homme de Cordier) picquoit fort bien un cheval, à raison dequoy les gentilshommes qui avoyent accez à elle l'appelloyent le capitaine Loys, femme au demeurant, de bon et gaillard esprit et de mediocre beauté : recevoit gracieusement en sa maison seigneurs, gentilshommes et autres personnes de merite avec entretien de devis et discours, Musique tant à la voix qu'aux instrumens où elle estoit fort duicte, lecture de bons livres latins, et vulgaires Italiens et Espaignols dont son cabinet estoit copieusement garni, collation d'exquises confitures, en fin, leur communiquoit privement les pieces plus secretes qu'elle eust, et pour dire en un mot faisoit part de son corps à ceux qui fonçoyent : non toutesfois à tous, et nullement à gens mechaniques et de vile condition quelque argent que ceux là luy eussent voulu donner. Elle ayma les sçavans hommes sur tous, les favorisant de telle sorte que ceux de sa cognoissance avoient la meilleure part en sa bonne grace, et les eust preferé à quelconque grand Seigneur et fait courtoisie à l'un plustost gratis qu'à l'autre pour grand nombre d'escus : qui est contre la coustume de celles de son mestier et qualité. Ce n'est pas pour estre courtisanne que je luy donne place en cete Bibliotheque, mais seulement pour avoir escrit... »

Suivent : 1° la nomenclature des pièces écrites par Louise Labé ; 2° l'ode de Jacques Peletier que nous avons reproduite plus haut ; 3° Une des poésies publiées à la suite des œuvres de la Belle Cordière (Du Verdier oublie de dire le nom de l'auteur) ; 4° une très longue analyse du *Débat de Folie et d'Amour*.

XII.

CLAUDE DE RUBYS (1604).

HISTOIRE *véritable de la ville de Lyon. — Contenant ce qui a esté obmis par Maistres Symphorien Champier, Paradin, et autres, qui cy devant ont escript sur ce subject : Ensemble ce, en quoy ils se sont forvoyez de la verité de l'histoire, Et plusieurs autres choses notables, concernans l'histoire universelle, tant Ecclesiastique que prophane, ou particuliere de France. — Avec un Sommaire recueil de l'administration Politicque de la dicte ville. — Ensemble un petit discours de l'ancienne Noblesse de la maison illustre des Medici de Florence. — Le tout recueilly, et ramené à l'ordre des temps, et à la vraye Chronologie, par Maistre Claude de Rubys, Conseillier du Roy, en la Seneschaussee et siege Presidial de Lyon, et Procureur general de la communauté de la dicte ville.*

Dedié à Monseigneur le Chancelier.

A Lyon, Par Bonaventure Nugo. M.DC.IIII. Avec Privilege du Roy pour dix ans.

L'avant-propos de cet ouvrage contient le passage suivant :

« ... Et de faict que Paradin aye esté de ces gens,

qui croyent et escrivent legierement, je le pourrois verifier par le recit de plusieurs discours fabuleux, qu'il a employez et affirmez pour veritables dans ses escrits : mais me contenteray d'un seul, qui est en son histoire de Lyon. C'est là où il celebre le loz de ces deux insignes courtisannes, qui furent de son temps à Lyon. L'une desquelles fut Pernette du Guillet, laquelle servoit de monture à un Abbé, et à ses moynes. L'autre Loyse l'Abbé, renommee non seulement à Lyon, mais par toute la France, soubs le nom de la Belle-Cordiere, pour l'une des plus insignes courtisanes de son temps. Et cependant il les qualifie deux mirouërs de chasteté, et deux parangons de vertu. Que si le bon homme s'est laissé ainsi lourdement abuser en chose advenue de son temps à Lyon, où il estoit tous les jours : à peine adjoustera on foy à ce qu'il a escrit des siecles passez. Il y a encores eu en Paradin un autre deffaut, qu'il m'a fallu suppleer... »

XIII.

DAGONEAU (15..).

EXTRAIT d'un manuscrit du XVIe siècle intitulé : *La Rose des Nymphes illustres par J. Dagoneau*, conservé à la Bibliothèque de Reims.

« *Pernette de Guillet et Louise Labbé Lyonnoises.*

« Tant de plumes ont passé sur le los de ceste dame (Pernette de Guillet) que si je ne luy eusse donné place parmy ces dames illustres, je perdoie ma reputation ou pour luy envier la gloire qu'elle merite ou pour n'avoir eu l'esprit de faire estime des raretés et singularités esclairans tout cest univers. D'apporter ici tout ce qui pourroit estre requis pour exprimer les louanges de ceste dame lyonnoise, je ne l'ay entrepris, je ne le sçauroie, et quant j'y pourroie donner atteinte, je ne le voudroie parce que ce discours me jetteroit en une trop ennuieuse prolixité, je me contanteray la recommander à la posterité pour trois perfections qu'elle a eu. La premiere d'avoir eu la poésie à commandement, avec des pointes, graces et élégances qui ont si bien rencontré, que les espris les mieux appris en demeurent du tout espris. La seconde passe plus outre, car outre la gentillesse incroyable qu'elle avoit, elle avoit une chasteté et pudicité de telle retenue que ses poésies n'estoient que reigles et enseignemens à la vertu et à l'honneur. Elle n'avoit artifié le myrthe de Venus, et cela la rend de tant plus admirable que de son tems, comme cela ne se pratique que par trop pour le jour d'huy, on tenoit une poésie sans goust, sans air et sans plaisir, si on ne donnoit quelque refrein à l'Amour. Ceste dame adextroit ses vers en tel artifice, que, quoyqu'ilz ne sentissent les impudicités de Cupidon, si est-ce qu'ilz trouvoient une grace merveilleuse envers les plus degoustés de l'honneur. Naturellement ses labeurs estoient animés de chasteté, elle ayant le cœur, la phantaisie, ses discours et ses deportemens pliés à la chasteté. Ce que j'admire de plus en elle, est qu'elle avoit emprainte en son cœur la pieté et qu'elle s'esbatoit à tistre des chansons spiritueles et meditations de sainctété. Exemple que je desireroie estre pris par nos succrées qui des qu'elles peuvent jecter un pied devant un autre sont les plus empressées du monde pour s'embesoigner, comme si la bonté de Dieu, sa grace, sa vertu et la pieté ne leur apprestoient assés de sujet pour emploier leur tems. Or ceste dame quicta ce siecle pour prendre possession du royaume des cieux, l'an du salut mil cinq cens quarante cinq, regrettée à merveilles et surtout par plusieurs poëtes qui celebrerent de leurs vers ses obseques.

« Je luy feray tenir compaignie en cest eloge par une autre dame Lyonnoise nommée Louise L'Abbé, laquelle le sieur Guillaume Paradin, au troisieme livre de son histoire de Lyon, chapitre 29, loüe fort avec celle de laquelle je viens de parler et en fait estat comme de deux astres radieux et des plus clairs entendemens de tout le sexe femenin de nostre tems. Ceste Louise avoit la face plus angelique qu'humaine, mais ce n'estoit rien au rapport de son esprit tant chaste, tant vertueuz, tant poétique, tant rare en sçavoir qu'il sembloit qu'il eut esté creé de Dieu pour estre admiré comme un prodige entre les humains. Car encores qu'elle fut fort bien versée en la langue latine, dessus et outre la capacité de son sexe, elle estoit admirablement excellente en la poésie des langues vulgaires dont rendent tesmoignage ses œuvres qu'elle a laissé à la posterité, entre autres, son *Dialogue de la Folie et de l'Amour*, plein de tant et si belles fleurs, tant pour la moralité que pour les descriptions elégantes qu'elle y a artificieusement dressé que ceste œuvre a esté recerchée et admirée des espris les mieuz nés de ce siecle. Le seigneur Jaques Ridouet, sieur de Sancé, comme entre les gentilhommes angevins il seroit bien marry d'avoir quicté le pas à aucun, non moins pour la prouesse que pour la doctrine, a pris un tel goust au dialogue de ceste dame, qu'il a dressé trois autres discours élegans en rithme auzquels par maniere d'imitation, suivant la piste, et prenant le sujet de ceste dame, il a enfoncé la dispute qu'elle avoit entamé. Je recognoistray qu'il y a apporté des inventions et artifices qui surpassent de beaucoup le premier project de ceste dame, laquelle ne perd pour cela un seul point de sa louange. Elle est vaincue par un seigneur qui naturellement a plus de roideur et de force qu'une femme, auquel pour la raison et jugement elle ne feroit difficulté de céder. Et finalement, elle ayant tracé le premier dessein, le sieur de Sancé ayant peu et deu adjouster perfection à ce qui estoit esbauché. Le Sr Paradin la prise de chasteté, ce que je ne répute pas à moins que sa dextérité d'esprit. »

XIV.

PERNETTI.

Recherches pour servir à l'histoire de Lyon, ou Les Lyonnois dignes de mémoire. Lyon, 1757. 2 vol.

PERNETTI, qui parle d'après des documents contemporains, mérite une place particulière parmi les biographes de la Belle Cordière, d'autant plus qu'on a vécu sur son fonds jusqu'en 1824. La dernière partie (I, p. 351) de son article sur Louise Labé me semble devoir être citée :

« Une contestation survenue pour la maison qu'occupe aujourd'hui M. Dupré, négociant de cette ville rue Belle-Cordiere, ayant obligé d'avoir recours aux terriers de l'archevêché, on y a trouvé plusieurs anecdotes intéressantes, qu'on ne cherchoit pas, et qu'on avoit ignorées jusqu'à ce jour : 1° que Louise Labbé étoit fille d'un nommé Charly, dit Labbé; 2° qu'elle avoit été mariée à Ennemond Perrin, marchand cordier, fort riche, qui possédoit plusieurs maisons à Lyon, une entr'autres située en l'angle de la rue Confort, allant des Jacobins à l'Hôpital, et une petite rue à la porte de Belle-Cour; 3° que cette rue fut ouverte alors, qu'elle prit dans la suite le nom de Belle-Cordiere, qui étoit le surnom de Louise Labbé; 4° que cet Ennemond Perrin se trouve mort en 1565, après avoir fait sa femme son héritiere universelle; que n'ayant point d'enfants d'elle, il lui substitue Jacques et Pierre Perrin, ses neveux, fils de François Perrin, son frere, et à leur défaut l'Hôtel-Dieu; 5° que Louise Labbé est morte au mois de Mars 1586; 6° que Jacques et Pierre Perrin, ses neveux substitués, étant morts sans enfants, l'Hôtel-Dieu étoit entré en possession de tous les biens d'Ennemond Perrin; 7° que la maison en question avoit été vendue à noble Homme (*ici une lacune qu'il faut remplir avec le nom de* Berthier) Conseiller au Parlement de Grenoble, qu'elle avoit ensuite passé au sieur de Courtines, Ecuyer, et que M. Dupré l'avoit achetée des héritiers du sieur de Courtines.

« Mes lecteurs observeront qu'il n'est pas vraisemblable qu'Ennemond Perrin eût fait sa femme héritiere si elle avoit été coupable des excès qu'on lui reproche.

« M. Besson, que nous venons de perdre, si connu par son habileté dans les terriers, m'a communiqué ces notes peu de temps avant sa mort; il m'a ajouté qu'il avoit vu beaucoup de vers latins de la composition de Louise Labbé entre les mains du P. Menestrier, qui se sont perdus sans doute avec tant d'autres manuscrits de ce grand homme. Cette seconde observation sert encore à justifier la belle Cordiere; une vie aussi occupée que la sienne est trop opposée à l'oisiveté, source ordinaire du désordre. »

II.

LES LABÉ.

UN acte du 18 septembre 1488 nous apprend que « *Jacobus Humbertus corderius* » possède, dans la rue de l'Arbre-Sec, à Lyon, une maison qui avait appartenu à Jean Gojon. Le 19 janvier 1489, nous trouvons que « Jehan Gojon et Jehannette, sa femme, tieulier de Lyon, » vendent aux dames de Saint-Pierre, par lettre reçue, Charlot Fleury, notaire, une pension de 60 sols tournois, hypothéquée sur cette maison, et que « ladite pension a été respondu escripte au doux de lad. lettre par *Jacques Humbert, alias Labbé, cordier de Lyon.* » C'était une conséquence du changement de propriétaire, et l'acte qui nous donne ce détail (à une époque indéterminée, mais antérieure à 1511) ajoute : « Et à présent *Pierre Charlieu et sa femme* possèdent la maison et courtil où est assise lad. pension et icelle pension paient etc. » Il n'y a donc pas d'erreur possible sur la filière des propriétaires de cet immeuble, exactement désigné par ses confins « devers le vent » et « devers le soir et bise » et même « devers le matin, » où il joint la maison et courtil des vendeurs, Jean Gojon et sa femme.

Dans les *Nommées* (recensement pour établir les taxes) de 1493, nous trouvons en effet un Gojon et un Labé possessionnés rue de l'Arbre-Sec. Jean Gojon y a une propriété, faisant l'angle de cette rue et de la petite rue Pizay, propriété qui est dite « joignant les jardins de Rolin Bœuf de bise et la maison de *Jacques Labbé* de soir. » Quant à celui-ci, il est dénommé dans son article « *Jacques Humbert dit Labbé* cordier, » et sa maison joint « aux maisons dudit Gojon, devers le matin et les maisons de Rolin Bœuf, dit Choppine, devers le soir. »

De plus, ces mêmes *Nommées* de 1493 nous indiquent, dans la rue de l'Arbre-Sec, qu'un « *Pierre de Charlieu, dit l'Abbe, cordier, mary de la vesve Jacques Humbert*, tient ung jardin acquis de Rolin Bœuf, dit Chopine, » et elles ajoutent : « Plus tient, *de par sa femme*, une maison haulte, moyenne et basse, en la rue de l'Arbre-Sec, joignant la maison dud. Gojon, extimée valoir par an xx l. t. déduite la charge de III livres dues aux dames de Saint-Pierre. »

Enfin nous lisons, à la date du 4 janvier 1501 : « Quod cum *Jacobus Humberti* quondam corderius *instituerit heredem universalem Guillermam ejus relictam*... etc. » Ceci nous explique comment Pierre de Charlieu tient aujourd'hui cette maison, puisqu'il est devenu le *mary de la vesve Jacques Humbert;* mais nous ne comprenons pas comment, la même année 1493, figurent presque côte à côte Jacques Humbert et Pierre de Charlieu, *mari de sa veuve*, alors que cette mention est interlignée dans le registre des *Nommées*, et alors surtout que, six ans ans plus tard, dans les taxes de 1499, reparaît, au quartier de l'Arbre-Sec, *Jacques Humbert dit Labbé*, cordier. » Ce revenant de 1493 est taxé à 2 livres 10 sous; mais, ajoute le registre, il « est amodéré à XLV sous X deniers. »

Du rapprochement de ces divers actes, on pourrait conclure que le cahier des *Nommées* de 1493 a servi pendant plusieurs années, — ce qui avait lieu assez généralement, — que la mention interlignée *mary de la vesve Jacques Humbert* n'a été mise que longtemps après cette date, et que le premier mariage de Pierre de Charlieu n'est pas antérieur à 1500, puisqu'en 1499 le premier mari de Guillermie, *alias* Guillermette ou Guillaumette, vit encore. L'examen du manuscrit et surtout la mention d'amodération en 1499 me portent à croire le contraire, et à penser que le premier mariage de Charlieu est antérieur à 1493. Les formalités accomplies par Jean Gojon et son acquéreur Jacques Humbert, le 19 janvier 1489, indiquent que ce dernier n'avait pas acheté depuis longtemps la maison dont nous le trouvons en possession le 18 septembre 1488. J'estime qu'il ne s'est pas établi rue de l'Arbre-Sec beaucoup avant cette date, et qu'il mourut peu après son acquisition, laissant une femme assez jeune, embarrassée de son commerce de corderie et désireuse de trouver à la fois et un mari et un cordier. Quant à la maison, elle resta sous le nom de son précédent propriétaire, toujours survivant en la personne de sa veuve et héritière, et c'est beaucoup plus tard, quand son successeur acheta les immeubles voisins, que la mutation officielle fut opérée sur les registres du fisc.

Quand Pierre mourut, vers janvier 1552, il était propriétaire de trois maisons avec jardins, couvrant tout le terrain que limitent encore aujourd'hui sur trois faces la rue de l'Arbre-Sec, la rue Pizay, l'autre petite rue de ce nom, et que limiterait, pour le quatrième côté, une ligne droite tirée de la rue de l'Arbre-Sec à la rue Pizay, environ à égale distance de la rue de la République et de l'angle de la rue de l'Arbre-Sec avec la petite rue Pizay.

Un an après sa mort, c'est-à-dire le dernier jour de janvier 1553, sa veuve, Antoinette Taillard, épousa Me Claude Popon, notaire royal à Lyon ; et, dès ce jour, la discorde se mit entre elle et François Labé, héritier universel de son père, au sujet de l'accomplissement de certaines dispositions testamentaires. « Entre autres légats, » le testateur avait fait à sa femme des avantages assez considérables ; mais François refusa de la façon la plus formelle de l'en laisser jouir après son second mariage. De là, un procès commencé depuis cinq ans lorsqu'une transaction, en date du 1er août 1558, reçue par Dechalles notaire, vint y mettre fin. Cette transaction, à défaut du dossier du procès, — enfoui peut-être encore dans les archives du Palais de Justice, — nous en révèle assez long sur l'état des choses et, ce qui nous intéresse davantage, sur l'état des esprits. Les termes du testament du père Labé semblent avoir été trop précis pour que le legs à sa femme pût être contesté. Comment se fait-il alors que le fils se soit refusé à son exécution d'une manière aussi radicale? Comment n'a-t-il pas reculé devant un procès intenté par la Taillard, qui était devenue femme du notaire Popon et belle-mère d'Antoine Noyer, praticien ès-cour de Lyon? Aurait-il contesté la validité du testament et soulevé la question de captation? Nous serions porté à croire quelque chose dans ce genre parce que la transaction qui intervient, *sur le conseil des hommes d'affaires*, est plus en faveur de François qu'en faveur d'Antoinette. Celle-ci garde les meubles qui lui ont été légués, mais elle les paie; et François redevient propriétaire de la maison de son père, moyennant certaine somme dont le capital est payable seulement après la mort d'Antoinette Taillard. Et cependant elle devait être bien désireuse de garder cette maison, puisque nous l'en retrouvons propriétaire, en 1571, après la mort des enfants de François.

Le 11 octobre 1553, le procès entre la veuve et le fils de Labé n'était pas encore commencé, puisqu'il eut lieu seulement à la suite de la seconde union contractée par Antoinette, plus de trois mois après, c'est-à-dire le 31 janvier de cette même année 1553. Aussi le contrat de mariage de Jeanne Labé fut-il signé dans la maison de son frère François, qui lui constitua en dot les 300 l. t., à elle léguées par son père. Mais, le 19 avril 1554, lorsqu'il eut à acquitter 40 l. t. à compte sur cette dot, nous voyons qu'il n'est pas même venu signer l'acte et que c'est le notaire Chaliard qui a stipulé en son lieu et place.

Nous ne trouvons pas non plus le nom d'Ennemond Perrin parmi ceux des témoins du contrat de mariage de sa belle-sœur, et nous ne pouvons nous empêcher de rapprocher ce fait d'une des dispositions testamentaires de Louise Labé, celle par laquelle la Belle Cordière, après avoir disposé de ses biens en faveur de Jacques et Pierre, fils de son frère François, lègue 5 sols tournois « *à tous autres prétendants avoir droit sur les dits biens.... sans pouvoir autre chose quereller ni demander.* » La phrase était peut-être de style dans le formulaire de l'époque, mais elle dut paraître fort dure à Jeanne Labé, ou à ses enfants, à moins qu'elle ne s'attendît à l'y trouver, sachant le peu de sympathie qui avait régné entre la fille d'Étiennette Compagnon et la fille d'Antoinette Taillard.

III.

LA FAMILLE DE BOURGES.

Le père de Clémence de Bourges, noble homme Claude de Bourges, seigneur de Myons, visiteur des gabelles du sel, général des finances du Piémont, *alias* de Bourgogne, semble être le descendant d'un « magistri Petri Burgensis » qu'on trouve marié, en 1405, à une Marguerite, fille d'un riche boulanger, « Odetus Durandi paneterius, » déjà établi à Lyon en 1353.

De son mariage avec Françoise de Mornay, Claude de Bourges avait eu, entre autres enfants : Clémence, à qui la Belle Cordière dédia ses œuvres, et Louise, mariée à un gentilhomme du Dauphiné, Gaspard de Saillans.

« Clémence de Bourges, la perle des demoiselles lyonnoises, nous dit Du Verdier, employa sa jeunesse à l'exercice de la poésie et de la musique, et eut l'esprit accompagné de tant de beautés, que le feu sieur Du Peyrat, gentilhomme doué de toutes les bonnes parties qu'on sauroit souhaiter, lui donna son cœur et se voua entièrement à son service. Cette vertueuse couple d'amans étoient près de monter au sommet de leur heureux désir et contentement, par l'étroit et saint lien du mariage dont ils alloient joindre leurs corps et esprits, quand le destin s'y opposant fit qu'icelui sieur Du Peyrat fut tué aux premières guerres civiles, à Beaurepaire en Dauphiné, combattant pour le service du roi et la défense de la Religion Catholique ; aux nouvelles de laquelle mort, l'éplorée Clémence se serra le cœur de regret et de douleur extrême qu'elle eut d'une telle perte, de sorte que peu de jours après elle décéda de cette vie. »

Claude de Rubys qui semble avoir été le protégé de la maison de Bourges, lui a aussi consacré une page. Après avoir fait mention de la mort de Claude Bellièvre, survenue « le sammedy, 2 d'octobre de la présente année 1557, » il dit : « Au même temps, mourut aussi cette perle vraiment orientale entre les demoiselles de Lyon, Clémence de Bourges, fille de noble Claude de Bourges, seigneur de Myons et général de Piedmond, et de demoiselle Françoise de Mornay. Elle fut renommée pour une des plus accomplies en toutes sortes de vertus qui fut de longtemps à Lyon et douée de tant de perfections qu'elles la rendoient admirable. Elle était conformément à son nom accompagnée de clémence et de bien dire avec une voix angélique, la musique et le jeu de tous les instruments lui étoient familiers, et sur le jeu de l'épinette auquel elle fit quelquefois honte aux organistes du Roi, jouant en présence de leurs Majestés. Elle fut portée en terre, découverte avec le chapeau de fleurs en la tête, témoin de sa pudicité virginale. Ces grands poëtes Maurice Scève et Claude de Taillemont ne faillirent de lui faire de doctes tombeaux que l'injure du temps nous a fait perdre. Je lui fis (encore que jeune escolier) cette épitaphe, non comme poëte, *namque ego me illorum dederim quibus esse poetas excerpam numero*, comme dit Horace, mais pour le devoir auquel m'obligeoit l'amitié que nous avions contractée par la nourriture que nous avions prise ensemble en nos jeune ans. »

Rubys, qui écrivait après 1600, ne se rappelle plus la date de la mort de Clémence; mais elle est fixée à peu près par celle de la mort de son fiancé, Jean II du Peyrat, que l'on rapporte au 30 septembre 1562. On ignore la date de sa naissance, et je ne sais sur quoi se fondent MM. de Ruolz et Monfalcon pour dire qu'elle avait à peine seize ans quand elle mourut. S'il en était ainsi, Louise Labé, qui lui dédia ses œuvres, en 1555, se serait mise sous la protection d'une enfant de moins de neuf ans, et le P. Colonia, qui la fait jouer de l'épinette devant le Roi et la Reine (en 1548, semble-t-il), nous présenterait un virtuose de deux ans. Il vaut mieux dire que nous ne savons rien de précis et nous garder de hasarder quelques chiffres.

La sœur de Clémence, Louise de Bourges, épousa, vers

1564, Gaspard de Saillans, qui était alors âgé d'environ 55 ans, et qui avait été déjà marié, en premières noces, à Catherine de la Colombière et, en secondes noces, à Romane de Charreton, veuve d'un docteur ès lois.

Saillans a écrit, entre autres ouvrages, un volume intitulé : *Premier livre de Gaspard de Saillans, gentilhomme citoyen de Valence, en Dauphiné : Le contenu duquel et des deux autres qui s'ensuivront se trouvera cy derrière. A Lyon Jacques de la Planche.* 1569. Breghot du Lut, dans ses *Nouveaux Mélanges* (p. 51.), dit, après avoir remarqué que l'ouvrage n'existait plus dans la bibliothèque de M. Adamoli : « La perte de ce volume est très digne de regret, et il paraît difficile de la réparer. Nous n'en connaissons d'exemplaire nulle part. » Un bibliophile d'Aix en Provence, M. le marquis de Lagoy, a bien voulu laisser consulter pour moi l'exemplaire que contient sa magnifique bibliothèque; mais le résultat de cet examen n'a pas répondu aux espérances qu'avaient fait naître l'appréciation de Breghot et la note du catalogue Adamoli. Le livre de Saillans est presque tout entier consacré à « l'entreprise de son mariage » et à tout ce qui suivit. Comme étude de mœurs, il est fort curieux à parcourir : ce mari, qui publie sa correspondance avec sa femme, — correspondance où des plaisanteries les plus gauloises alternent avec des invocations à la bonté divine, des réflexions de la morale la plus austère avec des détails d'intérieur les plus intimes et les plus complaisamment exposés, — ne laisse pas que de nous produire un singulier effet. A travers les récits insipides et les phrases bavardes qui abondent, on peut cependant voir se dégager de cet ouvrage la vivante expression d'une société disparue et dont la vie n'était pas sans charme.

Gaspard de Saillans, dont la famille venait seulement d'être anoblie, parle beaucoup des maisons et des châteaux des parents de sa femme, mais il ne dit pas un mot de la Cordière, morte seulement depuis trois ans. Les armes des de Bourges étaient : *De gueules au lion d'argent et au chevron d'azur sur le tout.* On les voit à la voûte de l'église Saint-Nizier de Lyon.

IV.

GABRIEL DE SACONAY ET CALVIN.

On a lu, page 101, quelques lignes relatives à la Belle Cordière extraites d'un opuscule de Calvin contre Gabriel de Saconay, dignitaire du chapitre de Lyon et l'un des plus violents adversaires de la Réforme. La réponse du chanoine à cet opuscule nous est inconnue; mais une de ses dispositions testamentaires nous apprend qu'il avait répondu.

Le testament de Gabriel de Saconay étant encore inédit, nous en publions la partie la plus intéressante, celle dans laquelle l'auteur donne la liste de ses ouvrages :

« Item veut led. testateur que les livres qu'il a composés et mis en lumière seront imprimés et mis en volumes, s'ils ne l'avoient été du vivant du testateur, et pour ce faire en charge ses héritiers, et exécuteurs seuls nommés, et pour trouver promptement imprimeur qui s'en veuille charger, veult estre avancé aud. imprimeur la somme de 40 l. 1, ou plus grande s'il est de besoing, laquelle somme ses exécuteurs pourront prendre des deniers les plus liquides de l'hoirie du testateur, lesquels livres sont tels : *De la vraye ydollatrie du temps présent. — Discours des premiers troubles advenus en la ville de Lyon, l'année 1562. — De la Providence de Dieu sur les roys de France très chrétiens. — Exposition du 6e chapitre de Saint Jehan. — Du principal et presque seul différend qui est maintenant en la religion chrétienne. — Généalogie sur la fin des Huguenaulx et descouverte de calvinisme. — Traité très utile démontrant si l'Église qu'on dit calviniste peut être la vraye église de Dieu par le jugement du Calvinisme.* — RÉFUTATIONS DES BLASPHÈMES CONTRE J. C. CONTENUS AU LIVRE DE M. JEHAN CALVIN, INTITULÉ CONGRATULATION A MESSIRE GABRIEL DE SACCONAY, PRECENTEUR DE LION. Lequel dernier livre s'il n'estoit imprimé au temps dud. testateur veult et ordonne qu'on le fasse imprimer à part premièrement et ensemblement avec les autres, du tout sans chercher aulcune louange mondaine, Dieu le sçait, mais pour l'honneur de Dieu et de son Eglise et admendement... etc. »

Cette *Congratulation à venerable Prestre, Messire Gabriel de Saconnay, Precenteur de l'Église de Lyon*, était une réponse à la Préface mise par lui à une nouvelle édition du livre ayant pour titre : *Assertio septem sacramentorum adversus Martinum Lutherum ædita ab invinctissimo Henrico ejus nominis octavo. Apud inclytam urbem Londinum, in ædibus Pynson, ann. MDXXI.* (In-4°, 78 feuillets). Calvin parlant de cet ouvrage dit dans sa *Congratulation* (p. 10) : « Ce livre donc fut basti par quelques moines et caphards et gens addonnez à babil et contention. Et le Roy estant persuadé par mauvais conseillers, souffrit qu'on l'imprimast en son nom. Or pour ce qu'il s'est depuis repenti de ceste ardeur inconsideree, et que le livre estoit si lourd et si fade que la memoire en pouvoit estre incontinent abolie, il est demeuré enseveli par l'espace de trente ans. »

L'édition lyonnaise de l'œuvre du royal auteur, avec une préface du chanoine G. de Saconay, souleva des tempêtes et fit l'objet d'un incident diplomatique. Le 12 août 1561, Trockmorton, ambassadeur d'Angleterre à Paris, dénonçait cette préface à Calvin. Théodore de Bèze et Nicolas des Gallards réclamaient des poursuites et voulaient que « Saconay fût appelé et livré en procès pour son livre. » Trockmorton modéra cette ardeur, disant : « Il se trouve quelques fautes aucunes fois, lesquelles se remédient et se réparent plus pertinemment par silence que par procès. » Cet avis prévalut, et Catherine de Médicis remit, le 8 octobre 1561, à l'ambassadeur anglais, le curieux procès-verbal que voici :

« Nous, Guillaume de Gadaigne, baron de Saint-Victor, gentilhomme ordinaire de la chambre du Roy, seneschal de Lyon, et lieutenant pour sa majesté au gouvernement de Lyonnois, sçavoir faisons que nous, ayant receu les lettres missives du dit seigneur soussignées par sa majesté et scellées de son cachet, à nous adressans en date du XVe jour de septembre, l'an present MVLXI, par lesquelles nous est mandé exhiber et defendre au libraire qui a imprimé certain livre intitulé : *Regis Angliæ Henrici hujus nominis octavi assertio septem sacramentorum adversus Martinum Lutherum*, avec une preface de M. Gabriel de Saconay, de vendre, ni exposer en vente, ni encore en pays estrangers pour y estre vendu le dit livre, jusques à ce que la dite preface aura esté reformée en certains endroitz plus à plein declarez par les dites lettres, sur peine de confiscation de tous les ditz livres, et de punition corporelle, avons ce jourd'huy, vingt-troisiesme des ditz mois et an, mandé venir par devant nous Guillaume Roville, marchant libraire demeurant à Lyon, sous le nom duquel on dit le dit livre avoir esté imprimé, et pareillement avons mandé venir le dit M. Gabriel Saconay, auxquels comparans par devant nous, avons fait entendre la volonté du roy, leur exhibant les dites lettres et d'icelles faisant lecture, suivant lesquelles avons prohibé et defendu au dit Roville de vendre ou exposer en vente, ni envoier dehors pour vendre ce dit livre par luy ou par interposite personne, sur les peines contenues ez dites lettres, jusques à ce que la dite preface aura esté réformée ez IIII[xx], IIII[x], et IIII[xx], III[x] feuilletz d'icelles. Et avons enjouint au dit de Saconay, suivant la volonté du dit seigneur, de reformer la dite preface ez ditz endroitz et de supprimer ou bien changer ce qui semble offenser la memoire du dit feu roy Henry, huitiesme d'Angleterre, en ce qu'il parle du repudiement de sa premiere femme, et dict au dit IIII^{xx} feuillet qu'il a fait divorce tout à un coup avec sa femme legitime et l'Esglise, espouse de Dieu, au commencement du IIII^{xx}, III^{x}, que là tache et macule d'heresie dure encore par le jourd'huy en son royaume et que sa nouvelle Jesabel avoit enfin porté la peine qu'elle avoit justement meritée, en sorte que la royne d'Angleterre à present regnant se puisse tenir pour contente et satisfaite. Lequel M. Gabriel de Saconay nous a dict et respondu qu'il obeira à la volonté de sa majesté, et quant au dit Roville libraire, il nous a dict et respondu que veritablement il a imprimé ou faict imprimer le dict livre, et a promis, moyennant son serment et sur les peines à lui indictes, qu'il ne vendra ni exposera en vente, et n'enverra dehors pour vendre, ni aultrement publier le dit par luy, ni interposite personne en quelque sorte que ce soit, jusques à ce que la dite preface ait esté reformée selon et suivant la volonté de sa majesté; desquelles deffenses, promesses et autres choses nous avons octroyé lettres aux ditz de Saconay et Roville et autres qu'il appartiendra, pour s'en servir en temps et lieu que de raison. Fait l'an et jour sus diz.

« De Guadaigne (sic). »

NOTES

NOTES

P. 6, l. 5. — Toutes les recherches faites en France, en Espagne, en Italie et en Allemagne pour trouver, avant 1550, l'expression par la plume ou par le dessin de l'idée mère du *Débat de Folie et d'Amour* sont demeurées sans résultat.

Dans le Journal de Jean Héroard (Soulié et Éd. de Barthélemy, à Paris, chez Didot, 1868) on lit, t. II, p. 115, le 5 janvier 1616 : « Le baron de Lux tué par M. le chevalier de Guise à l'entrée de la rue de Grenelle. Le roi fait jouer une comédie françoise *De la Folie et de l'Amour aveugle ;* il va en la salle de la comédie. »

P. 6, l. 20. — On connaît un Jean Dagoneau ou Dagonneau, protestant mâconnais, qui, avec ses frères, prit une part active aux guerres de religion. La paternité de la *Légende de Domp Claude de Guyse* lui est généralement attribuée; mais, malgré les indications obligeamment fournies par M. Tamizey de Larroque, il m'a été impossible de savoir si cet ouvrage n'appartiendrait pas, au moins en partie, à Gibbert-Regnault, seigneur de Vaux. La discussion ouverte il y a longtemps sur cette question peut tenter encore quelque patient amoureux de bibliographie. (Voir l'article consacré à Jean Dagoneau par la *France protestante*, de Haag.)

P. 6, l. 24. — On lit dans le *Dictionnaire historique, géographique et biographique de Maine-et-Loire*, par Célestin Port (t. III, p. 467), à l'art. Sancé: « La terre appartient, depuis au moins les dernières années du XVIe siècle, à la famille Ridouet, dont un membre, Jacques Ridouet de Sancé, est auteur d'un dialogue allégorique *La Folie et l'Amour*, imprimé, dit-on. » Cette indication, conforme à celle du manuscrit de Dagoneau, est tout ce qu'on a pu découvrir sur Ridouet et sur ses œuvres.

P. 7, l. 27. — Dans ses *Gemelles ou Pareilles*, Pierre de Saint-Julien, attribuant le *Débat de Folie et d'Amour*, généralement si clair et si limpide, bien des fois si fin et si délicat, presque toujours si simple et si sensé, à « l'érudite gaillardise » de Maurice Scève, nous montre clairement qu'il n'y entendait rien. La Muse audacieuse qui avait besoin de quatre mille quatre cent quatre-vingt-dix vers pour célébrer la *Delie objet de plus haulte vertu*, était incapable non pas seulement d'écrire, mais encore de concevoir ce tout petit poëme en prose.

P. 9, l. 26. — Il suffira, pour s'en convaincre, de lire les vingt-quatre sonnets dans l'ordre où ils sont imprimés et numérotés par Jean de Tournes, ou de jeter les yeux sur l'argument ci-après, d'une lecture beaucoup moins intéressante, mais un peu plus rapide:

I. Après un prologue dans la langue du chantre de Laure, — II. Louise Labé s'adresse à l'être aimé: lui qui sut inspirer tant d'amour, pourquoi n'aime-t-il pas? — III. Elle se consume en longs désirs et en espérances déçues, et c'est en vain que l'amour vient faire rage contre son cœur, il n'y a déjà plus de place pour une blessure nouvelle. — IV. Mais plus le Dieu cruel nous assaille, plus il nous donne de force pour combattre avec lui. — V. Invocation à l'astre des nuits, confident de ses soupirs et de ses larmes. — VI. Béni soit cependant le retour du soleil qui lui fera voir celui qu'elle aime! et, le voyant, elle emploiera si bien le pouvoir de ses yeux qu'elle ne tardera pas à faire sa conquète. — VII. Tendre appel à « l'âme bien aymée, » et, toute tremblante à l'idée de sa venue, douce prière pour se la rendre favorable. — VIII. Fidèle peinture de l'état de son âme, qui vit, qui meurt, qui brûle et se noie, et que l'amour mene sans trève de la peine à la joie pour la remettre bien vite en son premier malheur. — IX. Dès qu'elle commence à prendre un repos désiré, elle croit posséder le bien après lequel elle soupire. O douces nuits, si elle ne doit avoir de bonheur en vérité, faites au moins qu'elle en ait en songe! — X. Quand elle le voit, le front couronné de lauriers « au chef d'honneur plus haut que nul atteindre, » son cœur passionnément épris se demande si, à tant de qualités, il ne pourrait pas joindre celle de lui être « pitoyable. » — XI. Tout, autour d'elle, réjouit sa vue, et ses petits jardins pleins de fleurs amoureuses, et les beaux yeux aux doux regards de celui qu'elle aime, mais le plaisir que reçoivent ses yeux ne sert qu'à attacher davantage son cœur. — XII. Aussi quand elle essaye quelque chanson joyeuse, son luth qui pleura si souvent avec elle, ne produit sous ses doigts qu'un accompagnement de soupirs et de larmes. — XIII. Ah! que l'envie ne l'empêche pas de s'unir à lui, qu'à lui elle puisse s'attacher comme le lierre à l'arbre, la mort envieuse de son bonheur pourra alors venir la prendre, et si son esprit sur ses lèvres s'enfuit elle mourra « plus que vivante, heureuse. » — XIV. « Tant que ses yeux pourront larmes épandre, » tant que sa main saura toucher le luth pour le chanter, tant que son esprit sera content de ne comprendre que lui, elle ne saurait désirer mourir; mais quand elle sentira sa main impuissante, sa voix cassée, ses yeux taris et son esprit sans grâce, elle priera la mort de « noircir » le plus clair de ses jours. — XV. Pour fêter le retour du soleil, Zéphir éveille la terre, les fleurs se parent de mille couleurs, et dans les arbres les oiseaux font merveille. Que Zéphir fasse vers elle revenir son soleil, et il verra s'il ne la rend pas plus belle.— XVI. Après l'orage, le beau temps; après le grand jour, la nuit sombre; après le combat, le repos. Elle l'a vu et consolé dans ses peines, craignant de ne pas faire assez pour lui; mais à présent qu'il l'a embrassée, à présent qu'elle est comme il la voulait, elle le trouve plus froid qu'elle n'aurait désiré. — XVII. Elle fuit la ville où tout sans lui lui devient ennuyeux, où rien sans lui ne saurait la distraire; et il pourra la contraindre à lui donner ce qu'elle estime le mieux, car il lui faudrait vivre hors d'elle-même pour parvenir à ne plus penser à lui. — XVIII. Et mêlant à ceux de son ami ses « baisers tant heureux, » elle s'écrie: « Jouissons-nous l'un de l'autre à notre aise, lors double vie à chacun en suivra. » — XIX. A Diane, qui la rencontre en l'épaisseur des bois et lui demande ce qu'elle a fait de son arc et de ses flèches, elle répond: « Le passant à qui je les ai jetées les a ramassées, et il s'en est servi contre moi pour me faire cent et cent bresches. » — XX. On lui avait prédit qu'elle aimerait un homme dont on lui fit la peinture, et le jour où elle le rencontra, elle crut que le ciel avait formé cet amour; mais aujourd'hui « je croy, dit-elle, qu'étaient les infernaux arrêts que de si loin m'ourdissaient ce naufrage. » — XXI. « Quelle grandeur rend l'homme vénérable? » et « Quel naturel est le plus aimable? » Elle l'ignore, mais elle sait bien que toutes les ressources de l'art ne sauraient accroitre sa passion. — XXII. La puissante harmonie du ciel lie ensemble les esprits divins, mais si ce qu'ils aiment se trouvait loin d'eux, que deviendrait leur bonheur? — XXIII. Que sont-ils devenus les serments d'autrefois et les louanges dont il la comblait si souvent? C'est la douleur qui la fait ainsi parler, mais elle se console en pensant que lui-même aussi souffre quelque martyre. — XXIV. Ne reprenez, dames, si j'ai aimé, dit-elle en terminant son poème, et Dieu vous garde d'être plus malheureuses que moi.

P. 10, l. 29. — Il est de mode aujourd'hui de chercher la vie d'un auteur dans ses œuvres. Pour les biographes futurs, éclairés par les critiques, les correspondances et les préfaces dans lesquelles on ne craint pas de s'autobiographier, ce travail sur nos contemporains sera moins périlleux; mais quand on le fait sur d'anciens auteurs dont il ne reste à peu près rien, on s'expose à commettre d'étranges erreurs.

A l'occasion du Ve centenaire de la mort de Pétrarque, il a été imprimé, en France et en Italie, quelques douzaines de : *Vie de Pétrarque d'après ses vers.* Tous les auteurs de ces ingénieux travaux y ont trouvé les traces marquées de l'amour de Pétrarque pour Laure de Noves, femme de Hugues de Sade, qui, fidèle à son mari et respectueuse de ses onze enfants, ne succomba jamais, malgré l'avalanche de rimes qui tomba sur elle. Cependant M. de Berluc-Pérussis vient de démontrer jusqu'à l'évidence que toute cette histoire est une légende, dont l'inventeur est le marquis de Sade. La Laure chantée par Pétrarque était une jeune fille, sœur et non pas femme de Hugues de Sade. Le pape, qui voyait de bon œil l'alliance du poète avec Laure de Sade, était prêt non seulement à lui laisser ses revenus ecclésiastiques malgré son mariage, mais encore à le doter convenablement. Malheureusement Pétrarque était boiteux, peut-être même sujet à des crises qui ressemblaient à l'épilepsie, et la jeune fille n'en voulut pas.

Combien faudra-t-il de temps pour que cette histoire, autrement vraisemblable que la légende, et du reste appuyée sur les témoignages les plus sérieux, remplace le récit que l'on trouve partout? Sans doute autant qu'il en faudra pour détruire l'invention récente de la collaboration d'Olivier de Magny aux vers de la Belle Cordière, collaboration découverte dans les vers mêmes de Louise Labé. Il est à propos de remarquer ici que les trois derniers biographes de Louise Labé ont cherché son histoire dans ses sonnets et dans ses élégies. Cochard y a découvert un seul amour, qui remplit à peu près toute son existence; M. Monfalcon y en a trouvé deux, presque d'égales dimensions; quant à M. Blanchemain, il y en a vu deux grands entre deux petits.

P. 13, l. 4. — Antoine du Verdier, sieur de Vauprivas, né à Montbrison le 31 novembre 1544, mort à Duerne le 25 septembre 1600, d'après M. Delaroa. Il a composé une *Bibliothèque françoise*, dans laquelle sont décrits la majeure partie des livres qui furent publiés au XVIe siècle en France et surtout à Lyon.

P. 13, l. 5. — Claude de Rubys, historien et homme politique lyonnais, dont il sera question plus loin.

P. 14, l. 19.—Voici le titre de ce rare volume: *L'Art poétique, de Jacques Peletier du Mans départi en deux livres. A Lyon, par Iean de Tournes et Guil. Gazeau*, 1555.

Ce titre est incomplet, en ce qu'il n'annonce pas qu'à la suite de l'Art poétique il y a une série de pièces en vers qui composent le second livre. C'est aux pages 108 et 109 de cette seconde partie que se trouve l'*Ode à Louise Labé Lionnoise*.

P. 14, l. 28. — La *Chanson nouvelle de la Belle Cordière*, dont l'auteur nous est inconnu, et l'*Ode à Sire Aymon*, par Olivier de Magny.

P. 15, l. 16. — Guillaume Paradin, doyen du chapitre de Beaujeu, historien lyonnais, né vers 1510, mort le 19 janvier 1590, d'après le *Catalogue des Lyonnais dignes de mémoire*.

P. 17, l. 10. — A la date du 9 novembre 1588, c'est-à-dire vingt-deux ans après la mort de Louise Labé et trente-trois après l'époque où elle « florissait, » le Consulat délivre à noble homme Me Antoine du Verdier, seigneur de Vauprivas, un certificat portant qu'il est *habitant de Lyon depuis plus de dix ans*, « attendu que, pour son habitation ordinaire, il y a acquis une maison, et, quoique pour ses affaires particulières *il fasse séjour hors la ville*, il ne laisse par d'aller ou envoyer au guet et garde, et de contribuer aux affaires de la ville comme vray habitant. »

P. 18, l. 22. — Le premier article de Sainte-Beuve a paru dans la *Revue des Deux-Mondes* du 15 mars 1854 et, dans les œuvres complètes du grand critique, on l'a imprimé au milieu des *Portraits contemporains*. Le second article a été publié par le *Constitutionnel* du 23 février 1863, et il a été reproduit dans la *Bibliographie des livres relatifs à l'amour, aux femmes et au mariage*, etc., Turin, 1872, t. IV, art. L. Labé. Seulement — et je signale cette singulière citation aux auteurs qui signent le comte d'I... — l'article est donné comme tiré du *Journal des Débats* et dû à la plume de Jules Janin.

P. 18, l. 24. — Jacques Pernetti, chevalier de l'Église de Saint-Jean, né à Chazelles-en-Forez vers 1696, mort à Lyon le 16 février 1777, d'après Breghot du Lut et Péricaud. C'était un de ces laborieux compilateurs d'autrefois qui ont commis quelques inexactitudes parce qu'ils ont beaucoup travaillé, mais dont quelques modernes redresseurs de torts sont les premiers à consulter les travaux. Les *Lyonnois dignes de mémoire* parurent en 1757.

Quelques années avant, C.-J. de Ruoltz avait lu à l'Académie de Lyon (août 1746) un *Discours sur la personne et les ouvrages de Louise Labé Lyonnoise*, imprimé à Lyon, chez Delaroche, en 1750.

P. 19, l. 1. — Entre autres ouvrages, M. Monfalcon a écrit, avec toutes les apparences extérieures d'une vaste érudition, une *Histoire monumentale* (sic) *de la ville de Lyon*, 8 vol. gr. in-4°. Cette lourde, sèche et souvent inexacte compilation est magnifiquement imprimée.

P. 19, l. 5. — Voir, par exemple, dans les *Œuvres romantiques de M. le vicomte de Chateaubriand avec une notice sur sa vie politique et littéraire et des nouvelles historiques servant d'annotations à ses ouvrages*, par M. D*** de S. E***. Paris, chez les marchands de nouveautés, pet. in-8°, tome V^e, pp. 39 à 84.

P. 19, l. 24. — Paris, 1860, pp. 1637 et suivantes.

P. 20, l. 1. — Déjà en 1831, dans ses *Nouveaux Mélanges*, Breghot du Lut avait indiqué dans Olivier de Magny un des plus grands admirateurs de Louise Labé. C'est lui aussi qui a découvert l'*Ode à Sire Aymon* et quantité de détails très menus, mais très intéressants, utilisés sans indication de source dans les notices publiées depuis. Il est à propos de se servir des recherches de Cochard, de Péricaud et de Breghot du Lut, mais il n'est pas moins à propos de les remercier de la peine qu'ils ont évitée à leurs successeurs.

P. 20, l. 28. — « C'est à peu près tout ce dont la félicitent les poetes qui l'ont d'abord célébrée, » dit M. Blanchemain. Mais à quel moment fut composée chacune des vingt-six poésies à la louange de Louise Labé qui nous sont parvenues? Il est impossible de répondre à cette question, parce que toutes ces poésies, dont aucune ne porte de date, ont été imprimées en 1555 du vivant de leurs auteurs. Et cependant, à moins d'y avoir répondu, comment distinguer les vers « qui l'ont *d'abord* célébrée, » et, par conséquent, reconnaître si les éloges donnés à son talent de musicienne sont antérieurs à 1550, et si les louanges prodiguées à son talent de poète sont de trois ou quatre ans plus voisines de nous?

P. 21, l. 11. — Les recherches les plus minutieuses pour trouver la moindre trace de ce passage de Jean d'Avanson à Lyon ou dans le voisinage sont demeurées sans résultat.

P. 21, l. 14. — La première publication d'Olivier de Magny est, si je ne me trompe, un hymne sur la naissance de la fille d'Henri II en 1553. Je ne vois pas ce qu'avait fait Olivier *vers* 1550, pour pouvoir, à cette époque, éclipser les Scève et les Taillemont, « ces grands poètes, » comme on disait alors.

P. 22, l. 13. — L'intervention de Claude de Rubys en cette histoire est fondée uniquement sur les deux strophes suivantes de l'*Ode à Sire Aymon :*

O combien je t'estime heureux
Qui vois les trésors plantureux
De ton espouze ma maistresse!
. . . .
Qui la vois si souvent baler
Et qui l'ois si souvent parler!

Et qui vois si souvent encor
Entre ces perles et cet or,
Un rubys *qui luyt en sa bouche,*
Pour adoucir le plus farouche,
Mais un rubys *qui sçait trop bien*
La rendre à soy sans estre sien!

Ce n'est des rubys *qu'un marchant*
Avare aux Indes va cerchant,
Mais un rubys *qu'elle décore*
Plus que le rubys *ne l'honnore,*
Fuyant ingrat à sa beauté
Les apastz de sa privaulté.

Évidemment ce mot de *rubys* n'est pas répété avec tant d'insistance sans une raison qui nous échappe peut-être. Cependant je suis prêt à confesser ma naïveté grande devant toute personne qui m'expliquera comment ces deux vers :

Un rubys qui luyt en sa bouche
Pour adoucir le plus farouche

peuvent renfermer une allusion au futur historien de Lyon.

Quant à l'épithète de *brillant* qui lui est donnée, je ne vois rien qui la justifie. A cette époque, c'est-à-dire antérieurement à 1559, Claude de Rubys *n'avait encore rien publié*. Il me semble que sa première publication est un petit pamphlet cité par Du Verdier avec la date de 1566.

Il est encore permis de se demander si vraiment, à l'époque où M. Blanchemain place la « liaison » de Louise Labé avec Claude de Rubys, c'est-à-dire peu après 1555 — supposons 1557 — le futur pèlerin de Notre-Dame-de-Lorette était d'âge à être un rival pour Olivier de Magny.

Plusieurs écrivains lyonnais disent que Rubys est né en 1533, et pour donner cette date ils se fondent sur une phrase de son *Histoire de Lyon* parue au commencement de 1604, phrase dans laquelle il se dit « ja tantost » septuagénaire. Mais puisqu'il dit « ja tantost, » c'est qu'il ne l'est pas encore, et comme il cherche, dans cette circonstance, à se rendre intéressant, il faut supposer que le « ja tantost » signifie dans quelques années. Un homme qui *fait argument* de sa vieillesse peut bien, à soixante-cinq ans, se dire « ja tantost septuagénaire. »

D'ailleurs, Péricaud, qui a le tort de ne pas citer ses sources, mais qui doit être cru sur parole jusqu'à preuve du contraire, nous dit qu'en 1566, date, selon lui, de la mort de Louise Labé, il avait environ vingt-sept ans. Il serait donc né, non pas en 1533, mais en 1539, et il aurait non pas vingt-quatre ans, mais dix-huit en 1557; à mon humble avis, la Belle Cordière n'était alors ni assez jeune ni assez mûre pour s'éprendre — si elle voulait s'éprendre — d'un « petit garsonneau, » suivant une de ses expressions.

Enfin, Claude de Rubys lui-même, à propos de la mort de Clémence de Bourges arrivée peu après le 30 septembre 1562, nous dit qu'il était à cette époque un « jeune escolier, » et il donne à entendre assez clairement qu'il était du même âge que Mlle de Bourges. Malheureusement nous ignorons la date de la naissance de cette charmante jeune fille. (Voir la note sur la famille de Bourges, ci-après.)

De tous les témoignages recueillis, il résulte cependant que Clémence de Bourges mourut très jeune, vers 1563, et que Rubys était à peu près de son âge; il est donc probable que la date indiquée par Péricaud se rapproche de la vérité et que le jeune escolier de 1563 n'était pas encore, en 1557, de taille à tenir le rôle qu'on lui attribue.

P. 23, l. 12. — Louise Labé a écrit dans son XXIIIe sonnet:

Las! que me sert que si parfaitement
Louas jadis et ma tresse dorée
Et de mes yeux la beauté comparée
A deux soleils...

M. Blanchemain rapproche ces vers des vers suivants d'Olivier de Magny:

Elle est à vous, belle maîtresse,
Cette belle et dorée tresse,
Qui feroit honte aux mêmes ors
Et ces yeux deux astres *ensemble...*

Ne pourrait-on pas tout aussi bien rapprocher la strophe de Louise Labé de ces vers de Mellin de Saint-Gelais :

Ceux là diront que les rays de vos yeux
Font devenir le soleil *envieux*
Et que ce sont deux astres *reluisants.*
. . . .
De vos cheveux, c'est moins que de raison
De faire d'eux à l'or *comparaison...*

Rien de plus banal que ces deux images. Tous les poètes du XVIe siècle, et même fort avant dans le XVIIe, les ont prodiguées, témoins encore ces vers que l'on a tant reprochés à Laugier de Porchères, sur les yeux de Gabrielle d'Estrées :

Ce ne sont pas des yeux...
Mais deux soleils *clairement radieux,*
Dont les rayons brillans nous offusquent la veue.

Et ceux-ci, du même, sur les cheveux de la même beauté :

Beau poil, n'êtes-vous pas la rivière pactole
Qui flotte précieuse en riches ondes d'or ?

P. 24, l. 7. — Ce renseignement, à propos de la date du départ de Jean d'Avanson, m'est obligeamment fourni par M. Joseph Roman, si fort au courant des hommes et des choses du Dauphiné. Mon ami J. Favre, dans son travail si complet sur Olivier de Magny, arrive par une autre voie à une conclusion presque analogue. Il écrit : « L'année même (1553) où il accepta la dédi- « cace de la traduction de Salel, d'Avanson, sur la demande de « Diane de Poitiers peut-être, fut envoyé à Rome en mission « secrète auprès du pape Jules III. *Ce fut probablement vers la « fin de cette année.* En effet, il emmenait avec lui en qualité de « secrétaire Olivier de Magny. Or le poète n'était entré défini- « tivement dans la maison de d'Avanson qu'après avoir fait im-

« primer la traduction de l'Iliade dont le Privilège est du 25 « juillet 1553. » (Voir *Olivier de Magny,* par Jules Favre. — Paris, Garnier, 1885.)

P. 26, l. 7. — Dans les actes relatifs au père, aux frères et aux neveux de Louise Labé, on trouve *Charlieu, de Charlieu, Charlin* ou *Charliu, Charly, Charlie, Cheylieu* et *Charrieu.* La forme généralement usitée par les biographes modernes est *Charly.* J'ai cru devoir adopter celle de *Charlieu,* la plus ancienne et la plus fréquente. Le nom de Labé est écrit également de diverses manières : *Labbé, Labé, L'Abbé* et même *Labe.* Toutefois on ne saurait hésiter sur l'orthographe de ce nom, Louise ayant signé son livre et sa lettre à Clémence de Bourges *Labé.*

Voir à l'*Appendice* les renseignements complémentaires sur *la famille de Louise Labbe.*

P. 26, l. 13. — « Un acte de 1524, dit Cochard, m'apprend que Charlieu était veuf d'Antoinette Deschamps *alias* Compagnon ; qu'il en avait trois fils, Barthélemy, François et Mathieu ; ainsi Louise n'est *née que postérieurement et d'un second mariage.* » (OEuvres de Louise Labé. Éd. de 1824, note de la page XXVIII.)

Le savant et consciencieux Lyonnais doit être cru sur parole, quand il nous dit avoir vu cet acte, que je n'ai pas retrouvé ; mais je m'explique difficilement, de la part d'un chercheur aussi prudent, la dernière partie de sa note. Puisqu'il connaissait seulement le mariage de Charlieu avec Étiennette et puisqu'il en supposait un autre, cet autre pouvait être antérieur, aussi bien que postérieur. Ensuite, de ce qu'un acte mentionne les trois fils d'une femme, il ne s'ensuit pas absolument que cette femme n'ait pas eu de fille, surtout à une époque où les filles tenaient si peu de place, du moins dans les actes.

P. 26, l. 16. — D'une part, dans l'acte de 1524, cité par Cochard, la femme dont Pierre Labé était veuf à cette époque et que ce biographe croit être la première s'appelle *Étiennette Deschamps alias Compagnon.* Cette Étiennette est évidemment la « femme en deuxièmes noces, » qui est appelée *Étiennette Roybet* dans l'accord de 1558, puisque la première, c'est-à-dire la veuve de Jacques Humbert inconnue à Cochard, était prénommée *Guillermie* ou *Guillermette* en latin *Guillerma.* D'autre part, en 1515, nous trouvons Labé propriétaire d'une vigne « qui fut de Benoît Compagnon » et qui est confinée par deux parcelles de terre relevant de deux *directes* différentes, parcelles dites l'une de *Benoît Deschamps*, l'autre de *Benoît Compagnon.* Benoît Deschamps et Benoît Compagnon forment évidemment une seule personne dénommée différemment dans chacun des deux registres de Directes.

En rapprochant ces indications, on a le droit de penser que la vigne de Labé lui venait de sa seconde femme, Étiennette Roybet, *alias* Deschamps, *alias* Compagnon, et par conséquent que son mariage avec elle existait déjà en 1515; mais, comme dans les dénombrements antérieurs à 1515, la terre de la Gela ne figure pas parmi ses propriétés, il faut croire qu'il ne la possédait que depuis peu.

P. 38, l. 28. — Bien qu'à cette époque le tènement de Bellecour fût encore une propriété privée, il se prêtait tout particulièrement à ces exercices. Dans le *Dialogue de deux escoliers*, imprimé en 1583 à la suite de la *Pratique de l'orthographe françoise, avec la manière de tenir livre de raison*, etc., par Claude Mermet, on lit : « Je m'en voy jusques en la place de Belle-Cour, pour y voir piquer des chevaux par un écuyer italien nouvellement venu en ceste ville, lequel s'en acquitte fort dextrement. » (P. 109.)

P. 39, l. 29. — Mellin de Saint-Gelais, fit des vers « *Pour des chevaliers que des masques vestus en amazones menoyent sur les rangs au tournoy de la royne Catherine, en* 1548. ».

Mon ami, M. de Berluc-Pérussis, veut bien me faire remarquer qu'un siècle plus tard eut lieu à Die un tournoi en tous points semblable à celui que je crois avoir été tenu à Lyon en 1542 :

« En juin 1681, m'écrit-il, la noblesse protestante de Die simula le siège de la maison de Chamarges, appartenant à M. Ducros, petit-fils d'un conseiller au Parlement.

« On feignit une lettre de cachet, que M. de Sallières, commissaire d'artillerie au fort Barreaux, vêtu en courrier, porta à Mme d'Arbalestrier-Montclar, général, lui donnant l'ordre d'assembler ses troupes pour le siège.

« Les troupes s'assemblèrent. Mme le général était assistée de Mmes de Gilliers, capitaine, et de Chalvet, intendant; Mlles de Chabrières et de Saint-Auban, capitaines de dragons; Mmes de Lantaret et de Clelles, Mlles de Chalvet et de Rochefort, avec leurs compagnies; Mlles de Lantaret et d'Ambel, commandant un détachement de piquiers; Mlle de Gilliers, capitaine de grenadiers. Le tout soutenu par des officiers du régiment de Crillon, qui tenait garnison à Die.

« Le gouverneur de Die permit de tirer quelques pièces de campagne de la citadelle; on composa des feux pour simuler les bombes, grenades et pétards.

« Le siège eut lieu dans toutes les formes. Chamarges capitula. Les violons, les haut-bois et un dîner clôturèrent la fête.

(Voir *Mercure galant* (sept. 1681); *Bulletin de l'Académie delphinale*, 1879, article de M. le conseiller Accarias sur *les Chalvet; Journal de Die*, janvier 1879, article de M. Rochas.)

P. 41, l. 25. — Ces deux noms ont été prononcés très sérieusement plusieurs fois et notamment dans la discussion que souleva, en 1828, l'exposition du buste de Louise Labé, commandé par la ville de Lyon à Foyatier.

P. 44, l. 2. — De ce que dans son jardin de la rue Confort, au milieu de petits quartiers de buis et de marjolaine dans le goût du temps, Louise avait fait dessiner le chiffre du Roi, c'est-à-dire les Lys de France et le Croissant de Diane de Poitiers, on a imaginé de voir dans cet « homme de guerre » le Dauphin Henri qui commanda l'armée sous les murs de Perpignan. L'argument est d'autant plus singulier qu'autour du chiffre étaient « plantés » six vers dans lesquels on souhaitait que le Croissant devînt « un plein rond. » Louise Labé aurait été vraiment de bien bizarre composition si, pour marquer le souvenir de ses amours, elle avait eu l'idée de prendre l'emblème de celles du Roi avec

Diane de Poitiers, et surtout de souhaiter que le Croissant devînt un plein rond.

P. 45, l. 2. — A la demande de M. Henrich, le bienveillant doyen de la Faculté des Lettres de Lyon, M. Vignon a fait cette traduction de l'ode grecque. En l'écrivant, M. Vignon a dû se rappeler l'incident dont il fut le héros à l'École normale, incident que M. Sarcey a rappelé (*Revue politique et littéraire*, 1882) dans *Comment je devins journaliste*. M. Vignon avait rompu une lance en faveur de la vertu de la belle Lyonnaise, sa compatriote, et Gérusez avait dit gravement: « Il faut une grande hardiesse pour répondre de ces choses-là. » Huit jours après, M. Ordinaire, qui tournait très joliment le vers et qui excellait aux pastiches, apporta deux madrigaux, qu'il avoua avoir trouvés à la Bibliothèque nationale dans un manuscrit des poésies inédites de Louise Labé; et il résultait de ces madrigaux que la dame avait « dénoué sa ceinture. » Vignon protesta contre cette ceinture dénouée mal à propos et déclara que les vers ne pouvaient pas être de Louise. Gérusez répondit doucement: « Je le crois comme vous, et je le regrette. Mais si elle n'est pas l'auteur de ces deux pièces, il me semble qu'il ne vaut plus la peine de parler d'elle. » Soulary me disait un jour la même chose, et, comme Vignon, je n'ai pas voulu le croire.

P. 49, l. 3. — Un des témoins qui, en 1552, déposèrent dans le procès de Genève, nous dit que le demandeur, Jean Yvard, avait renvoyé sa femme depuis six ans, par conséquent depuis 1546; un autre nous dit qu'il a connu les époux Yvard alors qu'ils vivaient encore ensemble — par conséquent antérieurement à 1546 — et qu'en ce temps-là la femme d'Yvard « hantoit bien privément avec *une nommée la Belle Cordière.* » Du Verdier nous apprenant qu'on avait donné ce surnom à Louise Labé « parce qu'elle étoit mariée à un bonhomme de cordier, » il faudrait alors conclure qu'elle était mariée avant 1546, puisqu'elle portait déjà ce surnom à cette date. On ne peut cependant rien affirmer en se fondant sur ce raisonnement, parce que le témoin de Genève a pu désigner la Belle Cordière par le surnom qu'elle portait au moment où il parlait, et ensuite parce que Louise Labé, étant la fille d'un cordier, a pu être surnommée Belle Cordière avant son mariage avec un cordier.

P. 55, l. 25. — Il existe à la Bibliothèque nationale un exemplaire du portrait de Louise Labé gravé en 1555 par Woëiriot. Ce portrait cité par le P. Le Long était inconnu à Lyon, où on a représenté la Belle Cordière de diverses façons très fantaisistes. C'est M. Brouchoud qui a révélé son existence en 1871 ; et, depuis cette date, quelques figures ont été peintes d'après la reproduction de l'original qu'il a fait graver par Dubouchet.

Un sculpteur lyonnais, M. Devenet, a exposé au Salon de l'année 1886 un buste d'après la gravure de Woëiriot : la ville de Lyon devrait bien le placer dans son musée à la place de la fantaisie exécutée par Foyatier en 1828.

P. 58, l. 6. — L'existence de cette édition de 1552 a été contestée. Cependant un exemplaire des *Rymes de gentile et vertueuse dame D. Pernette du Guillet Lyonnoise, de nouveau augmentées* (Lyon, par Jean de Tournes, 1552, in-8 de 84 pages), figure dans le *Catalogue de la bibliothèque du marquis de Ganay*. Ce bel exemplaire, le seul connu jusqu'à présent, provient, dit Porquet, de la vente R. Hébert.

P. 59, l. 23. — Voir à l'*Appendice* la note sur la famille de Bourges.

P. 60, l. 15. — *Querelles littéraires, ou Mémoires pour servir à l'histoire de la République des lettres depuis Homère jusqu'à nos jours*, Paris, chez Durand, 1761, vol. I, p. 157.

P. 69, l. 24. — On lit dans les comptes de François Coullaud : « Recepte faicte par le present recepveur à cause des aultres deniers levez extraordinairement à cause des troubles et saisye d'icelle ville par ceulx de la nouvelle religion... Ledit quatriesme juillet mil V LXII (reçu) de *Louise Labé* XXV l. t, pour la moitié de sa cotisation. » Le second paiement a lieu le 3 novembre. Ainsi ce n'est plus Ennemond Perrin, mais Louise Labé qui figure sur les registres des taxes du quartier Confort en 1562; d'où il résulte qu'à cette date Louise était en possession de la fortune que lui avait léguée son mari.

P. 70, l. 16. — Et cependant outre « la jarretière d'un taffetas bleu renforcé et bien ample » qu'il nous raconte avoir obtenu de sa fiancée la permission de « deslier et prendre, » Gaspard de Saillans avait encore obtenu de sa dame un bouquet, « lequel bouquet, dit-il, serviroit et profiteroit plus beaucoup que faire ne pourroient les preservatifs et defensoires qui lui seroient baillés par les meilleurs médecins de ce monde à l'encontre des formidables et épouvantables dangers où nous sommes. » (Voir la note sur la famille de Bourges.)

P. 70, l. 18. — Puisque nous parlons de l'occupation protestante en 1562, signalons une délibération du 24 décembre ordonnant « faire ouverture de *la rue de la Courdière* tendant aux autres rues ouvertes au tenement du Plat, » et une autre du 19 janvier mentionnant également la « *rue de la Courdière.* » Dans le plan de Lyon, dessiné avant juillet 1559 d'après A. de Montaiglon (*Revue des Sociétés savantes*, t. VIII, p. 335), on voit très nettement indiquée la « *rue Belle Courdière.* » Ainsi, du vivant de Louise Labé, la rue qu'elle habitait n'était connue que par son surnom.

L'histoire de l'occupation de Lyon par les protestants est encore à faire, et ce sujet est de nature à tenter la plume de M. Raoul de Cazenove.

P. 72, l. 6. — Fils de Cherubino Fortini (mort en 1548) et de Cammilla di Amadio Giocondi (décédée le 21 mars 1563), Thomas naquit le 22 septembre 1512. Il avait deux frères, Paolo, le plus jeune, qui habitait Londres en 1560, et Girolamo, mort à Florence le 9 novembre 1591. C'est dans la fille unique de ce dernier, Cammilla, mariée à Benedetto di Giovanni Baldovineti que s'éteignit le nom et la famille des Fortini, ou, tout au moins, de la branche à laquelle appartenait l'ami de Louise Labé. Grâce à un legs que lui avait fait une certaine « Nicolle Guindri dicte la Belle Bolangière, » nous savons qu'il habitait Lyon dès 1551. Le 15 juillet 1569, après avoir acquitté plusieurs des legs faits par Louise, il constinua deux mandataires : Jean Orlandini, pour administrer le domaine de Parcieu, et Léonard Strozzi pour liquider ses affaires commerciales. En 1572, Nicolas Conselli, « comme fondé de sa procuration, » vient se plaindre aux Recteurs de la « ruyne qui se présente dans la grange de Parcieu. » Depuis lors, nous n'entendons plus parler de lui. Malgré les recherches auxquelles se sont livrés MM. Auguste Conti, président de l'Académie de la *Crusca*, et César Guasti, surintendant des archives de Florence, — qu'ils veuillent bien recevoir tous mes remerciements ! — aucun renseignement n'a pu être recueilli à partir de cette date sur les Fortini ou les Baldovineti.

Les Fortini portaient : « Un delfino contrariante, cioè azzuro nel campo d'oro, e oro nell' azzuro. »

P. 74, l. 8. — Fortini s'était cependant plaint aux Recteurs, en 1572, par l'intermédiaire de Nicolas Conselli, son mandataire, de la mauvaise gestion du *commissaire qu'on avait mis à Parcieu*. Les Recteurs avaient promis d'y mettre ordre, et ils avaient même demandé à cet effet que Fortini leur envoyât une procuration.

P. 75, l. 6. — Si Fortini avait vécu publiquement avec une femme, le curé de Saint-Paul ne lui aurait pas permis de tenir un enfant sur les fonds baptismaux. On lit dans les baptistaires de cette paroisse : « Item, *le* 9 *mars* 1564, a esté baptizé Tho-« mas, fils de Claude Pamissière, son parrain le Sr Thomas For-« tinny, marraine Marie Debinoz.

« Item, *le* 16 *février* 1566, a esté baptizé Philiberte, fille de « Germain Vergnie, cordonnier, son parrain Thomas Fortiny « florentin, marraines Anne Coudorphinge et Annette Re-« gnault. »

P. 75, l. 25. — La fortune laissée par Louise Labé était relativement considérable. Si on capitalise les pensions imposées sur les immeubles qu'elle possédait à Lyon et dans les Dombes, afin d'en ajouter le montant à leurs prix de ventes — ventes faites dans des conditions déplorables — on leur trouve une valeur vénale de 10,230 livres tournois. Quant à sa fortune mobilière, les éléments nous manquent pour l'apprécier: nous savons seulement qu'elle fait des legs en argent pour environ 1,450 livres, et qu'un de ces legs de 1,000 livres doit être prélevé, dit-elle, « sur le crédit de plus grand somme qu'elle a au grand party du roy. »

P. 80, l. 19. — En 1558, « Anne du Bourg, conseiller au Parlement de Paris, est emprisonné comme hérétique. Le *président Fumée*, pour éviter un sort semblable, s'enfuit à Genève. » (*Mémoires de Claude Haton*, etc. Paris, Imprimerie impériale, M DCCC LVII, t. I, p. 84.) S'agirait-il ici de ce Fumée qui fut un des amis de la Belle Cordière? D'autre part, on lit dans Péricaud: « Maurice Scève, dont l'époque de la mort est ignorée, n'aurait-il pas été une des victimes des *Vêpres lyonnaises?* » Enfin une lettre du temps nous apprend qu'au moment de la réaction contre les protestants « *les Scève vont à la messe.* »

P. 81, l. 4. — Chanoine de Mâcon en 1552, proto-notaire apostolique en 1553, aumônier du Roi, conseiller d'État, grand archidiacre de Chalon et enfin évêque en 1578, Pontus de Tyard fut appelé par Henri IV, en 1593, lorsqu'il voulut être instruit dans la religion catholique. (Voir *Pontus de Tyard, seigneur de Bissy, depuis évêque de Chalon*, par J.-P.-Abel Jeandet. Paris, Aubry, 1860.) — L'auteur de la vie de Pontus de Tyard a, depuis la publication de son livre, acquis la certitude que Pontus fut d'abord dans les meilleurs termes avec Théodore de Beze, dont il s'éloigna dans la suite, tout en conservant pour lui une sincère estime.

P. 114, l. 1. — L'impasse dont il est question fut ouverte en 1562 pendant l'occupation protestante; elle portait en ce temps-là le nom de *La Cordière*, ainsi que l'indique la délibération consulaire qui ordonne son ouverture.

P. 114, l. 5. — Pernetti a été induit en erreur. On a vu, par la lecture du testament de Louise Labé et d'autres pièces, que Louise laissa sa fortune à ses *propres neveux*, Jacques et Pierre *Labé*, fils de son frère François *Labé*, et que c'est elle et non son mari qui leur substitua l'Aumône générale.

L'erreur commise par Pernetti ou par son ami M. Besson au sujet de l'héritage arrivé à l'Aumône générale est bien excusable, puisque, déjà en 1583 (6 juin), on trouve la mention suivante:

« Noble Claude Berthier, conseiller du Roy au Parlement de Grenoble, tant en son nom que de D[lle] Antoine David, sa femme, tient certaine maison *que fut d'Ennemond Perrin et après des frères Labé et par le dit Perrin donné après la mort des dits frères Labbé* à MM. les Recteurs de l'Aumône générale, desquels les dits Berthier et sa femme l'ont acquis et icelle maison sise, » etc.

Peut-être en testant comme elle l'a fait, la veuve d'Ennemond Perrin a-t-elle simplement exécuté les volontés de son mari.

P. 123, l. 8. — Claude de Rubys a raison quand il nous dit qu'il n'était pas poète, et nous aurions préféré qu'il nous eût conservé les vers de Maurice Scève, de Taillemont et de Louise Labé, si elle figura dans les « doctes tombeaux. »

P. 123, l. 18. — Voir *Histoire générale du Dauphiné depuis l'an* M *de N.-S. jusques à nos jours*, par Nicolas Chorier, avocat du Parlement du Dauphiné, à Lyon, chez Jean Thioly, M DC LXXII, t. II, p. 575.

P. 126, l. 1. — Le testament de Gabriel de Saconay est du 12 avril 1577, et un codicille y fut ajouté: au domicile du codicillant, à Brindas, le 27 juin 1580. C'est le 13 août de cette même année qu'Anne de Severet, veuve d'Ayme de Saconay, frère du chanoine, agissant en qualité de mère et tutrice de Théode de Saconay, héritier universel, fit demander l'ouverture du testament de son beau-frère, décédé au chapitre de l'Église de Lyon, le 3 août 1580.

Tous les ouvrages de Gabriel ont été imprimés de son vivant, à l'exception du dernier, qui ne paraît pas avoir été donné à l'imprimeur après sa mort. L'édition complète de ses œuvres ne paraît pas non plus avoir été faite.

P. 128, l. 2. — *Recueil des opuscules de Calvin*, Genève, Pinereul, 1566, p. 1825. (*Traduction du latin en français par Théodore de Bèze.*)

P. 128, l. 10. — Voir *Lettres de Catherine de Médicis*, publiées par M. le comte Hector de La Ferrière, t. I, p. 237. — L'original du procès-verbal de Guillaume de Gadaigne est reproduit ici d'après le texte publié, en 1868, dans les *Archives des Missions scientifiques et littéraires*, 2ᵉ série, t. V, p. 368.

GLOSSAIRE

GLOSSAIRE

Absent. P. 72, 123. Séparé.

Acertener. P. 6. Rendre certain.

Acointer (S'). P. 150. S'unir.

Acroissance. P. 145. Croissance.

Adestrer. P. 142. Rendre adroit.

Adonques. P. 129. Alors.

Affeccion, Afeccionné. P. 29, 45, 67, 79. Sentiment, désir; qui éprouve un sentiment.

Ainçois. P. 131. Plutôt.

Ains. P. 147. Mais.

Ajourner. P. 147. Faire jour.

Alener. P. 150. Respirer, souffler.

Amiable, Amiablement. P. 29, 39, 79. Aimable, aimablement.

Amonceler. P. 63. Transformer en montagne.

Animant. P. 29, 35. Animal.

Apareiller. P. 101, 139. Préparer.

Arc Trionfant. P. 63. Arc-de-Triomphe.

Ardre. P. 94, 123. Brûler.

Assemblement. P. 74. Union.

Asséner quelqu'un. P. 12, 104. Le frapper.

Atacher. P. 9. Attaquer.

Atourné. P. 153. Paré.

Attache. P. 50. Affiche.

Autrui (L'). P. 37. Le bien d'autrui.

Avolé. P. 49. Volage.

Av'ous? P. 120. Avez-vous?

Bec (Le morceau au). P. 41. La bouche encore pleine.

Benivolence. P. 36. Bienveillance.

Besongner. P. 71. Travailler.

Besongnes. P, 48. Affaires.

Branc. P. 82, 142. Épée courte et large.

Brief (En). P. 83. Bientôt.

Brief. P. 85. Prochain.

Brouilliz. P. 54. Brouille, querelle.

Bruit. P. 16. Réputation.

Brunette. P. 147. Fleur.

Carme. P. 88. Vers.

Caroler. P. 158. Danser, se jouer.

CAUT. (Adj.). P. 128. Habile.

CAUT. (Subst.). P. 136. Habileté.

CE. P. 21, 28, 33, 45. Cela.

CE PENDANT. P. 16, 27. Pendant ce temps.

CERVERIN. P. 146. Plante autrefois réputée anti-aphrodisiaque.

CHARACTERE. P. 59, 75. Signe magique.

CIL. P. 95, 158. Celui, celui-ci.

CITRE. P. 45. Cithare.

CONGREGACION. P. 55. Rassemblement.

CONQUERRE. P. 82. Conquérir.

CONTOURNEMENT. P. 113. Roulement.

CONTREFOUDRE. P. 158. Rival de la foudre.

CONTREGARDER. P. 44. Préserver.

CONVERSER. P. 49. Fréquenter.

COUCHER EN CHAPON. P. 41. Se coucher comme les poules.

COULOMNE. P. 145. Colonne.

COURAGE. P. 91, 147, 151. Cœur.

CRESPILLON. P. 124. Cheveux crêpés, frison.

CUIDER. P. 25, 32. Croire.

CYNE. P. 129. Cygne.

DÉFENSABLE. P. 38. Défendable.

DÉFORMITÉ. P. 54. Laideur.

DÉLIVRE. P. 103. Délivré.

DEMONTRANCE. P. 67. Démonstration.

DEMOURÉE. P. 140. Demeure.
DÉPENDRE. P. 63. Dépenser.
DÉSATELER P. 148. Dételer.
DESCLOS. P. 151. Éclos.
DÉSEMPLUMER. P. 140. Déplumer.
DESPENDRE. P. 94. Perdre.
DESPRISER. P. 69. Mépriser.
DESSERRER. P. 131. Décocher.
DESTITUER. P. 67. Priver.
DESTRE. P. 139. Main droite.
DINE. P. 12, 39, 43, 51, 128. Digne.
DINEMENT. P. 35. Dignement.
DINITÉ. P. 7, 78. Dignité.
DISCORD. P. 89. Discorde.
DISCOURIR. P. 160. Révéler.
DISPENSER. P. 39. Administrer.
DISPUTER. P. 67. Discuter.
DOMESTIQUEMENT. P. 49. Familièrement.
DONT. P. 60. D'où.
DOUCELET. P. 122. Diminutif de Doux.
DOUCINE. P. 45. Sorte de flûte.
DOUSONDOYANT. P. 147. Ondoyant doucement.
DOUTER. P. 71. Redouter.
DUIRE. P. 114. Convenir.

ÉBANOYER (S'). P. 148. Jouer (Se).
EFFORT. P. 12, 13. Force.

Effroyer. P. 146, 153. Effrayer.

Emmanteler. P. 140. Envelopper comme d'un manteau.

Emmieleur. P. 105. Allécheur.

Encerceler. P. 100. Encercler.

Enchanteresse. P. 13. Magicienne.

Encharger. P. 51. Confier.

Encliner (s'). P. 139. S'intéresser.

Enfariné (Homme). P. 61. Qui a le visage blanc de farine, comme les acteurs de cette époque.

Engraver. P. 88. Graver.

Enrouillé. P. 41. Rouillé.

Enseigne. P. 73. Portrait.

Ensemblement. P. 138. Ensemble.

Enserpenté. P. 130. Composé de serpents.

Ensuivre. P. 49. Suivre.

Entortillonner. P. 136. Entortiller.

Environner le tour de... P. 88. Aller autour de...

Épanir. P. 131. Faire épanouir.

Erre (Grand). P. 102, 153. Vite.

Erreurs. P. 148. Courses, détours.

Esclaver. P. 130. Rendre esclave.

Eslargir. P. 113. Donner avec largesse.

Esplingue. P. 41. Épingle.

Estour. P. 89. Bataille.

ESTRANGE. P. 23. Etranger.
ESTRANGER. P. 83. Disjoindre.
ESTRÉCIR. P. 44. Rétrécir.
ESVENTÉ. P. 57. Vantard.
FAILLOIT (Il). P. 20, 55, 58. Fallait (Il).
FARSEUR. P. 61. Joueur de farces, acteur.
FIANCER (Se). P. 85. Avoir confiance.
FINER. P. 85. Finir.
FLAIRANT. P. 144. Fleurant.
FLEURER. P. 131. Flairer.
FLOFLOTER. P. 122. Flotter.
FLOUET. P. 12. Fluet.
FONT. P. 148. Fontaine.
FORCENER. P. 88. Devenir forcené.
FORSAIRE. P. 15. Forçat.
GÉNIAL. P. 83. Conjugal.
GETTEUR DE POINTS. P. 59. Astrologue.
GRACIEUSETÉS. P. 120. Graces.
GRIEF. P. 83. Cruel.
GUINDER. P. 70. Monter.
HAIM. P. 124. Hameçon.
HAUTESSE. P. 82. Noblesse, grandeur.
HEBENIN. P. 131. D'ébène.
HERSOIR. P. 119. Hier soir.
IMMUER. P. 74. Changer.
INDINE. P. 72. Indigne.

IMPUISSANTER. P. 111. Rendre impuissant.
INDIVIDU. P. 76. Individuel.
INFLUS. P. 116. Influence.
INFLUXION. P. 66. Influx, influence
IRÉ. P. 158. Irrité.
ISSANT. P. 114. Sortant.
ITERER. P. 106. Réitérer.
JA. P. 7. Déjà.
JAMBETTE. P. 62. Croc-en-jambe.
JEUNESSE. P. 6, 55. Chose, action de jeunesse.
JOUEUR. P. 62. Acteur.
JUS. P. 157. A bas.
LABERYNTER (Se). P. 111. Perdre (se).
LAIRROIT (Il). P. 70. Laisserait (Il).
LAMPEGER. P. 135. Éclairer, luire.
LASSETÉ. P. 43. Lassitude.
LEZARD. P. 89. De lézard, venimeux.
LOUEUR. P. 108. Louangeur.
LOZ. P. 16, 158. Louange, gloire.
LUITEUR. P. 63. Lutteur.
MADRIGALLE. P. 45. Pièce de musique.
MARBRIN. P. 66. De marbre.
MASQUE. P. 46, 103. Mascarade.
MASTIS. P. 147. Plante, le thymus mastichina.
MESMEMENT. P. 129, 135. Surtout.
MESMES. P. 36. Surtout.

METRE. P. 139. Vers.

MIRÉ. P. 67. Qui s'est bien regardé dans le miroir.

MONTRE. P. 46. Revue.

MORESQUE. P. 46. Danse à la manière des Mores.

MOYEN (Tenir). P. 12. Modérer.

MOYENNER. P. 25. Procurer, causer.

MULIEBRE. P. 71. Féminin.

NAVRER. P. 13, 22, 25, 53. Blesser.

NÉCESSITER. P. 111. Contraindre.

NONCHAILLANCE. P. 78. Nonchalance.

NOUVELET. P. 121. Diminutif de nouveau, Jeune.

NUBILEUS. P. 105. Nuageux.

NUITÉE. P. 160. Nuit.

OBOMBRER. P. 83. Ombrager.

OFENSER. P. 13. Blesser.

ONQUES. P. 23. Jamais.

ORER. P. 136. Chanter.

ORES. P. 18, 128. Maintenant.

OUTRE. P. 85. Malgré.

OUTRER. P. 126. Frapper, atteindre profondément.

PARANGONNER. P. 69. Comparer.

PARANNER. P. 128. Perpétuer.

PAROLER. P. 151. Parler.

PASSEMESE. P. 45. Danse italienne.

PERDURABLE. P. 140. Qui doit durer sans fin.

PIGNER. P. 41, 67. Peigner.

Piteux. P. 81. Touché de pitié.

Pitoyable. P. 91. Qui a de la pitié.

Plein. P. 94. Plainte.

Poitrine. P. 67. Cœur.

Possible. P. 16, 19. Peut-être.

Pour autant que. P. 13. Parce que.

Pource. P. 4, 23, 30. Pour cela.

Pource que. P. 24, 28. Parce que.

Privément. P. 49. Familièrement.

Prochasser. P. 86. Pourchasser, chasser.

Quenoille. P. 4. Quenouille.

Rais. P. 150. Rayon.

Ramelet. P. 144. Petit rameau.

Ramentevoir. P. 45. Rappeler.

Rarité. P. 132. Rareté.

Reboucher. P. 13. S'émousser.

Recentement. P. 25. Récemment.

Recueil. P. 64. Accueil.

Réduire en mémoire. P. 57. Rappeler à la mémoire.

Remirer. P. 43. Regarder encore, admirer.

Rescourre, Rescous, P. 57. Délivrer, Délivré.

Revoquer. P. 73 Rappeler.

Revue. P. 97. Action de se revoir.

Riens. P. 152. Chose.

Robber. P. 37. Dérober.

ROBBON. P. 44. Robe courte.

ROULER (Se). P. 153. Se faire rouler.

ROUTE. P. 82. Déroute.

RUER JUS. P. 157. Mettre bas, Déposer.

SACRER. P. 145, 158. Consacrer.

SAGETTE. P. 90. Flèche.

SAILLIE. P. 103. Sortie.

SAILLIR DE L'ARÇON. P. 157. Faire sortir de l'arçon, Désarçonner.

SALTACION. P. 62. Danse, action théâtrale.

SÉJOUR. P. 103. Repos.

SEMBLANCE. P. 13. Ressemblance, Figure

SERRER. P. 41. Fermer.

SIGNEUR. P. 11, 30, 58, 76, 87, 128. Seigneur.

SIGNEURIE. P. 12. Seigneurie.

SIMPLESSE. P. 88. Simplicité.

SONGEART. P. 64. Triste.

SOUEF (Adv.). P. 100. Suavement.

SOULACIEUS. P. 121. Qui soulage, console.

SOULOIR. P. 68, 157. Avoir coutume.

SQUADRON. P. 82. Escadron.

SUCCÉDER. P. 56. Advenir.

SUFUMIGACION. P. 75. Fumigation (dans le sens magique).

SUPERABONDANT. P. 49. Surabondant.

SUPERNEL. P. 115, 153. Supérieur, céleste.

SUTIL. P. 66, 111. Subtil.

SUTIL. P. 10. Tissé.

A TANT. P. 159. Alors.

TARD. (Adj). P. 156. Tardif.

A TARD. P. 20. Trop tard.

TENDRELET. P. 121. Diminutif de tendre.

TIRÉ. P. 67. Bien mis.

TOURMENTEUR. P. 11. Qui tourmente.

TOURNER. P. 155. Retourner.

TRAVAIL. P. 46, 107. Fatigue, peine.

TRAYTREMENT. P. 125. Traîtreusement.

TREBUCHER. P. 142. Faire trébucher.

TREMPER. P. 81. Tempérer.

VACATION. P. 75. Art.

VAGUE (Le), P. 140. L'air.

VAUX (Fém.). P. 142. Vallées.

VEFVE. P. 146. Veuve.

VENT. P. 131. Émanation, odeur.

VERFLORISSANT. P. 144. Fleurissant en vert.

VESPRÉE. P. 156. Soirée.

VESQUI (Je). P. 88. Vécus (Je).

VEUIL. P. 84. Volonté.

VOLTER. P. 89. Faire tourner.

VOULU (Bien). P. 15. Bien vu.

VOUSISSENT. P. 50, 71. Voulussent.

TABLE

TABLE

RECHERCHES SUR LA VIE ET LES ŒUVRES DE LOUISE LABÉ

APPENDICE

ERRATA

DES ŒUVRES DE LOUISE LABÉ

(1er volume)

Page	76, ligne 14,	au lieu de	*fortq ue*	lisez	*fort que*
—	93, vers 8,	—	*n'ol*	—	*n'el*
—	105, vers 18,	—	*l'on*	—	*lon*
—	110, ligne 1,	—	*Labæ*	—	*Labææ*
—	154, manchette,	—	*apele*	—	*apelé*

VOLUMES DISPONIBLES DANS LA COLLECTION RESSOURCES

	Présentation
ABENSOUR, Léon – Histoire générale du féminisme	
ADAM, Paul – Lettres de Malaisie	*Trousson*
ALAIN – Le citoyen contre les pouvoirs	*Bourricaud*
ALEMBERT, d' – Eléments de Musique	*Bardez*
ALEXIS, Paul – La fin de Lucie Pellegrin	*Palacio*
ANTOINE, André – Le théâtre libre	*Martine de Rougemont*
BALZAC – Physiologie de l'employé	*Pierrot*
BARBELLION – Journal d'un homme déçu	*Jaccard*
BAZIN, Germain – Le crépuscule des images	*Bazin*
BEBEL, August – La femme dans le passé, le présent et l'avenir	*Sohn*
BERNARDIN DE ST. PIERRE – L'Arcadie	*Trousson*
BESLAY, Charles – Mes souvenirs, 1830-1848-1870	*De Bertier de Sauvigny*
BEUGNOT, Arthur – Les Juifs d'Occident	*De Bertier de Sauvigny*
BONNETAIN, Paul – Charlot s'amuse	*Juin*
BONNETAIN, Paul – L'opium	*Juin*
BRUNEAU, Alfred – A l'ombre d'un grand coeur	*Le Blond-Zola*
BURKE – Réflexions sur la révolution en France	*De Bertier de Sauvigny*
CABANIS, P.J.G. – Rapports du physique et du moral de l'homme	
CABET, Etienne – Voyage en Icarie	*Desroche*
CAMBRY – Voyage dans le Finistère	*Dupuy*
CEARD – Une belle journée	*Burns*
CHATEAUBRIAND – Le congrès de Vérone	*De Bertier de Sauvigny*
CHOUSY, Didier, comte de – Ignis	
CONDILLAC – Le commerce et le gouvernement	*Romeyer-Dherbey*
CONSIDERANT – Description du Phalanstère	*Valette*
CONSTANT, Benjamin – De l'esprit de conquête	*Harpaz*
CONTES PICARDS	
COOPER, J.F. – Le cratère	*Butor*
CORTOT, Alfred – Cours d'interprétation	*Golea*
CREVECOEUR, M.G.J. – Lettres d'un cultivateur américain	*De Bertier de Sauvigny*

CUSTINE, Astolphe de – Lettres à Varnhagen		*Pierrot*
DESCAVES, Lucien – Sous-offs		*Mitterand*
DU CAMP, Maxime – Souvenirs de l'année 1848		*Agulhon*
DUMAS, Alexandre – Le docteur mystérieux		*Wagner*
DUMAS, Alexandre – Les mille et un fantômes		*Wagner*
DUMAS, Alexandre – Le trou de l'enfer		*Wagner*
DUMESNIL, René – Le rythme musical		
ENGEL – Idées sur le geste et l'action théâtrale		*Martine de Rougemont*
FERRARI, G. – Les philosophes salariés		*Vuilleumier*
FEVRE-DESPREZ, Louis – Autour d'un clocher		*H. Mitterand*
FORNERET, Xavier – Oeuvres		*A. Breton*
FOURIER, Charles – Le nouveau monde amoureux		*Debout-Oleskiewicz*
FRANCE, Anatole – Sur la pierre blanche		*Trousson*
GAGE, Thomas – Nouvelle relation		*Vernière*
GAUTIER, Théophile – Nouvelles		*Lacoste*
GAUTIER, Théophile – Romans et contes		*Bouchard*
GAUTIER, Théophile – Spirite		*Laubriet*
GAUTIER, Théophile – Un trio de romans		*Laubriet*
GAUTIER, Théophile – Voyage en Russie		*Laubriet*
GIRARDIN, Mme de – Nouvelles		*Michel*
GOLEA, Antoine – Esthétique de la musique contemporaine		
GOLEA, Antoine – 20 ans de musique contemporaine, de Messiaen à Boulez		
GONCOURT, E. et J. – Préfaces et manifestes littér.		*Juin*
HAMILTON, Thomas – Les hommes et les moeurs aux Etats-Unis		*Rubel*
HEINE, Henri – De l'Allemagne		*Harpaz*
HEINE, Henri – De la France		*Harpaz*
HEINE, Henri – Lutèce		*Harpaz*
HEREDIA, J.-M. de – Poésies complètes		
HERTZKA, Theodor – Un voyage à Terre libre		*Trousson*
HERZEN, Alexandre – De l'autre rive		*Vuilleumier*
HERZEN, Alexandre – Lettres de France et d'Italie		*Vuilleumier*
HERZL, Théodore – Terre ancienne, terre nouvelle		*Trousson*
HOFFMANN, E.T.A. – Contes fantastiques		*Harpaz*

HOFFMANN, E.T.A. – Contes nocturnes	*Harpaz*
HUART, Louis – Physiologie de la grisette	*Harpaz*
HUXLEY, Aldous – Temps futurs	*Goimard*
JANIN, Jules – Contes fantastiques	*Decottignies*
JAURES, Jean – Etudes socialistes	*Madeleine Rebérioux*
JAURES, Jean – Préface aux discours parlementaires	*Madeleine Rebérioux*
JOUFFROY, Théodore – Mélanges philosophiques	*Dumont*
JOUVENEL, R. de – La république des camarades	*Bourricaud*
JULLIAN, Camille – Notes sur l'Histoire en France au XIXe siècle	*De Bertier de Sauvigny*
KARR, Alphonse – Sous les tilleuls	*Virlogeux*
KARR, Alphonse – Voyage autour de mon jardin	*Virlogeux*
LABE, Louise – Oeuvres	
LAFORGUE, Jules – Mélanges posthumes	*Bonnefis*
LANSON, Gustave – Méthodes de l'histoire littéraire Hommes et Livres	*Harpaz*
LEIBOWITZ, René – Schoenberg et son école	*Goléa*
LEROUX, Pierre – Réfutation de l'éclectisme	*Lacassagne*
LOCKE – Lettres sur la tolérance	*Vernière*
MAETERLINCK – Théâtre complet	*Martine de Rougemont*
MAUCLAIR, Camille – L'orient vierge	*Trousson*
MAUCLAIR, Camille – Le soleil des morts	*Trousson*
MICHELET, Jules – Nos fils	*Françoise Puts*
MOREAU DE TOURS – Du haschisch	*Olievenstein*
NERVAL, Gérard de – Les filles du feu	*Pierrot*
NODIER, Charles – Le Roi de Bohême	*Pierrot*
PELADAN, Joséphin – Le théâtre complet	
PILLARD-VERNEUIL, Maurice – Dictionnaire des symboles (emblèmes et attributs)	
POUVILLON, E. – Nouvelles réalistes	*Buisine*
PREVOST-PARADOL – La France nouvelle	*Tulard*
RADIGUET, Raymond – Oeuvres complètes	
RESTIF DE LA BRETONNE – La découverte australe	*Vernière*
RESTIF DE LA BRETONNE – La mimographe	*Martine de Rougemont*
REYBAUD, Louis – Etudes sur les réformateurs	*Bourricaud*

RIMBAUD, Arthur – Une saison en enfer
Les illuminations *Pierrot*
ROBERT-HOUDIN – Comment on devient magicien *Gruss*
RUDLER, Gustave – Les techniques de la critique *Harpaz*
SAND, George – La Daniella *Balayé*
SAND, George – Le dernier amour *Simone Vierne*
SAND, George – Mademoiselle la Quintinie *Balayé*
SAND, George – Monsieur Sylvestre *Simone Vierne*
SCHOPENHAUER – Pensées et fragments *Trotignon*
SEE, Henri – Les origines du capitalisme moderne
SENANCOUR, Etienne – Isabelle *Béatrice Didier*
SOREL, Georges – Matériaux d'une théorie du prolétariat
SOREL, Georges – Les réflexions sur la violence
SUE, Eugène – Jean Cavalier *Joutard*
TAINE, Hippolyte – Les philosophes du XIXe siècle *Gouhier*
TAINE, Hippolyte – Philosophie de l'art *De Bertier de Sauvigny*
TARDE, Gabriel de – Fragment d'histoire future *Trousson*
TARDE, Gabriel de – Les lois de l'imitation *Boudon*
THIBAUDET, Albert – La république des professeurs *Bourricaud*
VERLAINE, Paul – Les poètes maudits *Pierrot*
VIBERT, Paul – Pour lire en automobile
Nouvelles fantastiques
VOLNEY, Georges – Les ruines *Tulard*
WEILL, Georges – Histoire du catholicisme libéral *Rémond*
WEILL, Georges – Histoire du parti républicain en France, 1814-1870 *Agulhon*
WEY, Francis – La Haute-Savoie *Guichonnet*
ZOLA, Emile - La confession de Claude
Le voeu d'une morte *Mitterand*
ZOLA, Emile – Mes haines *Mitterand*

* * *

Achevé d'imprimer en 1981
à Genève - Suisse